21世纪高职高专机电系列技能型规划教材
浙江省"十一五"重点教材建设项目

生产现场管理

主　编　金建华　贺　亮

内 容 简 介

本书是根据现代制造类企业对生产现场管理相关岗位的实际技能要求，结合现场管理最新技术动态，参考了典型企业的现场管理经验后编写而成的。本书主要内容包括生产现场管理概论，现场生产任务管理，现场物料管理，生产现场 5S 管理，现场工艺技术管理，现场品质管理，生产设备管理，现场生产安全管理，现场生产效率管理等。

本书以"工作过程导向"为思路，以生产现场管理典型工作任务为主线，每章节以案例导入、基础知识、知识拓展、思考练习为顺序展开，特别是引入了大量企业现场工作案例，实用性强。

本书既可作为高职高专机电类专业、工商管理类等相关专业的教材，也可作为制造业现场管理人员，如品质管理人员、产品检验人员、5S 专员、质量体系内审人员、车间管理人员、车间技术人员，乃至企业各层次管理人员的培训用书，或供以上人员阅读使用。

图书在版编目(CIP)数据

生产现场管理/金建华，贺亮主编．—北京：北京大学出版社，2013.9
(21 世纪高职高专机电系列技能型规划教材)
ISBN 978-7-301-23198-2

Ⅰ．①生… Ⅱ．①金…②贺… Ⅲ．①企业管理—生产管理—高等职业教育—教材 Ⅳ．①F273

中国版本图书馆 CIP 数据核字(2013)第 215123 号

书　　　　名：	生产现场管理
著作责任者：	金建华　贺　亮　主编
策划编辑：	赖　青
责任编辑：	李娉婷
标准书号：	ISBN 978-7-301-23198-2/F·3742
出版发行：	北京大学出版社
地　　　址：	北京市海淀区成府路 205 号　100871
网　　　址：	http://www.pup.cn　新浪官方微博:@北京大学出版社
电子邮箱：	编辑部 pup6@pup.cn　总编室 zpup@pup.cn
电　　　话：	邮购部 010-62752015　发行部 010-62750672　编辑部 010-62750667
印刷者：	北京虎彩文化传播有限公司
经销者：	新华书店
	787 毫米×1092 毫米　16 开本　20.5 印张　492 千字
	2013 年 9 月第 1 版　2025 年 7 月第 7 次印刷
定　　　价：	49.00 元

未经许可，不得以任何方式复制或抄袭本书之部分或全部内容。
版权所有，侵权必究
举报电话：010-62752024　电子邮箱：fd@pup.cn

前　　言

　　生产现场管理是制造型企业管理的基础，关系到企业的生存和发展。生产现场管理具有综合性、基础性、动态性、直观性、全员性的特点，几乎涉及企业管理的各个方面。企业的管理水平和经济效益很大程度上取决于生产现场管理的水平，未来企业的生存力在一定程度上将取决于企业经营时现场问题的解决力和改善力，加强生产现场管理，持续改善是核心。高职高专院校学生面向企业基层，学习生产现场管理方面的知识和技能有实际的需要。

　　本书是以"工作过程导向"为思路，根据工学结合、任务驱动的教学要求，以及企业对生产现场管理人员相关岗位的职业能力需要，以生产现场典型工作任务为主线，以企业实际工作案例为基础进行编写。编者通过多年来对企业的多次调研，以及自己二十多年实践的经验，结合自己多年的教学经验，编写了这本书。

　　本书内容可按照52~84学时安排，推荐学时分配：第一章2~4学时，第二章6~10学时，第三章4~6学时，第四章8~12学时，第五章4~6学时，第六章12~20学时，第七章4~8学时，第八章4~6学时，第九章8~12学时。教师可根据不同的使用专业灵活安排教学内容和学时，课堂重点讲解每章与工作任务相关的知识模块及成果总结点评，章节中的知识拓展和习题等模块可安排学生课后阅读和练习，工作任务一般安排学生课后完成。

　　本书具有下列特色：

　　（1）专业技术和管理技术紧密结合，突出技术性、先进性，并引入了大量制造业制造技术案例和现代制造管理的最新技术。

　　（2）突出制造业现场一线管理人员的岗位能力要求。通过现场典型工作任务的工作练习，培养企业生产现场相关岗位职业能力。

　　（3）紧密对接主导产业，体现真实、典型、流行、实用。全书全部工作任务案例和学习案例来自制造业主导产业具有代表性的企业现场实际工作项目，如汽摩配件、塑料制品、模具、通用机械、电机、家电、泵阀等企业生产现场各种典型工作任务。根据典型工作任务要求，对各典型行业企业现有的现场工作案例，进行筛选、补充、优化，作为本书的学生的工作任务案例和学习案例。

　　（4）任务驱动，做中学习，在完成任务中学习相关知识。以每项典型工作任务的目标、任务导入、相关知识、案例实施为编写循序和内容。

　　本书由台州职业技术学院机电工程学院金建华和中国滨海模塑集团贺亮合作编写。金建华负责第二、五、六、九章的编写，贺亮负责第一、三、四、七、八章的编写，全书由金建华负责统稿。参加编写的还有浙江力太科技有限公司常树青。在编写过程中，还得到了浙江安露清洗机有限公司、浙江金龙电机有限公司、台州市双辉机械设备有限公司等企业的热情支持，为本书的编写提供了大量资料。另外，本书在编写过程中也参考了网上相关论坛的资料，不能一一列出。特在此，向提供帮助的相关企业、网站、作者、个人等表示衷心感谢！

　　由于编者水平有限，书中疏漏之处在所难免，敬请读者批评指正。

编　者
2013年8月

目 录

第一章 生产现场管理概论 …………… 1
- 第一单元 生产现场管理基本认知 …… 2
- 第二单元 生产现场管理的基本方法 …… 7
- 第三单元 生产现场管理者的职责 …… 13

第二章 现场生产任务管理 …………… 20
- 第一单元 生产计划管理 …………… 22
- 第二单元 生产计划执行 …………… 31
- 第三单元 生产进度控制 …………… 34
- 第四单元 岗位交接班管理 ………… 37
- 第五单元 交货期保证管理 ………… 39

第三章 现场物料管理 ………………… 44
- 第一单元 物料管理概论 …………… 45
- 第二单元 物料计划与存量控制 …… 48
- 第三单元 采购作业 ………………… 55
- 第四单元 物料储存与保管 ………… 63

第四章 生产现场 5S 管理 …………… 79
- 第一单元 现场 5S 管理概述 ……… 80
- 第二单元 生产现场 5S 实施要求 … 87
- 第三单元 生产现场 5S 实施技巧 … 98
- 第四单元 生产现场 5S 的检查与评比 … 117

第五章 现场工艺技术管理 …………… 128
- 第一单元 生产技术准备 …………… 129
- 第二单元 现场生产准备验证 ……… 142
- 第三单元 关键与重点工序控制 …… 145

第六章 现场品质管理 ………………… 154
- 第一单元 质量管理基本知识 ……… 156
- 第二单元 过程产品检验 …………… 164
- 第三单元 不合格品的处置及记录 … 178
- 第四单元 检验和试验设备使用管理 … 185
- 第五单元 现场质量改进工具运用 … 195

第七章 生产设备管理 ………………… 227
- 第一单元 设备前期管理 …………… 228
- 第二单元 生产设备使用管理 ……… 233
- 第三单元 生产设备的维护保养管理 … 238

第八章 现场生产安全管理 …………… 250
- 第一单元 安全生产管理概述 ……… 251
- 第二单元 安全生产教育与训练 …… 257
- 第三单元 安全事故预防 …………… 264
- 第四单元 安全检查 ………………… 267
- 第五单元 安全防护管理 …………… 274
- 第六单元 安全事故处理 …………… 276

第九章 现场生产效率管理 …………… 282
- 第一单元 生产过程的空间组织和时间组织 …………… 285
- 第二单元 工业工程（IE） ………… 289

参考文献 ……………………………… 320

第一章 生产现场管理概论

学习目标

完成本章学习，你应该能够：
- 掌握生产现场管理的基本概念
- 了解生产现场管理的内容和任务
- 掌握生产现场管理的基本方法
- 了解生产现场管理的特点
- 熟悉现场管理各部门职能及人员职责
- 会编制现场人员岗位说明书

案例导入

现场是生产制造型企业产生价值和竞争力来源的主要场所。现场状态是一个企业的企业形象、管理水平、产品质量控制和精神面貌的综合反映，是衡量企业综合素质、管理水平竞争能力高低的重要标志。现场管理水平的高低，直接反映出企业经营管理水平的高低，将直接影响质量、成本、交期等各项指标的实现。搞好生产现场管理，有利于企业增强竞争力，消除"跑、冒、漏、滴"和"脏、乱、差"状况，提高产品质量和员工素质，保证安全生产，对提高企业经济效益、增强企业实力具有十分重要的意义。

某汽车齿轮制造公司，机加工车间是公司的主要生产车间，车间下属有6个班组，每个班组约有15名员工，设班组长一名。车间设车间主任一名，主要负责整个生产车间的日常管理工作，包括车间生产作业计划的制订和现场调度，生产现场进度、品质、成本、安全的巡查和异常处理，组织车间员工技能培训及员工绩效考核，组织过程及产品质量改进和现场5S管理等。

小王大学毕业后，在这家公司的机加工车间里工作近三年，工作岗位从车间普通车工开始，逐步熟练掌握车间内车、铣、刨、磨、钻等工序操作技能。由于业务技术过硬，先后担任过车间车床组长、铣床组长，最近被任命为车间主任。由于管理角色的突然转变，小王必须尽快认清自己目前岗位的主要职责，并且对车间现场管理的目标、内容、对象和主要方法等有系统的了解和掌握，以便于尽早进入角色。

第一单元　生产现场管理基本认知

一、什么是现场、什么是生产现场

现场是指企业生产运营活动的发生场所，是企业提升竞争能力的重要源泉。

生产现场就是从事产品生产、制造或提供生产服务的场所，即劳动者运用劳动手段，作用于劳动对象，完成一定生产作业任务的场所。它既包括生产一线各基本生产车间的作业场所，又包括辅助生产部门的作业场所，如库房、试验室和锅炉房等。我国工业企业规模较小，习惯于把生产现场简称为车间、工场或生产第一线，如图1-1所示。

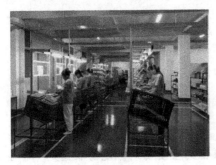

(a) 组装生产现场　　　　　　　　　　(b) 机械加工生产现场

图1-1

二、什么是生产现场管理

生产现场管理就是指用科学的管理制度、标准和方法对生产现场各生产要素，包括人、机、料、法、环、信等进行合理有效的计划、组织、协调、控制和监督，使其处于良好的结合状态，达到优质、高效、低耗、均衡、安全、文明生产的目的。生产现场管理是生产第一线的综合管理，是生产管理的重要内容，也是生产系统合理布置的补充和深入。

三、生产现场管理的对象和内容

为了实现现场管理目标，完成现场管理的任务，现场管理者应该有效地管理人员(Man)、设备(Machine)、材料(Material)、方法(Method)、环境(Enviroment)这五大要素(简称为4M1E)，这五大要素也就是通常所说的生产现场管理的对象。

1. 人员

人是生产现场是最重要、最活跃的因素，这里所讲的人，就是指在现场的所有人员，包括现场管理人员、生产一线直接作业人员、搬运工等辅助人员、检验人员等一切存在的人。

作为现场管理者,应该教育和训导所有员工,使其掌握必要的岗位作业技能,具备优秀思想品格和先进的意识及理念,提供合格的行为质量和工作质量,确保每个人都能按岗位要求开展工作,完成任务,实现目标。同时,现场管理者要调动所有员工的工作主动性、积极性和创造力,尽可能地发挥他们的特长,激发员工的工作热情,使全员开动脑筋、参与改善、自主管理、团结协作,如图1-2所示。

(a) 管理人员　　　　　　　(b) 作业人员　　　　　　　(c) 检验人员

图1-2

2. 设备

设备是生产现场的重要技术装备和劳动工具,包括生产机器设备、工装模具和工位器具等现场一切劳动工具。设备的加工能力、加工精度和技术状态影响和制约生产现场生产能力、加工效率和质量水平。生产现场管理要做好设备的维护保养,提供适宜的设备工作条件,应科学地操作,规范地使用设备,防止设备的劣化,确保加工能力和加工精度,使设备发挥最大工作效率。同时,要根据行业和产业发展趋势和特点,不断地进行设备更新和技术改造,以降低劳动强度,提高生产效率和产品质量,如图1-3所示。

(a) 机器设备　　　　　　　(b) 模具　　　　　　　(c) 工位器具

图1-3

3. 材料

材料就是指原辅助材料,零部件、半成品等构成产品的元素。现在工业产品的生产,分工细化,一般都有几种原材料、几十种零部件或半成品,由若干个部门同时生产或提供。当某一材料未按时完成或不合格时,整个产品都不能组装,造成装配工序停工待料,整个生产进度和产品质量受到影响。所以,在生产管理的工作过程中,必须密切注意前工序送来的半成品,仓库的原材料、配件、自己工序生产的半成品或成品的数量、质量情况,正确把握各材料质量要求和趋势,同时要做好紧急情况的应变管理。

4. 方法

顾名思义，方法是指生产过程中所需遵循的各项标准，包括操作规程、工艺规范、生产图纸、生产计划表、产品作业标准、检验标准等。这些方法是确保产品质量和生产效率的重要基础。根据现场的特点，运用工业工程、价值工程等管理技术改善作业方法，在确保质量的前提下使员工工作得更轻松、更容易、更有效。同时针对不同的产品工艺特点，不断优化工艺线路，改善工艺条件，使生产工艺具备合理性和针对性。

5. 环境

某些产品对环境的要求很高，如现场环境的温度、湿度、净度会直接影响产品的质量。比如：产品表面喷涂作业时，对作业环境的净度要求比较高；电子产品加工组装过程中，对防电容兼容干扰要求比较高。此外，生产现场的环境，有可能对员工的安全造成威胁。所以，环境是生产现场管理中不可忽略的一环，要深入开展现场5S活动，并不断进行现场改善，创造整洁、明朗、有序的生产环境，营造乐观、积极向上的工作氛围，确保安全、质量和效率的实现。

四、生产现场管理的任务

生产现场管理是制造型企业管理中的核心任务之一，即使是采购、营销、计划和财务这样间接的管理工作，也只有在充分了解生产现场实际情况的基础上，才可能进行切实有效的管控，脱离了生产现场，也就脱离了一切管理的基石。生产现场管理的主要任务用一句话概括，就是："在确保质量的前提下，在规定的时间要求之内，尽可能地使用最低的成本，生产制造出符合顾客要求的规定数量的产品，并按时交付给客户。"具体体现在以下几方面。

1. 达成生产任务

不管是订单式生产还是存量式生产，达成每日的生产任务是生产现场首要任务之一。对企业来说不能按期把产品交付给顾客，就会影响顾客的满意度，久而久之就会失去潜在顾客，失去市场，影响企业的生存和发展。所以在生产过程中不能因为一遇到产品质量不良、设备和工装故障、人力短缺、材料不良的情况，就借口是其他部门原因，而不主动去想办法解决问题和困难，从而努力完成生产任务。

2. 确保和提高产品质量

生产制造出来的产品只有符合顾客的要求，才能被顾客接受，实现由产品向商品的转变，产品的价值才能得以实现。所以，生产现场管理一方面要生产符合顾客要求的产品，另一方面因为市场竞争的日益激烈和顾客要求的不断提升，还要在不提高产品生产成本的基础之上不断设法提升产品质量。

3. 遵守并缩短交货期

遵守和顾客约定的交货期限，满足顾客对交付期限和交付数量要求的责任主要在生产现场。但是如果发生设备或工装故障、生产现场使用的材料或零部件未及时到位、生产加工过程中批量性不良、安全生产事故等异常现象时,生产现场管理者要站在顾客的角度上去考虑问题,想尽一切办法,确保如期交货,同时还要想方设法进行过程改善,提高生产效率,从而达到缩短生产周期和交货期的目的。

4. 控制和降低生产成本

生产现场是企业利润的主要创造来源,企业要想生存就必须有利可图。拿单件产品来说,产品的利润等于销售单价减去运营成本,在市场经济环境下产品的单价不是由生产者决定,而是由卖方决定,一方面市场上顾客要求降价的呼声不断,另一方面主要原材料采购价格的上涨成为刚性。这样企业要想获得较高的利润,只有通过控制运营成本来实现,而生产成本是运营成本中的主要方面,所以生产现场管理要实现利润就必须通过降低消耗、预防不良、消除浪费来控制和降低生产成本。

5. 预防和避免安全生产事故

安全是生产的前提,生产必须讲究安全。一旦安全措施不到位,在生产过程中就会出现一些大大小小的安全事故,这些事故的产生不仅影响生产正常进行,给企业造成重大损失,而且还会直接打击员工的工作士气。所以,生产现场有责任去排除不安全的因素,制止不安全的操作行为,预防和避免安全生产事故的发生。

五、生产现场管理的特点

生产现场是企业创造效益的前沿阵地,企业生产成本的降低、产品交付客户的过程以及提高产品质量以达到客户的要求等等活动都是需要在生产现场进行的。企业的生存和发展也正是因为从现场获得了更多的产品附加值而实现的。生产现场管理具有以下特点。

1. 基础性

企业管理一般可分三个层次,即最高领导层的决策性管理、中间管理层的执行性管理和作业层的现场管理。现场管理属于基层管理,是企业管理的基础。基础扎实,现场管理水平高,可以增强企业对外部环境的承受能力和应变能力;可以使企业的生产经营目标,以及各项计划、指令和各项专业管理要求顺利地在基层得到贯彻与落实。所以,企业最基础的管理是生产现场的管理。企业生产现场的标准化、定额、计量、信息、原始记录、规章制度和基础教育、基础工作健全与否,是企业整体管理水准的最直观的表现。

2. 系统性

现场管理是从属于企业管理这个大系统中的一个子系统。如果抓现场管理没有把生产现场作为一个系统进行综合治理,整体优化,只是抓了某一个方面的工作进行改进,忽视了各项工作之间的配套改革,单单重视生产现场的各项专业管理,忽视了它们在生产现场中的协调与配合,收效一定不大。

现场管理作为一个系统,具有系统性、相关性、目的性和环境适应性。这个系统的外部环境就是整个企业,企业生产经营的目标、方针、政策和措施都会直接影响生产现场管理。这个系统输入的是人、机、料、法、环、资、能和信等生产要素。通过生产现场有机的转换过程，向外部环境输出各种合格的产品或优质的服务。同时，反馈转换过程中的各种信息，以促进各方面工作的改善。生产现场管理系统的性质是综合的、开放的、有序的、动态的和可控的。

系统性特点要求生产现场必须实行统一指挥，不允许各部门、各环节、各工序违背统一指挥而各行其是。各项专业管理虽自成系统，但在生产现场必须协调配合，服从现场整体优化的要求。

3. 参与性

人与人、人与物的组合是现场生产要素最基本的组合，不能见物不见人。现场的一切生产活动、各项管理工作都要现场的人去掌握、操作、完成。优化现场管理仅靠少数企业管理人员是不够的，必须依靠现场所有人员的积极性和创造性，发动广大员工参与管理。

生产人员在岗位工作过程中，按照统一标准和规定的要求，实行自主管理，开展员工民主管理活动，必须改变员工的旧观念，培养员工良好的生产习惯和参与管理的能力，不断提高员工的素质。员工素质中突出的是责任心问题，有了责任心，工作就主动，不会做的也可以学会。如果没有责任心，再好的管理制度和管理方法也无济于事。提高员工素质既不能任其自然，也不能操之过急，要从多方面做细致的工作。

4. 开放性

生产现场管理是一个开放系统，在系统内部与外部环境之间经常需要进行物质和信息的交换与信息反馈，以保证生产有秩序地连续进行。各类信息的收集、传递和分析利用，要做到及时、准确、齐全，尽量让现场人员能看得见、摸得着，人人心中有数。

生产现场需要大家共同完成的产量产值、质量控制、班组核算任务，可将计划指标和指标完成情况制成图表，定期公布，让现场人员都知道自己应做什么和做得怎么样。与现场生产密切相关的规章制度，如安全守则、操作规程和岗位责任制等，应公布在现场醒目处，便于现场人员共同遵守执行。现场区域划分、物品摆放位置和危险处所等应设有明显标志。各生产环节之间、各道工序之间的联络，可根据现场工作的实际需要，建立必要的信息传导装置。

5. 规范性

科学的生产管理制度和作业标准可以看成是企业内部的"法"，是生产现场各项作业活动的依据。现场中任何一项作业活动都需要大量的标准、规章来支撑才能得到符合要求的结果。因此，在生产现场管理中，首先要组织建立完善的生产管理规章制度，确保各项活动有章可循、有章可依；其次，要将建立的规章、标准传达给每位员工，使他们知道所从事的工作应遵循什么样的规则、达到什么样的标准要求；第三，要建立严格的检查、考核制度，不可使违规操作有可乘之机；第四，要不断对所建立的生产管理规章制度进行符合性、适宜性修订，特别是针对改进措施所带来的标准或制度的变革，要及时以文件的形式规范下来，使之长久。

6. 动态性

现场各种生产要素的组合是在投入与产出转换的运动过程中实现的。优化现场管理是由低级到高级不断发展、不断提高的动态过程。在一定条件下，现场生产要素的优化组合具有相对的稳定性。生产技术条件稳定，有利于生产现场提高质量和经济效益。

但是由于市场环境的变化、企业产品结构的调整，以及新产品、新工艺、新技术的采用，原有的生产要素组合和生产技术条件就不适用了，必须进行相应的变革。现场管理应根据变化了的情况，对生产要素进行必要的调整和合理配置，提高生产现场对环境变化的适应能力，从而增强企业的竞争能力。所以，稳定是相对的、有条件的，变化则是绝对的，"求稳怕变"或"只变不定"都不符合现场动态管理的要求。

第二单元　生产现场管理的基本方法

了解并掌握生产现场管理的基本方法，对于改善现场管理有着事半功倍的作用。常见的现场管理方法有以下几种。

一、三直三现法

在生产现场，每天都会发生许多问题，如不良品过多、工伤事故的发生、混装货物等，遇上这些事情，首先应是到现场，听取相关人员的见解。如果只是坐在会议室或办公室里听取有关人员的汇报，仅是凭对状况的想象来讨论对策是错误的。

"三直三现"法是一种高效处理问题的方法，"三直三现"是指：马上现场、马上现物、马上现象。它是由日本的企业管理界提出来的，意思是说当生产现场出现问题时，作为管理者，应具有"马上赶到现场，马上检查出现问题的产品、机器设备，马上观察分析出现的不良现象"的工作态度，准确把握问题现状，查明真相，从而制订最有效的对策。

1. 即刻前往现场的作用

（1）即刻前往现场可以尽可能减少事态朝坏的方面转化的可能性。能够在第一时间解决的问题，在第一时间解决了，其正面效应将随之增强，反之，其负面效应也随之增强，甚至使事情恶化到不可收拾的地步。

（2）即刻前往现场既可以提高管理者的威信，又营造了良好的企业管理氛围，给面临问题的员工以信心和镇静的力量，是控制现场、控制事态发展的必要措施。

（3）即刻前往现场即使只能赶上作善后处理，也对稳定局面、稳定军心，尽可能减少损失，尽可能查找问题的真实原因，尽可能即时恢复正常秩序有一定的帮助，并能在此时作出一些正确的补救决策。

2. 即时了解实情的作用

（1）即时了解实情，记录全过程，能为企业留下一份较为全面的资料，以备在今后类似问题的处理过程中作为参考依据。

（2）即时了解实情，能进行即时的现场观察，接下来作出正确决策的可能性将大为提高。

（3）即时了解实情，为企业处理问题的全面性决策提供了可能性，因为只有了解实情才能真正进行正确的全面决策。

3. 即刻处理问题的作用

（1）无论从成本原则出发还是从效益原则出发，只要是问题就应该及时处理，否则，只能加大资源的损失。

（2）秩序是企业作业正常化的第一要素，有问题不即时处理，势必影响企业的正常秩序，以至于影响企业的正常作业。

（3）即时处理好各类已出现的问题，不仅可以维持企业的正常作业秩序，而且维护了员工对企业的信心，保持了企业的凝聚力和向心力。

（4）即时处理好各类已出现的问题，既能维持管理者的形象，又维护了企业的形象，给市场以企业具备良好综合管理素质的印象。

二、5W2H 分析法

5W2H 分析法又叫七何分析法，是第二次世界大战中美国陆军兵器修理部首创，是一种综合性的分析问题的方法。它简单、方便，易于理解、使用，富有启发意义，适用于解决企业的各种问题，广泛用于企业管理和技术活动。它可以用来检查现场管理方法是否合理，以发现应改善的地方；可以用来检查产品是否设计合理，以改进产品存在的缺陷，也可以用来指导解决日常现场的异常情况。

5W2H 是指 What、Where、When、Who、Why、How、How much 这七个方面的内容。

（1）Why——为什么？为什么要这么做？目的是什么？理由何在？原因是什么？

（2）What——是什么？做什么工作？有哪些工作要做？工作具体内容是什么？最终要达到什么目标？

（3）Where——何处？在哪里做？从哪里入手？

（4）When——何时？什候时间完成？什么时机最适宜？

（5）Who——谁？由谁来承担？谁来完成？谁负责？

（6）How——怎么做？如何提高效率？如何实施？方法怎样？

（7）How much——多少？做到什么程度？数量如何？质量水平如何？费用产出如何？

三、5 个 Why 分析法

5 个 Why 分析法是一种诊断性的技术，被用来识别和说明因果关系链，能恰当地定义问题。不断提问为什么前一个事件会发生，直到回答"没有好的理由"或直到一个新的故障模式被发现时才停止提问。解释根本原因以防止问题重演，所有带有"为什么"的语句都不能定义真正的根源，通常需要至少 5 个"为什么"，但 5 个"为什么"不是说一定就是 5 个，可能是 1 个，也可能是 10 个，以找到根源为目的。

5 个 Why 分析法解决问题的基本步骤如下。

步骤 1：识别问题

在方法的第一步中，你开始了解一个可能大的、模糊的或复杂的问题。你掌握一些信息，但一定没有掌握详细事实。问：我知道什么？

步骤2：澄清问题

接下来就澄清问题。为得到更清楚的理解，问：实际发生了什么？应该发生什么？

步骤3：分解问题

在这一步中，如果有必要，将问题分解为小的、独立的元素，问：关于这个问题我还知道什么？还有其他子问题吗？

步骤4：查找原因要点

现在，焦点集中在查找问题原因的实际要点上。你需要追溯来了解第一手的原因要点。问：我需要去哪里？我需要看什么？谁可能掌握有关问题的信息？

步骤5：把握问题的倾向

要把握问题的倾向，问：谁？哪里？什么时候？多少频次？多大量？在问为什么之前，问这些问题是很重要的。

步骤6：识别并确认异常现象的直接原因

如果原因是可见的，验证它；如果原因是不可见的，考虑潜在原因并核实最可能的原因。依据事实确认直接原因。问：这个问题为什么发生？我能看见问题的直接原因吗？如果不能，我怀疑什么是潜在原因呢？我怎么核实最可能的潜在原因呢？我怎么确认直接原因？

步骤7：建立一个通向根本原因的原因/效果关系链

如果根本原因和效果关系链已建立，问：处理直接原因会防止再发生吗？如果不能，我能发现下一级原因吗？如果不能，我怀疑什么是下一级原因呢？我怎么才能核实和确认下一级原因呢？处理这一级原因会防止再发生吗？如果不能，继续问"为什么"，直到找到根本原因。在必须处理以防止再发生的原因处停止，问：我已经找到问题的根本原因了吗？我能通过处理这个原因来防止再发生吗？这个原因能通过以事实为依据的原因/效果关系链与问题联系起来吗？这个关系链通过了"因此"检验了吗？如果我再问"为什么"会进入另一个问题吗？确认你已经使用5个Why分析法来回答这些问题。为什么我们有了这个问题？为什么问题会到达顾客处？为什么我们的系统允许问题发生？

步骤8：采取明确的措施来处理问题

使用临时措施来去除异常现象直到根本原因能够被处理掉。问：临时措施会遏止问题直到永久解决措施被实施吗？实施纠正措施来处理根本原因以防止再发生。问：纠正措施会防止问题发生吗？跟踪并核实结果。问：解决方案有效吗？我如何确认？

四、PDCA改善循环法

PDCA改善循环法，是美国质量管理专家戴明首先提出来的，称为"戴明循环管理法"，PDCA是英文Plan(计划)、Do(执行)、Check(检查)、Action(总结处理)4个单词的第一个字母的缩写。其基本原理，就是做任何一项工作，首先有个设想，根据设想提出一个计划；然后按照计划规定去执行、检查和总结；最后通过工作循环，一步一步地提高水平，把工作越做越好。

PDCA改善循环法一般可分为P、D、C、A 4个阶段，其中在P(Plan)阶段，主要是策划工作，包括确定方针和目标，确定活动计划，制订实施的方法等；D(Do)阶段，主要是执行策划的要求，组织力量实地去做，实施计划中的内容的细节；C(Check)阶段，主要是对实施的情况进行检查，重点在总结执行计划的结果，注意效果，找出问题；A(Action)阶段，主要是根据检查结果进行改进，对总结的检查结果进行处理，成功的经验加以肯定并适当推广、标准化；失败的教训加以总结，以免重现，未解决的问题放到下一个 PDCA 循环。按照 PDCA 改善循环法不断推进，改善的目标就很容易实现。（图1-4）

图1-4

PDCA 改善循环法可分为以下 8 个步骤。

（1）提出工作设想，收集有关资料，进行现状调查和分析，发现问题，确定方针和目标。（图1-5）

图1-5

（2）按确定的方针、目标，分析产生问题的各种相关因素，确定影响问题的主要原因。（图1-6）

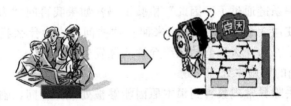

图1-6

（3）针对主要原因，采取解决的措施；编制具体的活动计划下达执行部门和相关人员，计划至少应包括以下几方面。（图1-7）

① 为什么要制订这项措施？
② 达到什么目标？
③ 在何处执行？
④ 由谁负责完成？
⑤ 什么时间完成？
⑥ 怎样执行？

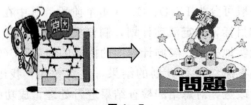

图1-7

以上三个工作步骤是第一阶段计划(P)的具体化。

（4）按措施的要求执行，根据规定的计划任务，具体落实到各部门和有关人员，并按照规定的数量、质量和时间等标准要求，认真贯彻执行。这是第二阶段执行(D)的具体化。（图1-8）

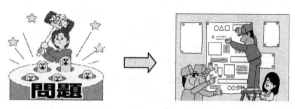

图1-8

（5）检查计划的执行情况，评价工作成绩。在检查中，必须建立和健全原始记录和统计资料，以及有关的信息情报资料，把执行结果与要求达到的目标进行对比。

（6）对发现的问题进行科学分析，从而找出问题产生的原因。（图1-9）

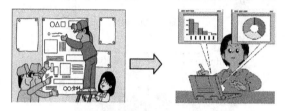

图1-9

上述(5)、(6)两项工作步骤是第三阶段检查(C)的具体化。

（7）对发生的问题提出解决办法，好的经验要总结推广，错误教训要防止再发生。

（8）对尚未解决的问题，应转入下一轮PDCA改善循环。（图1-10）

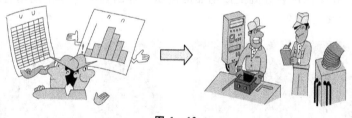

图1-10

上述(7)、(8)两项工作步骤是第四阶段总结处理(A)的具体化。

五、目视管理法

目视管理是一种利用形象直观、色彩适宜的各种视觉信息和感知信息来组织现场生产活动，以达到提高劳动生产率的目的的管理方式。目视管理是能看得见的管理，能够让员工看出工作的进展状况是否正常，并迅速做出判断和决策。

常见的目视管理手段有标志线、标志牌、显示装置、信号灯、指示书以及色彩标志等。

1. 区域划线

实现的方法：用油漆在地面上刷出线条，用彩色胶带贴于地面上形成线条。

产生的作用：划分通道和工作场所，保持通道畅通，对工作区域画线，确定各区域功能，防止物品随意移动或搬动后不能归位。（图 1-11）

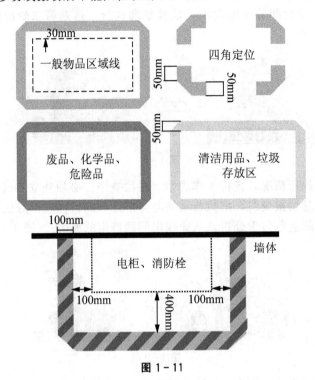

图 1-11

2. 物品的形迹管理

实现的方法：在物品放置处画上该物品的现状，标出物品名称、使用者或借出者，必要时进行台账管理。（图 1-12）

图 1-12

产生的作用：明示物品放置的位置和数量，对物品取走后的状况一目了然，防止需要时找不到工具的现象发生。

3. 安全库存量与最大库存量

实现的方法：明示应该放置何种物品，明示最大库存量和安全库存量，明示物品数量不足时如何应对。

产生的作用：防止过量采购和过量生产；防止断货，以免影响生产和销售；合理控制成本。（图 1-13）

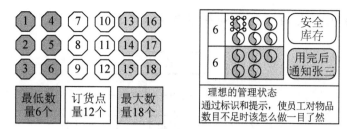

图 1-13

4. 仪表、指示灯正、异常标示

实现的方法：在仪表指针的正常范围上标示为绿色，异常范围上标示为红色，指示灯红色闪表示有异常情况，绿色闪表示工作状态是正常的。（图 1-14）

图 1-14

产生的作用：使工作人员对设备是否运行正常一目了然。

第三单元 生产现场管理者的职责

一、生产现场管理常见组织架构及主要职能

生产部门是企业的重要部门之一，企业要想做好生产部门的管理工作，关键是确定生产部门的岗位职责及生产部的组织架构图。一般来说，生产部门下属组织机构的组成专业化形式有三种，即工艺专业化形式、对象专业化形式和两者相结合形式。

1. 工艺专业化形式的组织架构图设置方式（图 1-15）

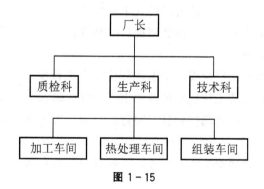

图 1-15

2. 对象专业化形式的组织架构图设置方式（图1-16）

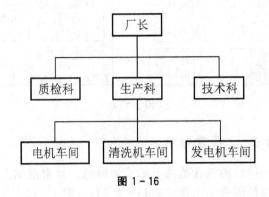

图1-16

3. 工艺专业化和对象专业化相结合形式的组织架构图设置方式（图1-17）

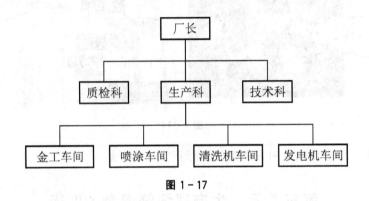

图1-17

二、生产现场管理部门主要职能

1. 生产管理部门主要职能

（1）按公司全年生产指标，编制好月度生产计划，并负责分配到各车间。

（2）检查和管理各车间生产计划的逐日完成情况，及时解决生产中所发生的一切问题，保证生产计划的完成；根据发货时间，检查生产任务完成情况，并制订下月工作计划。

（3）努力提高产品质量，加强各车间班组和员工的质量意识。

（4）提高设备的运转能力，使设备运转处于良好状态。

（5）按标准衡量能源消耗，对维修费用进行限额管理，落实车间费用，同时抓好原材料领用管理，努力降低各项费用。

（6）负责编制各工种的操作规程，定期进行技能训练和技术考核，加强对车间班组长的业务学习管理，负责对新招员工的技术培训和生产指导，确保生产技术过关。

（7）抓好生产安全工作，定期抽查各车间防护设施，发现隐患事故及时排除，保证生产安全无事故。

（8）加强内部管理，合理安排工作任务，抓好各种基础台账。

(9) 做好生产调度工作,合理安排工作任务,抓好车间的考勤考绩工作。

(10) 开展劳动竞赛,加强车间班组建设,围绕公司质量方针和目标,抓好产品质量,提高效益。

2. 质量检验部门职能

(1) 制订原材料接收指标。

(2) 制订发货产品控制指标。

(3) 对进厂原材料检测,按接收判定是否合格。

(4) 对生产过程中的产品进行监督检查,防止产品的批量报废。

(5) 对产品进行检测,做到不合格产品不出厂。

(6) 对试验设备和仪器进行登记发放、校准、检定、报废的管理。

(7) 对全厂各环节产生的不合格产品组织评审、跟踪处置结果执行情况。

(8) 对质量有关数据进行收集、分析、整理、归档、管理,并反馈相关部门。

(9) 对与质量有关的投诉信息进行分析判定,将分析结果反馈业务部门。

(10) 监督、检查整个质量管理体系的运行情况。

3. 工艺技术部门职能

(1) 对全厂工艺技术工作负责,完善各项工艺制度、工艺纪律,建立健全工艺技术保证体系。

(2) 直接负责新产品工艺工作,对新产品进行工艺审查,编写新产品工艺审查报告,绘制工艺流程图,及时准确地解决生产中出现的工艺技术问题。

(3) 编写工艺纪律检查文件,组织全厂工艺纪律检查(不定期),编发检查结果通报全厂,并检查督促各部门的整改实施情况。

(4) 加强基础工艺管理:做好工装模具保养和管理,加强物品代码管理,完善生产加工的工装夹具,加强定额管理,控制物耗,降低成本。

(5) 做好新材料、新工艺的资料收集工作,积极推进国内外新材料、新工艺的引进和应用,提高产品的制造质量。

(6) 负责全厂工艺技术培训,组织岗位培训、岗位练兵及技术比武活动,提高全员的劳动素质。

4. 生产车间职能

(1) 负责执行生产计划,贯彻落实公司制订的各项规章制度,开展安全生产与文明生产,保证按质按量按时完成生产任务。

(2) 负责编制班组作业计划,根据班组的性质、设备的分布和状况、加工件的难易程度以及交货日期,提前准备好材料以及辅助用具,下达派工单。

(3) 对产品加工过程的质量负责。督促工人按照产品图样及技术要求加工零件、组装部件,积极反馈工艺文件实施中存在的问题。

(4) 根据产品构成及特点,研究降低生产成本的措施,努力提高劳动生产率、材料利用率、设备利用率,减少废、次品损失。

（5）督促各班组做好设备、工装、模具等的日常维护保养工作，加强"五定"管理，严格要求工人遵守操作规程，保持设备的正常运转，延长设备的使用寿命。

（6）搞好 6S 管理，贯彻执行工艺纪律；经常进行安全检查，督促工人戴好防护用品，不准违章作业。保持车间场地整洁，道路畅通，安全标志明显；采取有效措施预防安全事故。

（7）为确保各项工作的顺利进行，要抓好早班会，明确每日的工作重点和注意事项，制止迟到、早退、半途离岗以及溜岗串岗行为的发生，努力培养一支有技术、守纪律、作风过硬的职工队伍。

三、现场管理者主要职责

在制造中，生产现场是一切工作的基点，而现场管理人员处于整个生产系统中的枢纽位置，掌握着作为工厂生命线的现场的生杀大权，他们职责的履行是完成生产任务的关键。

现场管理者的主要职责包括以下几个方面。

（1）人员管理：提升人员的向心力，维持高昂的士气。

（2）作业管理（订单管理）：拟定完善的工作计划，执行良好的作业方法。

（3）品质管理：控制好工作的品质，执行自主品保，达到零缺陷的要求。

（4）设备管理：指导员工正确地操作设备，维持零故障的生产。

（5）安全管理：维护人员、产品、顾客的安全，做好必要安全防范措施。

（6）成本管理：节约物料、减少浪费、降低生产成本。

四、现场管理者所必须具备的素养和能力

（1）产品业务知识：应了解所在公司产品在市场上的位置及所在公司产品的性能、构造、规格等。

（2）生产技术能力：制订生产计划，能对交货期进行管理，能进行品质管理、降低成本，能对生产事故采取对策，了解如何调查现状的方法，思考新方法或能启发他人想出方案，且实行新方法。

（3）指导能力：善于交流、联络感情，能把目标和设定该目标的理由对成员解说清楚，使其得到确实的执行，为达到目标能采取行动排除障碍。

（4）判断能力：有判断事物好坏的能力，在判断的歧路上有决断能力，并一旦决定了，若无重大的理由不改变初衷。

（5）表现能力：语言简单明了，用他人易理解的语言表达，能书写易理解的书面表达。

（6）说服能力：静听对方的意见，能条理清楚地说明问题，能使对方接受自己的思考能力。设法使上司帮助解决问题，首先不放任自己责任范围以内的事，能为改善准备理由和材料，有能力说服上司，从而实现自己的想法。

（7）执行能力：能发起行动，并马上到达发生问题的现场。

（8）训导能力：了解所属成员的水准，能准备必要的教材，并且有耐心，能一直教到被教育者明白为止，在教育后仍对其进行跟踪，考核。

（9）人事能力：了解人事管理的规则，用人时要公平、合理，精通赞扬、训示的技巧。

五、现场管理者的任职要求

对现场管理人员规定相应的任职要求,以便于按规定的时间和频次对其进行考核或考评,并实施必要的培训,使之适应企业发展的需要,现场管理者任职要求一般以岗位说明书形式来体现,常见格式如下。

1. 车间主任(示范一)(表 1-1)

表 1-1　车间主任的任职要求

	基 本 要 求	相 关 说 明
任职资格	(1) 学历:大学专科,本科优先。专业:机械类 (2) 专业经验:3年以上相关生产管理工作经验 (3) 个人能力要求: 具备较强生产计划编制能力、质量管理能力和控制成本的能力,具有良好的沟通能力、组织协调能力	(1) 独立性强,意志坚定,热爱生产管理工作,愿意不断学习 (2) 责任心强,能很好调动员工积极性,且在员工中威信度高
职责内容	(1) 组织拟订年度车间工作计划,具体安排每月、每旬、每个工作日的生产计划并监督完成 (2) 负责车间的生产活动及其他相关辅助工作,检查车间各班次作业完成情况,根据生产进度调整人员休班或加班 (3) 按时巡查生产现场,及时纠正生产和管理错误,处置各类生产故障、异常情况和紧急事件 (4) 审核、审批生产计划、指令、物料供应及库存报表,控制生产成本,评估车间及班组投入产出效益 (5) 监督车间班组和人员搞好产品质量、设备工艺调整及维护、劳动安全卫生、文明生产、标准化及现场管理 (6) 协调执行各职能部室下发的工作指示和计划,遇到矛盾或冲突时,及时上报生产经理裁决或协商解决 (7) 监督有关人员做好车间各类生产原始资料的收集、整理和归档建档工作,签批上报的各类统计报表、报告 (8) 指导、培训、监督车间人员的工作,做好车间员工的绩效考核和奖励惩罚工作 (9) 完成上级领导交办的其他工作	
考核要求	(1) 考核频率:每月一次 (2) 考核主体:副总经理 (3) 考核指标:产品质量合格率、在制品周转率、生产成本下降率、产品交货及时率、安全事故发生次数、车间培训计划完成率	(1) 考核结果作为薪酬发放、岗位晋升的主要依据 (2) 考核未合格,扣罚基本工资的20% (3) 出现重大责任事故,公司有权终止其聘用合同

2. 生产组长岗位说明书(表 1-2)

表 1-2　生产组长岗位说明

文件类别	三阶文件	岗位说明书					
部　　门	生产部	职　务	生产组长	职　别	职　员
直接上级	生产主管	直接下属	生产班长	职务代理人	生产副主管
岗位职责	(1) 负责本组人员岗前培训及调度、分配的监督 (2) 根据生产计划安排生产,并负责生产日报的审核及进度跟催、异常处理及信息反馈 (3) 协调相关部门制程异常处理及拟定提案改善方案					

续表

岗位职责	（4）督导落实检查现场作业方法、产品自检、6S等，以达到提高工作效率、降低生产成本的目标			
	（5）主持早会：通报公司最新发展动向、上级各项指示、检查前"5"项之结果			
	（6）针对制程品质异常，拟定纠正预防措施并跟进纠正预防措施实施结果并及时反馈			
	（7）及时处理现场不合格品，并及时填写《每日不良处理》报上级审阅			
	（8）建立生产标准工时，并定期检讨，书面提报生产副主管			
	（9）管理工艺文件、体系文件及制度文件			
	（10）跟进生产《返工通知单》，并如实提报所需工时记录			
	（11）审核《优秀员工评比》结果及考核与评估员工试用期			
	（12）完成上级交办的临时事项			
岗位权限	（1）对所属人员有指挥权，有考核权			
	（2）对所属人员有建议任免权，奖罚权			
	（3）对现场生产出现的质量问题有改进措施的建议权			
	（4）参与质量事故分析，对产品工艺改良有建议权			
	（5）对供应商来料不满足生产而改进的建议权			
	（6）对下属人员劳动纠纷、索赔事件处理的建议权			
	（7）执行上级下达的指令			
	（8）与其他相关部门的沟通和协调			
岗位素质要求	性别	男	年龄	23～35周岁
	专业背景	中专以上学历		
	经验	（1）熟悉机械加工工艺，2年以上车间管理经验		
		（2）善于人员分配、调度及管理		
		（3）熟练各操作设备，能有效指导员工作业		
		（4）熟练运用品管手法和制程统计对制程作良性管控优先		
	知识	（1）具有一定的产品基础知识和相应的操作技能，对TS16949有一定的了解		
		（2）熟悉ISO9000、现场6S目视化管理知识		
		（3）具有很强的管理技能和知识、良好的人际沟通和敬业精神		
	技能	（1）较强的组织协调能力和沟通能力		
		（2）有较强的现场管理能力		
		（3）了解加工工艺，熟悉设备操作		
		（4）熟悉办公应用软件或ERP系统者优先		
		（5）良好的自信心与适应能力		

思考练习

(1) 请简述生产现场管理的主要任务。

(2) 请简要说出现场管理的对象和内容。

(3) 生产现场管理的基本方法有哪些?请结合实际生活和工作谈谈如何运用它们。

(4) 请简述现场管理者的主要职责。

(5) 请编制一份现场班组长的任职说明书。

第二章　现场生产任务管理

学习目标

完成本章学习，你应该能够：

- 掌握生产计划、作业计划、生产能力、工时定额、生产调度等概念
- 初步学会制造业各生产类型企业生产计划的编制方法、编制过程
- 会编制生产能力平衡表、生产作业计划及进度表等常用表单
- 熟悉生产调度、计划进度控制要求
- 了解常见生产瓶颈的预防和解决方法
- 了解交货期延误的一般对策
- 了解生产异常情况处理的对策

案例导入

某电机制造公司是一家专业生产电机的工厂，2008年春节前公司在当地建成了总投资3亿多元的新厂。新工厂设施一流，制造设备先进，堪称全国首屈一指的现代化电机制造厂。公司高层对新厂采取"新工厂、新设备、新员工、新管理"的四新原则，寄予很大期望，当年招聘了近300名大专以上的毕业生和一批管理人员，车间一级的计划、调度、品质等管理人员几乎都是刚出校门、跃跃欲试的大学生。

然而，令人没有想到的是，新厂一开始运行却碰到重重困难，一个具备年产20亿元产值的现代化新工厂，500多名员工，每个月仅实现2000~3000万元产值。生产现场一些工序加班赶货，另一些工序则无事可做；一些工序的半成品堆积如山，而另一些工序却停机待料；整个生产系统进度缓慢，效率低下。

生产过程是一个复杂的系统工程，任何一个环节出现问题，都会导致在整体运行上出现不平衡现象。木桶原理告诉我们，最短的一条板决定水位高度，生产过程的任何一个瓶颈，都会限制整体的生产能力、生产进度和生产效率。经过调查，发现如下问题：一是生产管理制度不健全，导致管理职责不明确、流程不清晰、问题得不到及时解决；二是大部分管理人员缺少实践经验，导致管理紊乱；三是员工对大量的新设备的投入使用不适应，需要一个磨合培训的过程；四是缺少现代管理的技术和手段，尤其是企业信息化技术的支持。

经过近一年的调整，企业的生产才逐渐走上正轨，生产能力恢复正常。

工作情境描述

电机公司在本月下旬接到一个生产 1000 台电机的订单，要求在下月底交付，每延迟一天要支付合同金额的 10% 罚款。公司要求电机事业部必须按期交货。生产计划部接到销售公司的生产任务指令后，必须在下月的生产计划中做出安排，需要编制该订单的主生产计划，根据交期要求、产品工艺路线、工时定额和设备配置及人员情况对生产能力做出评估，并根据能力平衡结果，对生产计划做出最终安排，编制零件作业计划，并调度实施，在计划实施过程中对生产进度进行跟踪，及时协调处理，确保交期。电机装配如图 2-1 所示。

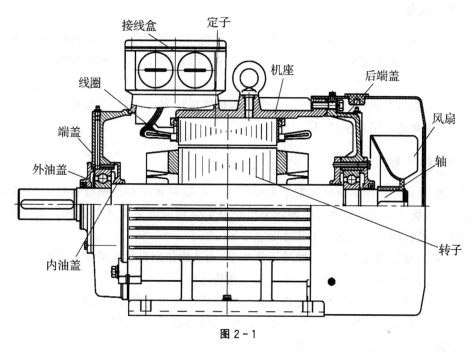

图 2-1

工作任务

（1）学习生产管理相关知识，如生产计划、作业计划、生产能力、工时定额、生产调度等概念。

（2）查阅生产指令内容和订单要求，查阅产品工艺，了解工时定额、设备要求、库存情况。

（3）设计主生产计划表单格式，编制主生产计划初稿。

（4）设计生产设备能力平衡表，对设备能力和人员能力进行计算、评估，得出结论。

（5）编制正式主生产计划。

（6）设计生产作业计划及进度表，编制每个零件的生产作业计划；对生产进度进行模拟跟踪统计。

基础知识

第一单元　生产计划管理

一、生产计划运作系统

1. PMC 概念

PMC(Product Material Control)，意为生产及物料控制，它通常分为以下两个部分。

（1）PC：生产控制或生产管制（台、日资公司俗称生管），主要职能是生产的计划与生产的进度控制。

（2）MC：物料控制（俗称物控），主要职能是物料计划、请购、物料调度、物料的控制（坏料控制和正常进出用料控制）等。

2. PMC 的目标

生产与物控是企业的总调度，整个企业的生产与物料运作都是围绕着这个部门运转的，PMC 部门计划能力、控制能力与协调能力对企业的运作有非常重要的影响。企业要建立良好的生产与物控管理，应做到以下几方面。

（1）建立、制订完善的生产与物控运作体系（即从销售到出货的整体运作程序）。

（2）预测及制订较为合理的短、中、长期销售计划。

（3）对自身的生产能力负荷预先进行详细的分析，并建立完善的资料。

（4）生产前期做好完整的月销货计划（生产总排程）和周生产计划。

（5）配合生产计划做到良好的物料控制。

（6）对生产进度及物料进度及时跟进以及沟通协调。

3. PMC 管理作用

（1）防止经常性的停工待料。因为生产无计划或物料无计划，造成物料进度经常跟不上，以致经常停工待料。

（2）保证生产的均衡，防止生产上的"一顿饱来一顿饥"。因为经常停工待料，等到一来物料，交期自然变短，生产时间不足，只有加班加点赶货，结果有时"饿死"，有时"撑死"。

（3）减少在制品数量，防止在制品堆积。物料计划的不准或物料控制的不良，半成品或原材料不能衔接上，该来的不来，不该来的一大堆，造成货仓大量堆积材料和半成品，生产自然不顺畅。

（4）保证生产计划的严肃性。生产计划是生产的指令，生产计划与实际生产一致，如果计划是一套，生产又是一套，生产计划就会不起作用，徒具形式。

(5) 保证计划与能力的一致性，提高计划的按时完成率。生产计划制订的依据是销售预测和产能分析，如果预测不准就不能针对产能进行合理安排，没有留下余地，生产计划的机动性不强，生产计划变更频繁，紧急订单一多，生产计划的执行就成了泡影。

(6) 保证物料与生产计划的协调一致。计划、生产及物料进度协调性不强，影响交货期，降低公司声誉。

(7) 保证产品质量的稳定性。生产经常紊乱，品质也会跟着失控，造成经常性的返工，又反过来影响生产计划的执行，造成恶性循环。

4. PMC流程（图2-2）

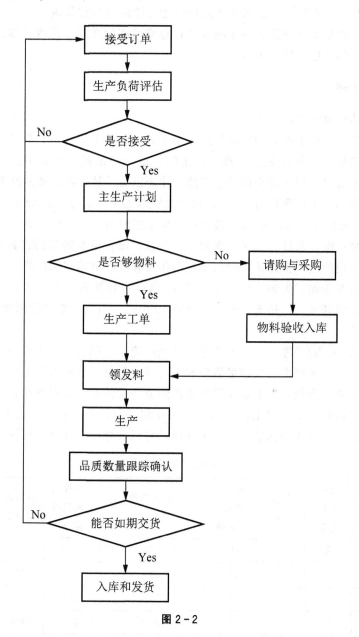

图2-2

二、生产能力计算和评估

1. 生产能力的概念

生产能力(简称产能)是指生产设备在一定的时间内所能生产的产品数量,产能通常以标准直接工时为单位。

产能分为正常产能和最大产能。

正常产能指历年生产设备的平均使用量。

最大产能指生产设备所产出的最大产量或所能安排的最高负荷量。

超乎产能的工作负荷将导致失信于顾客并且造成过高的在制品库存标准;反之,太少的工作负荷会造成高的产能差异,成本上升。

2. 设备产能评估

产能评估的步骤可分为以下三步。

(1) 计算毛产能:假定所有的机器每周工作 7 天,每天工作 3 班,每班 8 小时且没有任何停机时间,这是生产设备在完全发挥最理想的状态下的最高生产潜力。毛产能是个理论值,它是个理想值或者可以说是个标准参考值,作为以后计算实际产能的基准。

以车床加工为例,可用车床有 10 台,每台配置车工 1 人,总人数为 10 人。按每周工作 7 天,每天 3 班,每班 8 小时,10 人 1 周毛产能标准工时为 10×7×3×8=1680 工时。

(2) 计算计划产能:此计算基于每周的工作天数,每台机器排定的班数和每班的工作时数。这是算完毛产能的进一步修正,但仍不足以代表有效产出的实际产能。

还是以上面的车床加工为例,可用车床有 10 台,每台配置车工 1 人,总人数为 10 人。实际上机器每周计划开 6 天,每天 2 班,每班开 10 小时,因此计划产能标准工时为 10×6×2×10=1200 工时。

(3) 计算有效(可用)产能:有效产能是以计划产能为基础,减去因停机和不良率所造成的标准工时损失。不良率损失,包括可避免和不可避免的报废品的直接工时。

以一个机加工车间为例,以下是 1 周的生产能力表现情况,设备在生产时会存在机器检修、保养、待料等时间,实际的工作时间达不到计划时间,且生产的产品有不良品,因此,有效产能标准直接工时=计划标准工时×工作时间目标百分比×合格率百分比,见表 2-1。

表 2-1 机加工车间周有效产能表

机床类别	台数	每周工作天数	每天班数	每班工作时间/h	计划标准工时/h	工作时间目标百分比	合格率百分比	有效产能标准直接工时/h
	①	②	③	④	⑤=①×②×③×④	⑥	⑦	⑧=⑤×⑥×⑦
车床	10	6	2	10	1200	90%	95%	1026
铣床	6	6	2	10	720	90%	95%	615
磨床	3	6	2	10	360	95%	98%	335

3. 人力负荷分析

以下为某工厂加工中心零件加工实况,依据计划产量、标准工时计算所需总工时,见表2-2。

表2-2 加工中心周加工计划任务数据表

	零件一	零件二	零件三	总　计
标准工时	5分钟	10分钟	12分钟	27分钟
计划产量	1800个	1200个	600个	3600个
需要工时	150小时	200小时	120小时	470小时

设定每周工作6天,每天工作时间为10小时,则其人员需求为总需工时÷(每人每天工作时间×每周工作天数)×(1+时间宽松率),时间宽松率=1-工作时间目标百分比(假设为90%)=10%,人员需求=470÷(10×6)×(1+10%)=8.6人

4. 设备负荷分析

(1) 对设备进行分类:如车床、铣床、磨床、高速冲床、钻床、加工中心、折弯机、注塑机、波峰焊机等等。

(2) 估算每种机器计划期的有效产能。

(3) 计算出生产计划期间,每种机器的每日应生产数:每种机器设备的总计划生产数÷计划生产日数=每日应生产数

(4) 比较现有机器设备生产负荷和产能调整:如果每日应生产数小于此机器总产能,生产计划可执行;如果每日应生产数大于此种机器总产能,需要进行产能调整(加班、增补机器或外协等)。

例如,某厂接到某客户下单:A产品300件,B产品500件,C产品200件,要求交付期为30天。经相关部门评估后确认接受,由PMC部门负责对生产能力和设备负荷进行估算。

1) 设备负荷估算

根据产品制造工艺路线(工序)和标准工时定额,估算每种产品各工序需要的工时(设备负荷)。估算结果见表2-3。

2) 计算设备能力

计划期为30天,工作时间为25天,实行单班制,每班工作时间8小时,时间利用率为90%,产品合格率为100%。计算结果见表2-4。

3) 设备负荷平衡

根据设备能力和设备负荷,对设备负荷进行平衡估算,见表2-5。

表 2-3 工序工时估算表

产品	数量	工序	使用设备	标准工时	负荷（工时）
A	300	①	车床	0.32(h)	0.32×300=96(h)
		②	铣床	0.24(h)	0.24×300=72(h)
		③	车床	0.18(h)	0.18×300=54(h)
		④	磨床	0.15(h)	0.15×300=45(h)
B	500	①	铣床	0.34(h)	0.34×500=170(h)
		②	磨床	0.08(h)	0.08×500=40(h)
		③	车床	0.25(h)	0.25×500=125(h)
C	200	①	车床	0.43(h)	0.43×200=86(h)
		②	磨床	0.25(h)	0.25×200=50(h)

表 2-4 设备能力估算表

机床类别	台数	月工作天数	每天班数	班工作时间/h	计划标准工时/h	时间利用率	产品合格率	有效产能标准直接工时/h
	①	②	③	④	⑤=①×②×③×④	⑥	⑦	⑧=⑤×⑥×⑦
车床	3	25	1	8	600	90%	100%	540
铣床	1	25	1	8	200	90%	100%	180
磨床	2	25	1	8	400	90%	100%	360

表 2-5 设备负荷平衡表　　　　　　　　　　　　　　单位：小时（h）

设备＼产品 能力	车床	铣床	磨床	……	备注
能力	540	180	360		
A	96+54=150	72	45		
B	125	170	40		
C	86	0	50		
……					
工时总计	361	242	135		
能力余量	540-361=197	180-242=-62	360-135=225		
能力平衡结论	能力足	能力不足	能力足		

　　显然，铣床负荷超过正常能力（242-180=62h）；为保证交期，必须安排铣床加班62小时（负荷能力调整）或通过其他措施进行调整。短期的生产能力调整措施包括以下几方面。

　　（1）加班。采用两班制或三班制，或节假日加班，增加开机的台数、开机时间。

　　（2）培训。加强员工的熟练操作程度，增加临时性的工人。

　　（3）外包。一些利润较低或制程较为简单的工作可以外包。

三、生产计划编制

生产计划，是关于工业企业生产系统总体方面的计划。它所反映的并非某几个生产岗位或某一条生产线的生产活动，也并非产品生产的细节问题，或者一些具体的机器设备、人力和其他生产资源的使用安排问题，而是工业企业在计划期应达到的产品品种、质量、产量和产值等生产方面的指标、生产进度及相应的布置，它是指导工业企业计划期生产活动的纲领性方案。

1. 企业生产类型的分类

（1）订货生产方式，即根据企业与客户签订的订货合同或协议要求，生产品种、质量、数量、交货期都符合合同或协议约定的产品。这种情况下，生产过程不稳定，计划组织较难，但由于合同对数量和交货期都作了明确的规定，因而基本上可以消除库存，管理的关键是保证在交货期内按质、按量完成约定产品的生产。重点在于生产周期与交货期的确定。

（2）存货生产方式，即企业产品的生产不是依据客户的要求，而是建立在市场调查和预测基础上的，产品有库存。在这种情况下，生产过程组织可以有较规范、稳定的计划，生产管理不但要做好产品质量管理和成本控制工作，而且要保证供、产、销之间的衔接，任一环节的中断会导致整个生产过程的中断，重点在于库存量的确定。

（3）混合型生产方式，是以上两种生产方式的混合，即企业生产组织以订单为主要依据，辅以根据以往的市场预测，以及顾客的比较明确的订货意向，在安排订单生产的同时，也适当生产一些库存产品或通用的零部件。这种生产方式已普遍存在，多见于产品品种比较稳定、客户稳定、销售有季节性特征的企业。

2. 主生产计划编制

主生产计划（Master Production Scheduling，MPS）确定了每一具体的最终产品在每一具体时间段内的生产数量和时间。

主生产计划为短期计划，一般计划期为1～4周，通常采用滚动计划编制办法，分执行计划和预定计划两部分。订货生产方式企业主生产计划见表2-6。

表2-6　××年一月份主生产计划表

订单号码	产品编码	型号、规格	订单数量	库存	计划数	生产部门	交期	一月份	二月份	三月份	备注
201201	R340141	AL120	500	50	460	一分厂	2012.2.30	300	260	250	
201202	R350141	AL110	300	0	310	一分厂	2012.2.30	250	60	100	
……											

所谓的滚动式计划是一种编制计划的方法，既可以用来编制长期计划，也可用以编制年度、季度、月度以至更短时期的计划，它的特点是将整个计划期分为几个时间段，其中第一个阶段的计划为执行计划，后几个阶段的计划为预定计划。执行计划中的任务规定得比较具体，要求按计划实施；预定计划中的任务规定得比较粗略，每经过一个时间阶段，根据计划

的完成情况，以及企业内部、外部条件的变化和经营方针的调整，对原来的预定计划作出相应的调整，并将计划向前推进一个时间阶段，原预定计划中的该时间阶段的计划变成了执行计划。这样，计划便具有更强的连续性，更能符合客观实际。表 2-6 是一月份主生产计划表，其中一月份的完成计划为执行计划，一般不能修订，二月份、三月份完成的计划是预定计划，在制订二月份主生产计划时，需要根据一月份计划完成情况和市场变化进行调整。

3. 生产作业计划的编制

生产作业计划是根据主生产计划规定的产品品种、数量及交货期的要求对每个生产单位（车间、班组等），在每个具体时期（月、旬、班、小时等）内的生产任务做出详细规定。生产作业计划是主生产计划的具体执行计划，它使主生产计划得到落实，是协调企业日常生产活动的中心环节。

1) 生产作业计划的主要任务
(1) 检查生产作业准备。
(2) 制订期量标准。
(3) 生产能力的细致核算与平衡。

2) 生产作业计划的主要依据
(1) 主生产计划和各项订货合同。
(2) 前期生产作业计划的预计完成情况。
(3) 前期在制品周转结存预计。
(4) 产品劳动定额及其完成情况，现有生产能力及其利用情况。
(5) 原材料、外购件、工具的库存及供应情况。
(6) 设计及工艺文件，其他有关技术资料。

3) 制订生产作业计划的方法

生产作业计划的制订就是订单排序的问题。在进行作业排序时，需用到优先调度规则。这些规则可能很简单，仅需根据一种数据信息对作业进行排序。这些数据可以是加工时间、交货日期或到达的顺序。常用的 9 个优先调度规则如下。

(1) FCFS（先到先服务）：按订单送到的先后顺序进行加工。

(2) SOT（最短作业时间）：首先进行所需加工时间最短的作业，然后是加工时间第二最短的作业，如此类推。这个规则等同于 SPT（最短加工时间）规则。

(3) 交货期：最早交货期最早加工。将交货期最早的作业放在第一个进行。

(4) 开始日期：交货期减去正常的提前期（最早开始的作业第一个进行）。

(5) STR（剩余松弛时间）：STR 是交货期前所剩余时间减去剩余的加工时间所得的差值。STR 最短的任务最先进行。

(6) STR/OP（每个作业剩余的松弛时间）：STR/OP 最短的任务最先进行。STR/OP 的计算方法如下：STR/OP＝（交货期前所剩的时间－剩余的加工时间）/剩余的作业数

(7) CR（关键比率）：关键比率是用交货日期减去当前日期的差值除以剩余的工作日数。关键比率最小的任务先执行。

(8) QR（排队比率）：排队比率是用计划中剩余的松弛时间除以计划中剩余的排队时间，排队比率最小的任务先执行。

(9) LCFS(后到先服务)：该规则经常作为缺省规则使用。因为后来工单放在先来的上面，操作员通常是先加工上面的工单。

4) 作业计划编制

(1) 生产提前期。

编制生产作业计划首先要考虑生产提前期，确定产品、零件投入生产的时间和出产时间。生产提前期是指产品、零部件、毛坯等在各工艺阶段投入和出产的日期比成品出产的日期应提前的时间。前者称为投入提前期，后者称为出产提前期。投入（出产）提前期是编制生产作业计划时，确定产品及其零部件（毛坯）在各工艺阶段投入（出产）时间的依据。

制品在各工艺阶段的生产提前期，都是以产品装配出产时间为基准，按反工艺顺序方向确定的。即先确定装配阶段，其次是加工阶段，最后是毛坯准备阶段的生产提前期；在每一工艺阶段，先确定出产提前期，后确定投入提前期。计算生产提前期要利用生产周期和生产间隔期等期量标准。

各工艺阶段生产间隔期相等时的生产提前期与生产周期之间关系如图2-3所示。各工艺阶段投入提前期和出产提前期的计算公式如下。

　　　　某车间投入提前期＝该车间出产提前期＋该车间的生产周期
　　　　某车间出产提前期＝后车间投入提前期＋车间之间的保险期

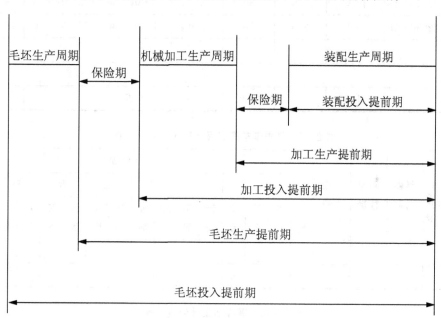

图2-3

(2) 作业计划的编制方法。

作业计划一般是分车间编制，如机械加工车间、冲压车间、装配车间。装配车间的作业计划按产品品种编制，确定产品开始装配的日期和结束日期及产量，见表2-7。

有些企业已建立ERP系统，可以直接在系统内生成每个零件的《制造工单》作为作业计划使用。

表 2-7 装配车间一月份装配作业计划

订单号	产品编码	产品型号	发货数	可用库存	计划数	交货时间	开始装配时间	计划完成时间
201201	R340141	AL120	500	50	460	12-02-30	12-02-01	12-02-08
201202	R350141	AL110	300	0	310	12-02-30	12-02-10	12-02-15
……								
备注：								
编制		日期		批准		日期		

零件加工车间作业计划按零件编制，确定零件各工序的投入日期和结束日期及产量，见表 2-8。还可以根据需要编制周作业计划，见表 2-9。有的产品生产作业期比较长，工序较多，作业计划没有划分明显的计划期，直接在一份作业计划上编排整个作业过程，见表 2-10。

表 2-8 金工车间一月份作业计划

订单号	零件编码	零件名称	发货数	可用库存	计划数	交货时间	开始加工时间	计划完成时间
201201	220300118	接头	300	30	280	12-02-30	12-01-10	12-01-15
201201	220300119	泵体	300	50	260	12-02-30	12-01-10	12-01-15
……								
备注：								
编制		日期		批准		日期		

表 2-9 仪表车车间二月份第 1 周生产排程

订单号	零件编码	零件名称	需要数量	计划产量	出产计划													
					一		二		三		四		五		六		日		累计	
					计划	实际	计划	实际	计划	实际	计划	实际	计划	实际	计划	实际	计划	实际	计划	实际

表 2-10 零件加工计划进度表

序号	代号	名称	数量	计划进度															
				1	2	3	4	5	6	7	8	9	10	11	12	13	14	15	16	…	28	29	30	31
1	LJ01	泵体	30				铸				镗				铣		磨			钻		入库
2	LJ02	主轴	30	锻				车			热				车				铣			磨	入库
3	…																						

第二单元 生产计划执行

一、生产作业准备

生产现场接到生产计划方案尤其是日程计划后，在开展生产作业活动之前，应在人员、机器、工具、模具、夹具、物料、图样、工艺规程、质量控制、人员培训方面做好准备工作。生产作业准备是指企业为了保证日常生产的正常进行，为顺利实现生产作业计划所从事的各项准备工作。生产作业准备工作包括：技术准备、设备准备、物资准备、劳动力的配备和调整、工作地准备等。

1. 技术工艺文件的准备

现场技术工艺文件，如产品和零件图纸；加工、装配系统图、毛坯和零件的工艺规程、工时定额及各类材料消耗定额等，是计划和组织生产作业活动的重要依据。新的或经过修改的技术、工艺文件，应当根据生产作业计划的进度，在生产作业计划开始实施之前，提前发送到各有关的生产管理部门、车间、工段、班组，以便于有关部门安排生产作业计划并事先熟悉技术文件的相关要求。

2. 原材料和外购、外协件的准备

在进行批量生产前，各种原材料和外购、外协件应在规格、品种、数量、质量、到货期等方面满足和保证生产现场的需要。这些物资由物资供应部门根据作业计划和物资供应计划进行相应的订购。

如果生产任务发生变动，或者物资供应计划在执行过程中发生变化，在编制生产作业计划时，必须同物资供应部门配合，对一些主要原材料、外协件的储备量和供应进度进行跟踪检查，物资供应部门要千方百计满足生产的需要；生产计划人员必须掌握供应情况，必要时可根据来料、来件的实际储备和供应情况，及时对生产作业计划进行必要的调整，以避免发生停工待料的现象。

3. 机器设备的检修准备

机器设备正常运转是完成生产作业计划的重要保证。机器设备是否处于良好技术状态，能不能正常运转，是保证生产作业计划完成的一个重要条件。

生产部门在制订和安排生产作业计划时，要考虑机器设备的维护、保养、检查、修理等需要，提前为待修设备建立在制品储备，或者将生产任务安排在其他设备上进行，以确保设备检修期间生产任务的及时完成。

设备检修部门要按照设备检修计划的规定，贯彻设备预修制度，准备好易损备件，以便保证设备按期检修，保证设备处于良好运行状态。

4. 工装准备

产品生产制造过程中会使用到各种工具、量具、夹具、模具等工艺技术装备，它们是保证生产作业计划正常进行的重要的物质条件。在编制和安排生产作业计划时，现场生产所需

的各类工装（如：工具、量具、夹具、模具）必须事先准备好，必须提前检查工装的库存情况和保证程度，需要外购、制造、修理的就要及时组织采购、制造和修理。

5. 人员准备

由于生产任务和生产条件的变化，有时各工种之间会出现人员配备不平衡的现象。这就要对各技术工种人员的配备、工作轮班的安排、各班组及工作地人员按生产作业计划的要求，作临时调配，以保证生产作业计划的执行。

6. 动力和运输的准备

动力供应和物资运输都是正常生产的基本条件。生产作业计划编制和执行时，要充分考虑动力供应和物资运输状况。动力供应需备好燃料，维护好输变电设备，使其保持正常运转。物资运输准备需做好运输车辆、设备设施的维护保养，合理安排运输路线。

二、日常生产派工

日常生产派工，即生产调度。当做好生产作业准备以后，根据安排好的作业顺序和进度要求，要将生产作业任务派发到各个生产岗位上去，才能最终保证生产任务的圆满完成。进行生产派工的重要方式是使用生产派工单。派工单的具体形式很多，有加工路线单、单工序工票、传票卡、工作班任务报告、班组生产记录和投入出产日历进度表等。

1. 加工路线单

加工路线单又称工序流程卡、跟单、工件移动单等，是在成批和单件生产类型中采用的作业指令形式。它是企业生产部门在分配作业、下达作业指令时常用到的一种派工单的形式。它是以零部件为单位，综合地发布指令，指导工人根据既定的工艺路线顺次地进行加工。加工路线单跟随零件一起转移，各道工序共用一张生产指令，见表2-11。

表2-11 某机械制造有限公司零件加工路线单

年　月　日　　　　　　　　　　　　　　　　　　　　　　　　　　　　　　　　编号：

件号	零件名称	每台件数	计划投入			实际投入		
			件	台	累计	件	台	累计
领料人		仓管员			实领		日期	

日期		工序		机床号	操作者		工时定额		检查结果				检验员
月	日	工序名称			数量	签章	准备与结束	单件	合格	返修	工废	料废	

合格入库数	检验员签章	仓库盖章	入库日期	备注
			年　月　日	

1) 加工路线单的优劣势

加工路线单的内容全面，即是生产作业指令，也是工艺路线和领料、检验、交库的凭证，又是作业核算和统计的凭证，起到一单多用的作用，有利于保证管理数据的一致性。因此，加工路线单被成批和单件生产的企业普遍采用，作为生产作业控制的重要工具。

但是，如果在工艺路线较长、工序较多、批量较大、生产周期较长的情况下，则因一票多序，一票流传到底，中间交接环节多而容易损失或丢失，或因时间太长而失去对生产过程的控制。

2) 适用范围

加工路线单在多工序的机械加工车间非常适用，这种形式适用于生产批量小的零件，或者虽然批量比较大，但加工工序比较少，生产周期短的零件。在实际工作中，可视不同情况，或单独使用，或分若干段使用，或与工票结合使用。

3) 加工路线单的使用方法

（1）毛坯库根据生产作业计划，核实库存，填写加工路线单交车间计划调度组。

（2）车间计划调度组填写工序及工时定额，同时登记统计台账，交车间计划调度员安排生产。

（3）车间计划员根据作业计划进度要求，提前把加工路线单交毛坯库，毛坯库根据加工路线单，送料到指定地点，车间核实并在领料付券上签收，第一付券交送料人带回毛坯库据以登记仓库统计卡，第二付券送车间计划调度组，据以统计毛坯数量。

（4）毛坯投入第一道工序前，计划员应在加工路线单上填写工人姓名或机床编号，交给操作工，并让操作工签字确认。第一道工序加工完毕，操作工应将加工路线单和零件一起送检。

（5）检查员将交验结果填入加工路线单，并签字确认。零件搬运工同时把零件转到第二道工序工作地，依此类推一直到该批零件加工完毕。

（6）加工完毕的零件，由检验员进行完工检验，并在加工路线单正联及付券上签字后返还送检车间，"第一付券"留存成品零件库，据此登记台账。

（7）车间作业统计员每天对已加工的加工路线单进行登记统计，成品零件库根据加工路线单"第一付券"按日汇总，编报零件入库日报表。

2. 单工序工票

所谓单工序工票又称短票、工序票等，它是企业生产部门在分配作业、下达作业指令时用到的一种派工单的形式。它以工序为对象设票，即一序一票。这种工票与加工路线单虽然形式不同，但所记录的内容基本上是一样的，它也是用来反映零件在各道工序加工中有关数量、质量等情况的凭证，见表2-12。

1) 单工序工票的优劣势

单工序工票的优点是周转时间短，使用比较灵活，可以像使用卡片那样，按不同要求进行分组、汇总和分析。其缺点是票证数量大，因而填写、签发工作量大，不便于统计核对。

2) 适用范围

这种形式适用于批量大的零件的生产作业派工。

表 2-12　某机械制造有限公司单工序工票

机床号：　　　　　　　　　　　　　　　　　　　　　年　月　日　　　编号：

产品编号	件号	件名	序号	工序名	单件定额	每台件数	投入件数	
							本批	累计

日期	班次	操作工	加工时间			完成		检查结果			检验员	备注
			起	止	工时	件数	工时定额	合格	返修	工废	料废		

生产组长：　　　　　　　　　　计划调度员：

3）单工序工票的使用方法

（1）车间计划调度人员根据生产作业计划，核实库存，填写工序及工时定额，填写单工序工票交车间计划员安排生产。

（2）车间计划员根据作业计划进度要求提前把单工序工票交毛坯库，毛坯库根据单工序工票送料到指定地点，车间核实并在领料付券上签收，第一付券交送料人带回毛坯库据以登记仓库统计卡，第二付券送车间计划调度组，据以统计毛坯数量。

（3）车间操作工完工后填写相应数量和起止时间，零件送检。

（4）检验员在工票上记录检验结果后，工票返回到计划调度人员。

（5）车间作业统计员每天对已加工的单工序工票进行登记统计，成品零件库根据单工序工票"第一付券"按日汇总，编报零件入库日报。

（6）计划调度人员再为下道工序开发新的单工序工票。

第三单元　生产进度控制

一、生产进度控制的概念

生产进度控制，是指对原材料的投入生产到成品入库为止的全过程进行控制，也就是在生产计划执行过程中，对有关产品生产的数量和期限的控制。其主要目的是保证完成生产作业计划所规定的产品产量和交货期限指标。

生产进度控制贯穿整个生产过程，从生产技术准备到产成品入库的全部生产活动都与生产进度有关。习惯上人们将生产进度等同于出产进度，这是因为客户关心的是能否按时得到成品，所以企业也就把注意力放在产成品的完工进度上，即出产进度。为了保证成品按时完工，顺利按计划出货，必须注意整个生产过程的监控，只有各个生产环节按计划完成，才能保证最终的出货时间。

对于生产进度的控制，是通过对每天的生产进度的跟踪，发现实际与计划有偏离，即可采取措施,进行及时调整,保证计划的执行。简单跟踪的方式是通过相关生产控制图表实现的。

二、生产控制图表的种类

以"图表"(chart)实现控制或管理的目的,在现代企业中已广泛运用,尤其在生产控制方面,更具高度的实用价值。因为图表的运用,不仅简洁明了,使人一目了然,而且在资料的记录和工作的考核上,也具有迅速、简便和可靠的优点。控制图表的记录可随实际情况的变化而随时改进,便于管理者考核和调整。常用的控制图表有以下几种。

1. 生产日报表

以车间为单位,针对每种产品或零件当天的完成情况填写,上报车间及生产管理部门,见表2-13。

表2-13 车间生产日报表

车间: 日期:

生产单号	产品名称编号	预定产量	本日产量		累计产量		耗费工时		半成品	
			预定	实际	预定	实际	本日	累计	本日	昨日

制表人:_____   审核:_____

2. 生产统计表

以车间为单位,根据每天的生产日报表,统计报告期内各产品或零件的生产完成状况,见表2-14。

表2-14 车间生产进度统计跟踪表

订单号	产品编号	产品名称	交付数量	计划产量	实际产量							
					1	2	3	4	5	6	…	累计	差额
1201	2203	泵头	300	310	30	35	35	32	33	35		200	110
…													
…													
填报人			填报日期				填报单位					

3. 生产进度趋势表

以直线表示某一因素的变动情况。如对加工周期长、工序多的产品,除控制投入和产出进度外,还必须控制工序进度。除采用零件加工路线单进行控制外,可以采用零件加工计划进度表,把主要工艺阶段的实践进度与计划进度进行比较,可以采用画进度箭头、涂色等方式,这些方式的特点是直观、简单,可以挂贴在现场,根据工作进展及时标示,见表2-15。

表 2-15 零件加工计划进度表

序号	代号	名称	数量	计划进度																
				1	2	3	4	5	6	7	8	9	10	11	12	13	14	15	16	…	28	29	30	31
1	LJ01	泵体	30			铸					镗					铣		磨				钻			
2	LJ02	主轴	30	锻				车			热				车			铣					磨	
3	…																							

4. 曲线图

曲线图的标示方法是在一个直角坐标内，以纵横两个坐标代表两种变动因素，然后以这两种因素之间的关系标出各点，连成一条曲线，借以说明最高与最低的工作情形与工作趋势。图 2-4 所示为产量完成趋势图，从趋势图中可以看出目标产量与实际完成的产量的对比情况。另外，此类图表还可以利用 Excel 绘制成柱状图（图 2-5）、饼状图等。

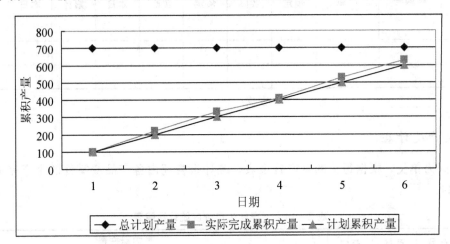

图 2-4

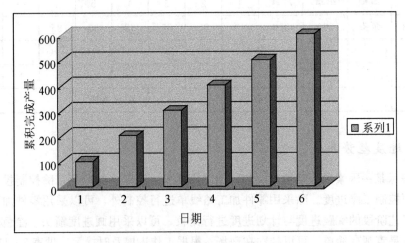

图 2-5

5. 甘特图

甘特图（Gantt Chart）是一种具有控制作用的作业表，可显示未来计划和现在的实际进度，并可记录以往成绩，如图2-6所示。

数量/零件	20	40	60	80	100	120	140	160	180	200	220	240	260	280	300	320	340	360	380	400	420	440	460	480	500
U1			E							C							A								
U2																									
U3																									
U4																									
U5																									
U6																									
U7																									
U8				F										D							B				
AB：生产计划应完成的零件数																									
CD：表示本月内装配需要的零件数量																									
EF：表示上旬实际完成的零件数																									

图 2-6

根据这些图表，我们很容易看出某个生产程序的布置是否符合工厂布置的原则，缺点和优点一目了然，不难看出是否需要调整以及如何调整。此外，运用这些图表，还可以考核在厂内的运输路线、工作地布置、工作时间以及工作次数等内容。

第四单元　岗位交接班管理

对于存在两个班次以上轮转的生产制造型企业，岗位交接是保持生产作业活动连续性的重要环节，企业应对岗位交接进行统一管理，明确相关工作人员的职责，规范他们的行为。实施岗位交接管理是生产现场管理中的重要内容，只有严格进行岗位交接班管理，才能保证生产作业活动的有效衔接，减少岗位交替的时间损失，使生产作业活动持续进行。

一、交班管理

（1）一小时内不得任意改变负荷和工艺条件，生产稳定，工艺参数指标要在规定范围内，生产中的异常情况应得到消除。

（2）检查机器设备、工装模具运行是否正常，有无损坏，有无异常情况，液（油）位是否正常，安全保险装置是否完好有效，设备是否清洁无尘。

（3）认真做好原始记录，做到清洁、无扯皮、无涂改、项目填写齐全，内容填写准确，巡回检查有记录，做到生产概况、设备仪表使用情况、事故和异常都记录在生产记录中。

(4) 为下一班储备消耗物品，工具、器具齐全，工作场所清洁卫生。

(5) 接班者到岗位后，交班人要详细介绍本班生产情况，解释特别需要交待的主要事项，回答提出的一切问题，交接时应做到"五清"和"两交接"，"五清"即：看清、讲清、问清、查清、点清；"两交接"即现场交接和实物交接。

(6) 遵守"六不交"原则：遇事故正在处理或正在进行重要的操作的，不得交接班；接班人酒后上班或精神状态严重不佳的，不得交接班；接班人员未到岗的，不得交接班；记录不清楚、不清洁的，不得交接班；工具、用具、仪器仪表未清理或未点清，岗位责任区内清洁卫生未清扫的，不得交接班；交、接班人不签字的，不得交接班。

二、接班管理

(1) 接班者必须提前30分钟到岗。

(2) 到岗后，检查生产、工艺指标、设备用具、消耗物品、工艺条件和场地卫生等情况。

(3) 提前20分钟召开班前会。

(4) 经进一步检查，没有发现问题应及时交接班，并在交接班记录上签字。

(5) 岗位一切情况均由接班者负责，接班者应将接班时的数据记录在操作记录中，并将工艺条件保持在最佳状态。

(6) 遵守"三不接"原则：岗位检查不合格不接班；上班质量或安全事故没有处理完不接班；交班者不在岗位时，不接班。

三、班前会管理

(1) 交接班双方的值班主管、接班人全体人员必须参加班前会，白班交接时要有一名车间领导参加。

(2) 与会人员必须穿戴工作服、工作帽、保持良好的精神状态，严禁穿高跟鞋和带钉鞋。

(3) 提前20分钟点名。

(4) 交班值班主管介绍上班情况，包括生产工艺指标、设备使用异常情况、质量事故及特别需要提醒注意的问题点。

(5) 各岗位汇报班前检查情况。

(6) 接班值班主管安排当班工作。

四、班后会管理

(1) 交班全体人员均应参加班后会，白班交班时必须有一名车间领导参加。

(2) 各岗位交班后准时在规定地点召开班后会。

(3) 各岗位人员汇报本班生产达到情况及重要的质量、安全事故情况。

(4) 值班主管进行当班工作总结发言。

(5) 车间领导作具体工作指示。

第五单元　交货期保证管理

一、交货期管理的必要性

交货期管理是为遵守和客户签订的货期，按质、按量、按期地交货，而按计划生产并统一控制的管理。交货期管理做得不好会产生以下一些直接的后果。

（1）在预定的交货期内不能交货给客户，会造成客户生产上的困难。
（2）不能遵守合约，丧失信用，将会失去客户。
（3）生产现场因交货延迟，作业者士气低下。
（4）现场的作业者为挽回时间勉强加班加点地工作，若这种情况经常发生会影响员工士气，甚至可能会因此而病倒。
（5）交货期管理做得不好的工厂，品质管理和降低成本的管理工作也会很被动，也不会做得好。

二、缩短交货期的方法

为达到缩短交货期的目的，可采取以下方法。

1. 调整生产产品品种的生产顺序

可优先生产特定的品种，但这种优先要事前取得销售部门的认可。

2. 分批生产、同时生产

对于大批量生产的产品，同一订单的生产数量分作几批进行生产，首次的批量少点，以便尽快生产出来，这部分就能缩短交货期；或用几条流水线同时进行生产，以达到缩短交货期的目的。

3. 短缩工程时间

缩短安排工作的时间，排除工程上浪费时间的因素，或在技术上下工夫，优化加工工艺线路，加快加工速度，以缩短工程时间。

三、交货期延误的对策

1. 交货期延误原因

1）紧急订单多
紧急订单多，要求交付时间紧，交货期过短，从而引起生产准备不足，计划不周，投产仓促，打乱正常生产秩序，导致生产过程安定化程度很低，管理混乱。
2）产品技术要求变更频繁
产品设计工艺要求未定型，变更频繁，生产图纸不全或要求一直在调整，导致生产作业无所适从，从而使生产延误。

3）物料供应不当

物料计划不良，材料供应不及时或外协加工进度跟不上，以致生产现场停工待料，在制品在制造过程中流通不顺畅，造成生产延误。

4）生产过程质量控制不好

工序不良品多，成品率低，报废数量和返工次数增加，从而影响交货数量和进度。

5）设备维护保养欠缺

生产设备故障频繁，尤其是关键设备经常性故障导致停产，工装模具维护管理不善，生产中断次数较多，导致生产任务不能及时完成。

6）生产排程不当

生产排程不合理或出现错漏排产，导致生产效率降低或该生产的产品没有及时生产出来，不需要的产品大批量生产出来。

7）生产能力、负荷失调

生产能力不足，外协计划调度不当或外协厂商选择不当，作业分配失误，导致交期延误。

8）劳动力的突发性短缺

关键或重要生产岗位劳动力的突发性短缺，如集体罢工、大量辞职等，生产工序作业人员的紧急性短缺，生产计划无法执行，导致交货期延误。

2. 生产现场对已延误交货期的补救对策

（1）在知道要延误交货期时，先和业务部门协商与不急着交货的产品对换生产日期。

（2）延长工作时间，通过加班、休息日上班、两班制、三班制等方法补救。

（3）分批生产，被分出来的部分就能减少延误的时间，使顾客有一定数量的货物而暂时得到满足。

（4）同时使用多条流水线生产或启用多个生产场地同时生产。

（5）在人力资源突发性短缺时，可请求行政后勤等其他服务性部门人员的支援，这样如同增加了作业时间。

（6）启动对外委托加工工作程序，委托外协厂商生产一部分。

四、确保交货期的措施

不同生产类型企业的生产过程差异很大，影响交货期的主要因素不尽相同，控制的重点和方法也不一样，常见的确保交货期的措施有以下几种：

1. 以库存应万变

影响生产进度计划的原因归结到最后都是因为设备的有效作业时间不足而影响生产进度。例如，按计划设备应该正常运转7.5小时/班，因种种原因停产过多，运转时间不足7.5小时/班，就会欠产。建立足够的库存量，当欠产时用库存补足，是一种最简单的办法。就应付欠产而言，这也是一种非常有效的方法。但企业同时也为此付出沉重的代价，一个庞大的库存系统占用了大量的库存损耗。这个办法不是从产生问题的根本原因上解决问题，而是让库存管理部门承担起进度控制的全部责任，所以是不尽合理的。尽管如此，这仍然是企业对付欠产的主要手段。

2. 抢修设备

设备故障是许多企业造成欠产的最主要原因，减少设备故障率、缩短设备修理时间，也是进度控制中普遍采用的措施。建立一套完整、严格的设备检修保养制度，是降低设备故障率的行之有效的措施。但是，大多数企业认为设备发生故障的概率是随机的，不可预料的，往往因为生产任务忙而不重视设备维护保养工作，制度形同虚设，把注意力放在故障发生后的抢修上。为了缩短抢修时间，采取更换部件的修理方法，这样就需要建立一个规模不小的备品备件库。

3. 加班

时间资源具有刚性，损失的时间是无法追回的，损失的机时一般只能通过加班的途径补回来，这需要支付加班工资。但是，如果设备是三班运转，就不存在加班的可能，损失就难以挽回。还存在一种即使可以加班也无法赶上进度计划的情况，这就是当关键设备发生严重故障，修复时间又长于库存所能维持生产的时间。这是库存耗尽后，设备还没有修复，造成全线停产，即使设备修复后加班生产也不可能补回全线停产的损失。

4. 培养多能工

当关键设备操作工缺勤时，派其他工人顶上去。只要企业认真考虑这件事情，一个工人掌握多种技能是完全有可能的。

知识拓展

制造执行系统(MES)

1. MES概述

制造执行系统(Manufacturing Wxecution System，MES)是美国 AMR 公司(Advanced Manufacturing Research，Inc)在 20 世纪 90 年代初提出的，旨在加强 MRP 计划的执行功能，把 MRP 计划通过执行系统同车间作业现场控制系统联系起来。这里的现场控制包括 PLC 程控器、数据采集器、条形码、各种计量及检测仪器、机械手等。MES 系统设置了必要的接口，与提供生产现场控制设施的厂商建立合作关系。

2. MES 的地位和作用

制造执行管理系统是企业 CIMS 信息集成的纽带，是实施企业敏捷制造战略和实现车间生产敏捷化的基本技术手段。工厂制造执行系统 MES 是近十年来在国际上迅速发展、面向车间层的生产管理技术与实时信息系统。MES 可以为用户提供一个快速反应、有弹性、精细化的制造业环境，帮助企业减低成本、按期交货、提高产品的质量和提高服务质量。适用于不同行业(家电、汽车、半导体、通信、IT、医药)，能够为单一的大批量生产和既有多品种小批量生产又有大批量生产的混合型制造企业提供良好的企业信息管理。

3. MES 的特点

(1) 采用强大数据采集引擎、整合数据采集渠道（RFID、条码设备、PLC、Sensor、IPC、PC 等）覆盖整个工厂制造现场，保证海量现场数据实时、准确、全面地采集。

(2) 打造工厂生产管理系统数据采集基础平台，具备良好的扩展性。

(3) 采用先进的 RFID、条码与移动计算技术，打造原材料供应、生产、销售物流闭环的条码系统。

(4) 全面完整的产品追踪追溯功能。

(5) 生产 WIP 状况监视。

(6) Just-In-Time 库存管理与看板管理。

(7) 实时、全面、准确的性能与品质分析 SPC。

(8) 基于 Microsoft .NET 平台开发，支持 Oracle/SQL Server 等主流数据库。系统是 C/S 结构和 B/S 结构的结合，安装简便，升级容易。

(9) 个性化的工厂信息门户（Portal），通过 Web 浏览器，随时随地掌握生产现场实时信息。

(10) 强大的 MES 技术队伍，保证快速实施、降低项目风险。

4. MES 的目标

(1) 不下车间掌控生产现场状况工艺参数监测、实录、受控。

(2) 制程品质管理，问题追溯分析。

(3) 物料损耗、配给跟踪、库存管理。

(4) 生产排程管理，合理安排工单。

(5) 客户订单跟踪管理，如期出货。

(6) 生产异常，及时报警提示。

(7) 设备维护管理，自动提示保养。

(8) OEE 指标分析，提升设备效率。

(9) 自动数据采集，实时、准确、客观。

(10) 报表自动及时生成，无纸化。

(11) 员工生产跟踪，考核依据客观。

(12) 成本快速核算，订单报价决策。

(13) 细化成本管理，预算执行分析。

5. MES 的组成模块

(1) 生产监视。

(2) 数据采集。

(3) 工艺管理。

(4) 品质管理。

(5) 报表管理。

(6) 生产排程。

(7) 基础资料。

(8) OEE 指标分析。

(9) 薪资管理。

(10) 数据共享。

思考练习

(1) 生产计划运作系统(PMC)内容是什么?

(2) 如何进行生产能力平衡?

(3) 生产计划的作用是什么?编制计划的依据是什么?

(4) 作业计划如何编制?

(5) 计划进度如何控制?

(6) 什么是 MES?有什么作用?

第三章　现场物料管理

学习目标

完成本章学习，你应该能够：
- 了解生产现场物料管理的内容、作用
- 了解供应商管理和采购管理的一般内容和步骤
- 掌握库存管理内容和作用
- 了解工位器具的设计和配置原则
- 熟悉车间内部物料配送的组织、管理方法
- 学会库存卡、产品标识卡的设计和应用
- 熟悉进出库管理的要求，学会进出库手续的办理
- 熟悉在制品和库存的盘点和呆料的处理

案例导入

戴尔电脑(Dell Computer)是一家以生产、设计、销售家用以及办公室电脑而闻名，同时生产与销售服务器、数据存储设备、网络设备、软件、打印机等电脑周边产品的世界500强企业。

戴尔的直接商业模式享誉全球，即去除中间人直接向客户销售产品，使得公司能够以更低廉的价格为客户提供各种产品，并保证送货上门，确保戴尔的产品还未生产出来就已经售出。

戴尔发展史上也出现过库存过量的情况，当时公司成立才4年多，就顺利地从资本市场筹集了资金，首期募集资金3000万美元。对于靠1000美元起家的公司来说，这笔钱的筹集，使戴尔的管理者开始认为自己无所不能，只看到机会，忽视了风险。大量投资存储器，一夜之间形势逆转，导致重大存货风险。库存过量风险直接引发了戴尔公司的资金周转危机。戴尔当时把募集资金3000万美元的30%投入购买元器件，由于市场变化，在危机后，戴尔库存价值损失90%，换句话说，在危机爆发后，戴尔就可能损失720万美元。这对一个成立刚5年的公司，打击可以说是很大的。这时只得被迫低价出售库存，以拯救公司。

在20世纪90年代初期，戴尔公司发现存货管理的价值和重要性，并认识到库存流通的价值。戴尔认为，库存流动速度的重要性远大于库存量的大小。戴尔追求的不是准时制生产中的"零库存"，而是强调加快库存的流转速度。目前，在PC制造行业，原材料的价格大约每星期下降1%，通过加速库存流动速度，相比竞争对手而言，可以有效地降低物料成本，

反映到产品底价上,就意味着戴尔拥有了更大的竞争空间。事实上,在 PC 行业,物料成本在运营收入中的比重高达 80%,物料成本下降 10%,其效果远远大于劳动生产率的提高。为了控制库存,在技术上,戴尔将现有的资源规划和软件应用于其分布在全球各地的所有生产设施中,在此基础上,戴尔对每一家工厂的每一条生产线每隔两个小时就作出安排,戴尔只向工厂提供足够两小时使用的物料。在一般情况下,包括手头正在进行的作业在内,戴尔任何一家工厂内的库存量都只相当于大约 5 个小时或 6 个小时出货量。这就加快了戴尔各家工厂的运行周期,并且减少了库房空间,在节省下的空间内,戴尔代之以更多的生产线。对于戴尔公司而言,如果观察到对于某种特定产品需求持续两天或者三天疲软,就会发出警告;对于任何一种从生产角度而言"寿命将尽"的产品,戴尔将确定某个生产限额,随后,一定到此为止。

工作情境描述

某公司是一家高压清洗机制造企业,清洗机装配车间是公司的主要生产车间,车间设有备料仓库,实行送料制度。根据某一订单的生产计划的要求,车间计划员应在生产开始前一周通知备料仓库准备物料,车间备料仓库负责库存物料的管理和配送,仓库主任根据 ERP 系统提供的物料发放计划按产品物料编码和领用数量核对库存,进行备料(如果发现库存不足,及时通知采购部门补料或加工车间加工),并在生产开始前一天将备好的零配件按规定的数量装在专用的容器中,做好标识,送至指定的备料区存放。生产开始时,送料员将零配件装上专用推车送至各工序,并每隔 2 小时送料一次,确保生产的正常进行。车间统计员每天下班前负责对车间的产成品进行统计,录入电脑;各生产线组长负责管理生产线在制产品和各工位配件、不合格品。

学习任务

(1) 学习企业现场物料管理的相关知识。
(2) 查阅零件图纸,了解零件结构、尺寸、材料、技术要求等,学会编制 BOM 表。
(3) 根据图纸及收集到的相关资料,设计专用容器、搬运推车。
(4) 根据生产计划编制物料需求计划,编制供应商调查和评定记录。
(5) 根据送料数、容器容量等资料,确定库存卡、产品标识卡内容,设计仓库记录表单,并进行模拟填写,记录结果。
(6) 根据领料规定,模拟填写泵头入库单、出库单和库存物料台账记录。

基础知识

第一单元　物料管理概论

物料管理即为针对企业生产活动所需的物料,加以有计划性的准备,并进行协调及控制以达到最经济、迅速的目的的系列活动。

一、物料的分类

物料一词广义地可以解释为维持整个生产活动所需的用料；狭义上指的是产品所需的原料、零件、包装材料等。在企业里，通常可用以下几个方面予以区分。

1. 功能区分

（1）主要材料：主要材料是产品构成的主要部分，如原料（Raw material）、零件（Parts）、组合件（Components）、包装材料。

（2）辅助材料：辅助材料通常为附属于产品，或产品加工过程中所需要的消耗材料，如机油、油漆、溶剂等。

2. 成本区分

一般制造成本分析，将材料成本分为直接材料成本与间接材料成本两种。

（1）直接材料：同上项的主要材料，直接材料的使用量与产品的产量成正比，通常会记入材料表（BOM）内。

（2）间接材料：在产品表面上看不到，它是间接对产品的制造有帮助的物品。

3. 型态区分

（1）素材：指原材料的未加工材料。

（2）成型材：如零件、组合件等已加工的材料。

4. 调度区分

（1）一次材料：指的是公司外部调度的自制材料、外购材料或委外加工的材料。

（2）二次材料：指的是工厂内部门与部门之间，半成品的流动。

5. 准备方法区分

（1）常备料：指的是大量或经常性使用的物料，为了控制成本或配合生产之需而使用的"存量控制"的方法，有计划性地购买。

（2）非常备料：量少或非经常性使用的物料，以生产计划的需要来购买，也就是"订单订购"的方法。

二、物料管理的基本要求

物料管理是企业活动中一项基本而不可或缺的活动。物料管理处于极为基础的地位，"三不"要求是物料管理的精髓。理论上，对排好的生产计划，物料管理部门应保证不会有"物料匮乏"的现象出现，事实上，这也是物料管理的第一要务，然而既要保证不断料，使制造部门顺畅生产，又要能控制呆料的产生及不让过多地囤料，影响资金的周转及造成储存场所的浪费，这也是物料管理人员面临的挑战。"三不"就是不断料、不呆料、不囤料。

不断料——不使制造现场领不到要用的材料或零件。

不呆料——只让要用、可用的料进入仓库，不让不要用、不可用的材料、零件进入仓库或呆在仓库不用。

不囤料——适量、适时地进料，不过量、过时地囤积材料。

三、物料管理的范围

以往许多的中小型企业对物料管理视为单纯的仓储管理，随着企业规模的加大，企业主管人员对物料管理在企业中的重要性给予更大的重视，因此物料管理在组织上的业务范围也更大、更系统化，其业务范围大致包括以下几方面。

（1）物料计划及物料控制（MC）。
（2）采购（Purchasing）。
（3）仓储（Warehousing）。

四、物料管理主要目标

（1）以最少的库存，达到产销需求。
（2）确保库存品的质与量。
（3）适时、适量、适质供应生产计划所需。
（4）减少呆滞料报废损失。
（5）降低成本、控制成本。

五、物料管理四阶段

1. 需求估算或规划阶段

（1）要买什么？
（2）买多少？
（3）何时进料？

2. 物料订购阶段

（1）向谁订购？
（2）订购要求是否准确传递给供应商？订单是否发出去了？
（3）物料是否按交期进货？
（4）来料品质是否符合预期的标准？

3. 仓储作业阶段

（1）物料放置何处最合适？
（2）能否确保存料品质？
（3）能否掌握存货的数量与及时性？

4. 备料发料阶段

（1）该发多少量？是否可多发或补发？

(2) 何时备料、何时发料？

(3) 如果库存不足，如何管控？如果紧急处理？

第二单元　物料计划与存量控制

一、物料计划

1. 物料需求计划的定义

物料需求计划（Material Requirement Planning，MRP）是指根据产品结构中各层次物品的从属和数量关系，以每个物品为计划对象，以完工时期为时间基准倒排计划，按提前期长短区别各个物品下达计划时间的先后顺序，是一种工业制造企业内物资计划管理模式。

MRP 是根据市场需求预测和顾客订单制订产品的生产计划，然后基于产品生成进度计划，组成产品的材料结构表和库存状况，通过计算机计算所需物资的需求量和需求时间，从而确定材料的加工进度和订货日程的一种实用技术。

2. 物料需求计划的特点

（1）需求的相关性：在生产制造系统中，需求具有相关性。例如，根据订单确定所需产品的数量之后，由新产品结构文件 BOM 即可推算出各种零部件和原材料的数量，这种根据逻辑关系推算出来的物料数量称为相关需求。不但品种数量有相关性，需求时间与生产工艺过程的决定也是相关的。

（2）需求的确定性：MRP 的需求都是根据主产品生产进度计划、产品结构文件和库存文件精确计算出来的，品种、数量和需求时间都有严格要求，不可改变。

（3）计划的复杂性：MRP 要根据主产品的生产计划、产品结构文件、库存文件、生产时间和采购时间，把主产品的所有零部件需要的数量、时间、先后关系等准确计算出来。当产品结构复杂，零部件数量特别多时，其计算工作量非常庞大，人力根本不能胜任，必须依靠计算机实施。

3. 必须具备的基本数据

（1）主生产计划，它指明在某一计划时间段内应生产的各种产品和备件，是制订物料需求计划的一个最重要的数据来源。

（2）物料清单（BOM），它指明了物料之间的结构关系，以及每种物料需求的数量，是物料需求计划系统中最为基础的数据。

（3）库存记录，它反映每个物料品目的现有库存量和计划接受量的实际状态。

（4）提前期，决定每种物料何时开工、何时完工。

这 4 项数据都是至关重要、缺一不可的。缺少其中任何一项或任何一项中的数据不完整，物料需求计划的制订都将是不准确的。因此，在制订物料需求计划之前，这 4 项数据都必须先完整地建立好，而且保证是绝对可靠、可执行的数据。

4. 物料需求计划的基本计算步骤

一般来说，物料需求计划的制订是遵照先通过主生产计划导出有关物料的需求量与需求时间，然后，再根据物料的提前期确定投产或订货时间的计算思路。其基本计算步骤如下：

（1）计算物料的毛需求量。根据主生产计划、物料清单得到第一层级物料品目的毛需求量，再通过第一层级物料品目计算出下一层级物料品目的毛需求量，依次一直往下展开计算，直到最低层级原材料毛坯或采购件为止。

（2）净需求量计算。根据毛需求量、可用库存量、已分配量等计算出每种物料的净需求量。

（3）批量计算。由相关计划人员对物料生产作出批量策略决定，不管采用何种批量规则或不采用批量规则，净需求量计算后都应该表明有否批量要求。

（4）安全库存量、废品率和损耗率等的计算。由相关计划人员来规划是否要对每个物料的净需求量作这3项计算。

（5）下达计划订单。通过以上计算后，根据提前期生成计划订单。物料需求计划所生成的计划订单，要通过能力资源平衡确认后，才能开始正式下达计划订单。

（6）再一次计算。物料需求计划的再次生成大致有两种方式，第一种方式会对库存重新计算，同时覆盖原来计算的数据，生成的是全新的物料需求计划；第二种方式则只是在制订、生成物料需求计划的条件发生变化时，才相应地更新物料需求计划有关部分的记录。这两种生成方式都有实际应用的案例，至于选择哪一种要看企业实际的条件和状况。

二、存量控制

1. 存量控制方法定义

存量控制是研究以最佳的方法控制材料的种类与数量，一方面既能配合企业内各种生产的需要，另一方面又使产品保持最低的物料成本。通过存量控制能确保生产所需的存量，能配合企业内各种生产进度，因而提供顾客满意的服务，同时通过设立存量控制的基准，以最经济的订购方法与存量控制方法，对企业内部所有的生产作最经济的供应。

因此存量控制一方面指导采购人员何时订购与经济订购，另一方面适当的存量，顺利地供应企业内的生产。

2. 适用于存量控制的物料

（1）需求计划型（存货型生产）的物料，因不必根据订单来组织生产，所以适用于存量控制，用定量订购制或定期订购制来订购。

（2）经常性生产的物料也适用于存量控制。

（3）可用于多种产品的通用性物料，也可以采用存量控制的方法。

（4）品种少、批量大，购备时间比较长的物料也可使用存量控制的方法。

（5）ABC物料中的C类物料和部分B类物料。

3. 存量控制的优点

（1）保证生产不致断料。

(2) 减少下订单后物料的购备时间，能达到快速生产的效果。
(3) 减少生产系统上复杂的管理。
(4) 利于追加紧急订单。
(5) 利于与供料厂商的协力关系，并易于控制物料品质。
(6) 连续性或大量的订购，可降低采购成本。
(7) 物料管理单纯化，控制容易。
(8) 批量性采购，可以减少采购成本及运输成本。

4. 存量控制的核心问题

存量控制一方面要降低存货的储备成本，另一方面又要充分配合生产的需要，因此，存量控制应把握好安全存量、订购点、订购前置时间、订购量等核心问题。

(1) 应维持多少的存量才是最合理的(安全存量)。考虑到购备时间与物料耗用的变异，为使生产线不发生停工待料的现象，事先储备一些存货，做好一定的安全准备，这些存量叫安全存量。安全存量的多少，根据购备时间与物料消耗量而定，购备时间和物料消耗量变异小，则安全存量可以降低，购备时间和物料消耗量变异大，则安全存量要适当增加。

正常情况下，安全存量＝每日消耗量×紧急购备时间，如某公司生产 A 产品每日消耗的原材料是 5 吨，而该原材料的紧急购备时间为 5 天，那么则该公司 A 产品所需要的原材料的安全存量是 25 吨，计算过程如下：安全存量＝每日消耗量×紧急购备时间＝5×5＝25 吨。

但实际上，因企业管理不善，有时会浪费安全存量，有时会产生呆料与废料，因此实际的安全存量比正常的存量要多。

因此，实际上的安全存量应考虑到以下几个方面。

① 正常的安全存量。
② 浪费的存量。
③ 呆料、废料。
④ 其他因内部管理不善需要的存量。

(2) 多少存量时补充存量才是最适当的时机(订购点)。

订购点是指在最低存量下，应立即加以订购补充物料，否则会影响生产进行。通常可以理解为，在订购点时订购，等物料消耗到了安全存量水平的时候，订购的物料刚刚入仓。订购点是一个物料存量基数，而非一个时间含义。

订购点即仓库进行补货时的库存量。其计算公式：订购点＝平均日需求量×备运时间＋安全库存量，如：某公司 A 产品所需要的 B 零件的平均日需求量为每日 100 只，备运时间为 3 天，安全库存量为 50 只，则该公司 A 产品所需要的 B 零件的订购点是 350 只，计算过程如下：订购点＝平均日需求量×备运时间＋安全库存量＝100×3＋50＝350(只)。

(3) 提前多少天(小时)进行订购(订购前置时间)。

前置时间(Lead time)是供应链管理中的一个术语，是指从采购方开始下单订购到供应商交货所间隔的时间，通常以天数或小时计算。

减少前置时间可以使生产商和零售商平均库存水平得到降低，而且前置时间的减少可以使零售商订货模型更加稳定，也会给生产商的生产决策带来很大好处，能保证处于同一条供应链上的生产商和零售商实现双赢。

(4) 补充多少存量才符合最经济的原则(订货量)。

正确的订货量要使同发出订单的次数有关的成本与同所发订单的订货量有关的成本达到最好的平衡。当这两种成本恰当地平衡时,总成本最小。这时所得的订货量就叫做经济批量或经济订货量(EOQ)。

经济订货量适用于下列情况。

① 该物品成批地,通过采购或制造而得到补充,它不是连续地生产出来的。

② 销售或使用的速率是均匀的,而且同该物品的正常生产速率相比是低的,因而产生显著数量的库存。

5. 存量控制最常用的方法

(1) 定量订购制。

当存量达到某一基准(订购点)时,便开始发出请购单,请购定量(经济订购量)以补充库存,这种购量是固定的而请购时期是不固定的存量控制方法叫定量订购制。

定量订购制的经济订购量＝平均每天使用量×一个生产周期的天数

(2) 定期订购制。

事先决定固定的期间,进行补充库存量,这种请购期是固定的而请购量不是固定的存量控制方法叫定期订购制,订购量是当时的定期存量与最高存量的差额,因此订购量是不定的。

定期订购制的订购量＝最高存量－已订未交量－现有存量

最高存量＝(购备时间＋订购周期)×耗用率＋安全存量

(3) 复仓制。

这种方法适用于 ABC 物料中的 C 类物料,即到请购点时,进行订购,将以前的存货用完后,使用现订购的物料,此种方法简单,但应注意先进先出原则。

6. 订单生产型的存量控制方法

在订单生产的情况下,顾客要求生产的产品规格较多,各制造流程中的加工方法不稳定,材料零件的规格种类繁多,如果按需求计划型的存量控制方法来控制就较为困难了,因此,订单生产型的存量控制有以下几种较为适用的方法。

(1) 定量基准法。

① 定量基准法是指物料的存量经常维持基本库存量的方法,其适用范围如下。

a. 材料、零件属于标准形态。

b. 材料、零件的使用量较大,每月用量不稳定。

② 定量基准法要遵循以下步骤。

a. 根据产销计划、以往经验、目前实况以及未来的预测,慎重地决定基准库存量。

b. 根据订货量的大小以及未来的趋势,决定下批应请购的数量。

(2) 半自动顺序法。

① 半自动顺序法和适用范围如下。

a. 产品所耗用的材料、零件经常使用并属于标准形态。

b. 材料、零件使用量的差异性较小,即每月使用量较为稳定。

② 半自动顺序法要遵循以下步骤。

a. 依过去材料、零件使用量的经验，求出月平均用量。

b. 确定从材料、零件的开始请购到材料入厂验收所需的购备时间。

c. 根据材料、零件使用量差异性的大小、交货迟延的情况以及损耗不良情形，求出最为经济的安全库存量。

d. 求出订购点（订购点＝月平均用量×购备时间＋安全存量）。

e. 求最高存量（最高存量＝订购点＋月所需用量）。

f. 材料、零件使用到订购点时，自动请购需要用量。

（3）专案计划法。

在订单生产的情况下，产品所使用的材料、零件非常特殊，使用量很不稳定，价格又非常昂贵，这种材料、零件不严格加以控制，容易造成极大的浪费，因此需要专案来处理。专案计划法的适用范围如下。

a. 产品使用较特殊、较贵重的材料、零件。

b. 材料、零件的使用量相当不稳定。

专案计划法的推行步骤如下。

a. 确定产销计划的资料。

b. 确定材料、零件由开始请购到材料入厂验收入库所需的购备时间。

c. 查实该材料的现在库存量。

d. 预计使用时间及每月使用量。

e. 核算已订未交量并预定入厂时间。

f. （现有库存量＋已订未交量－预定使用数量－预计损耗量）大于零则不必请购，小于零则立即请购。

（4）指用请购法。

指用请购法是依据生产计划换算成某材料的需求量后再与现有库存量核对，然后指出该材料所需要的数量，加以请购。其适用范围如下。

a. 产品所使用的材料、零件是新规格或相当特殊。

b. 材料、零件的使用数量少但价格昂贵，而且难以事先测定使用时间与使用数量。

c. 指用请购时间较购备时间长。

指用请购法的推行有以下几个步骤。

d. 物料部门预先分析，计算出材料预算表。

e. 将所需材料与现有库存量查对后，指出需要量和购入日期而加以请购。

（5）现用现购法。

有时物料的请购事先并不能有良好的计划，而购备时间往往比指用期间长。在这种情况下，以上4种方法不适用，必须采用现用现购法。

现用现购法是在物料计划不佳或物料很难计划时，急着使用某种物料，因库存短缺，而赶紧请购的方法。现用现购是物料管理走入绝境时唯一补救的方法。物料管理越差，这种方法运用得越多。

以下几种情况常使用现用现购法。

a. 已接到紧急订单或接到订单交期非常短，而货仓储存物料又不足时。

b. 订单生产的物料,其中包括罕用物料,因怕这些物料变成呆料,事先没有预备库存时。

c. 新产品开发设计或产品设计变更,许多新物料出现时。

d. 间接物料的需要无法事先预测,需要间接物料时。

e. 生产计划变更,物料来不及准备时。

f. 物料管理不顺畅,造成紧急采购时。

(6) ABC 分析法。

ABC 分析法源于 Parato 定律或称 80/20 原理或重点管理技术,它的主要原理就是社会中"重要的少数"往往是影响整个工作成败的主要"关键"。材料少则几十种多则几千种,无法在有限的时间与精力里面面俱到,只要抓到"重要的少数"就可以把物料的成本控制得最理想。

① ABC 分析法的步骤如下。

a. 年耗用量统计。把一年内所使用的材料制成表,并加以详细的统计,就可知道以现有的产品用哪些物料,一年内所使用的数量又是多少。

b. 计算金额。每项材料都有它的单价,把单价乘以年内使用量,则是该项材料一年度的使用金额。

c. 依据金额大小排列,见表 3-1。将材料统计表的金额依据大小依顺序排列,重新制表。

表 3-1　ABC 分析法(已调整顺位)

序号	材料名称	年使用量	单价	使用金额	占总金额比率	累计比率
1	A				25.4%	25.4%
2	B				15.8%	41.2%
3	C				8.3%	49.5%
4	D				6.3%	55.8%
5	E				5.3%	61.1%
6	↓			↓		
7						
8						
9						
10						
11						
⋮						
n						100%
合计		n 项			100%	

d. 计算每项材料占总金额的比率:

$$单项金额/材料总金额=该项占有比率$$

e. 计算累计比率。将依顺位的单项材料所占总金额的比率加以逐一累计。

f. 画柏拉图,如图 3-1 所示,将第 5 步骤的数据画成柏拉图。

g. 决定 A,B,C,如图 3-2 所示。

A类——0～60%。
B类——60%～85%。
C类——85%～100%。

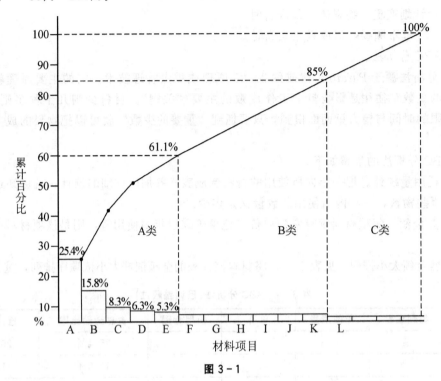

图 3-1

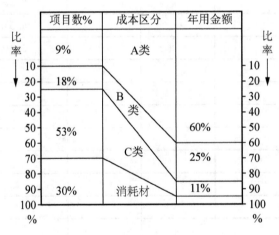

图 3-2

② ABC 分析法的应用如下。

a. A 类材料从订购、入库、保管、发料应慎重管理。

b. B、C 类材料可尽量使用"存量控制法"。

③ ABC 分析用于控制呆料。

断料与呆料是衡量物料管理成功与否的主要指标，应用 ABC 分析法来控制呆料，也是同样的效果。

将期间内的呆料制表，并计算金额，根据上述的方法画出柏拉图，即可得到哪些物料是呆料的主要影响。

抓出主要呆料项目后，使用要因分析法进行分析并进行决策，呆料即可得到控制。

第三单元　采　购　作　业

采购在企业中占据着非常重要的地位，因为企业内大部分原材料、零部件都是通过采购所获得的。购进的零部件和辅助材料一般要占到最终产品销售价值的40%~60%，这意味着在获得物料方面所做的点滴成本节约对利润产生的影响。

一、采购及采购管理定义

1. 采购

采购是指企业在一定的条件下从供应市场获取产品或服务作为企业资源，以保证企业生产及经营活动正常开展的一项企业经营活动。

采购是一个商业性质的有机体，为维持企业正常运转而寻求从外摄入的过程，分为战略采购和日常采购两部分。

2. 采购管理

采购管理是指计划下达、采购单生成、采购单执行、到货接收、检验入库、采购发票的收集、采购结算的采购活动的全过程，对采购过程中物流运动的各个环节状态进行严密的跟踪、监督，实现对企业采购活动执行过程的科学管理。

二、采购工作的基本流程

采购工作的基本流程通常包括以下几个部分。

1. 制订采购计划

根据物料需求计划单，提前制订采购计划，制订提前计划主要作用是以下几方面。
(1) 预估用料数量、交期、防止断料。
(2) 避免库存过多、资金积压、空间浪费。
(3) 配合生产、销售计划的完成。
(4) 配合公司资金运用、周转。
(5) 指导采购工作。

2. 采购审批

(1) 生产部所需物料申购均须事前填具采购申请单，按程序办理审批。
(2) 采购审批一律使用采购申请单。
(3) 检查采购申请单各栏填写是否清楚，审批者是否签字。
(4) 紧急采购申请单应优先办理。
(5) 无法于需用日期办妥的采购申请单，必须及时通知申购部门。
(6) 接到撤销通知的采购申请单，应先处理，并在采购计划中删除。

3. 寻价及洽谈

（1）充分了解所购物资的品名、规格、质量要求及其他特别要求。

（2）向供应商详细说明品名、规格、质量要求、数量、交货期、交货地点、付款方式。

（3）同规格产品的供应商至少对比三家。

（4）寻求其他更适合的替代品。

（5）经成本分析后，设定议价目标。

（6）分析有没有价格上涨、下跌因素。

（7）询价单应注明与供应商议定的成交条件。

（8）如果是紧急需求临时购买，采购人员可以参考以往类似的价格，免去寻价、比价手续。

4. 订购

（1）按照物料需求计划生成采购订单，采购订单中须详细填写各项质量、技术等要求，及付款等相关约定，同时将产品包装要求、箱麦等作为订单附件，一同传真给供应商，并要求对方签字确认并回传。

（2）订单确认后，须同时生成到货清点表，并标注到货时间传给仓储管理人员。

（3）分批交货的须在订单中注明。

（4）采购订单交给供应商，并与之确定交货日期，如无法按需用日期交货的必须及时通知仓储部、生产部等相关部门。

5. 采购订单进度跟进及收货

（1）根据订单交货日期督促供应商按期交货，及时跟进订单货物完成情况，首次合作的供应商须在大货生产前提供大货样。

（2）要求到货方传真运底单或码单，如需提货，应及时通知配送部门。

（3）库房人员及质检人员对供应商所提供物料进行详细检验，确认是否与订购单或采购申请单所列内容一致，检验合格后生成正式进货单及手写到货检验单并传给采购部门。

6. 付款

产品合格到货后，采购人员通知供应商开出发票，凭入库单和有效发票办理付款或报销，付款时必须将采购订单、入库单、到货检验单全部核对准确无误后方可填写付款单，付款单须由公司经理签字批准，付款单连同入库单、到货检验单及采购订单一起收入订货档案备查。

付款结算时采购人员应注意以下几点。

（1）发票抬头、金额及其他内容是否相符。

（2）是否有预付款或暂付款。

（3）是否需要扣款。

三、采购工作的基本要求

采购作为企业成本控制的首要环节，随着我国市场经济的不断发展而日益重要，成为现代化企业管理水平的重要体现，是提高市场竞争力的根本保障。通常，采购过程中应遵循以下基本原则。

1. 适价原则

价格作为企业采购永恒的焦点，是企业在采购环节中最为关心的事情。因此，采购人员在采购过程中除将大量的经历与时间放在跟供应商"砍价"上之外，还要对商品的质量、成分、市场行情有充分的了解。在保障商品质量、企业可实现持续生产的前提下，得到一个更为合适的价格。

首先，企业采购人员应该从多个渠道获得相同商品的报价。采购人员可通过对市场行情的基本分析，与多个供应商取得联系，从不同渠道获得多份商品报价，以进一步对该商品的市场价格进行比较，提高对商品市场行情的了解；其次，货比三家，对商品进行综合评定。企业在进行专业采购时，其所采购的商品既有可能是价值百万或千万元的设备或年采购金额达千万元的零部件，这就要求采购人员必须谨慎行事。因此采购人员必须将不同供应商报价中的条件转化为一致后才能进行比较，只有这样才能得到真实可信的比较结果；再次，筛选出合适的价格后，进行议价商谈。随着采购人员对商品价格的筛选，采购人员可与供应商进行进一步杀价。而经过上述三个环节以后，如果买卖双方可接受基本议价，则可以进入到正式采购报价环节。

2. 适质原则

品质作为企业立足市场的基石，对企业而言至关重要。因为，良好的品质不仅能够有效提高企业信誉，扩大企业正面影响，还能进一步拓展企业经济市场，提高经济效益。因此，一个优秀的采购人员，不仅要为企业采购适价的商品，更应该作为一个眼光长远的精明商人，采购优质、稳定的商品，以达到企业可持续生产、提高企业自身品质的目的。在采购中，采购人员应事先对所需采购的商品成分、品种进行深入的分析与调查，明确其成本含量、成本种类，大致推断出何种商品优质，何种商品劣质后，与企业专业工作人员一起进一步分析供应商所提供的商品质量，并从多方渠道获取供应商的日常信誉度，进行综合考量，以避免在采购中受到供应商的"蒙骗"，造成企业经济损失。

3. 适时原则

当企业与供应商达成协议签订商品购买合同后，企业必然将开始准备生产、经营计划。如果在生产、经营中，原材料未能如期到达，势必会引起企业内部管理混乱，造成生产停工待料，无法按原定时间计划出货，或经营销售断货，无法按计划进行预计销售，极易引起客户的强烈不满。而如果提前大量购买商品回库囤积，又会造成库存过多，大量采购资金积压，这也是企业十分忌讳的。因此，采购人员在采购商品时，既要扮演协调者，去协调企业与供应商之间的价值需求、时间差异，最大限度满足生产、经营需求，又要扮演监督者的角色，时刻督促供应商按照合同预定时间交付商品，以确保企业自身的出货时机。

4. 适量原则

采购人员在商品采购中大量采购时，虽有可能获得丰富的折扣，但极易造成企业库存囤积，采购资金积压，太少又不能满足生产需要。因此，采购人员在签订商品采购合同时，应遵循适量原则，即选择合理的采购数量，以确保企业可持续生产的同时，实现经济效益最大化。

5. 适地原则

采购过程中，企业往往容易在与距离较近的供应商的合作中取得主动权。因此，采购人员在选择试点供应商时，最好选择近距离的供应商来实施近距离供货，不仅使买卖双方沟通更为方便，处理事务更快捷，更可以降低采购物流成本。目前我国大多数企业在建厂初期，就已考虑到选择供应商的"群聚效应"，即在周边地区找到企业所需的大部分供应商，以促进企业的长期发展。

四、供应商的管理

供应商管理，是在新的物流与采购经济形势下，提出的采购管理机制。供应链管理环境下的客户关系是一种战略性合作关系，在与供应商的业务往来中，提倡双赢机制。从传统的非合作性竞争走向合作性竞争，合作与竞争并存是当今企业关系发展的一个趋势。

1. 供应商的调查

供应商管理的首要工作，就是要了解供应商、了解资源市场。要了解供应商的情况，就要进行供应商调查。供应商调查是指对供应商基本资信情况进行调查。对初次接触、未经考核评价的供应商应进行供应商调查，见表3-2。调查内容包括以下方面。

（1）供应商的基本资信情况，包括营业执照、组织代码、银行资信、必备的行业资质、产品资质、每月的产值、销售额、来往的客户、来往的银行、经营的业绩及发展前景等。

（2）管理人员水平，包括管理人员学历、资历、管理人员工作经验、管理人员工作能力的高低。

（3）专业技术能力，包括其技术人员资历构成、技术部门的研发能力、各种专业技术能力。

（4）机器设备情况，包括机器设备的名称、规格、厂牌、使用年限及生产能力，机器设备的新旧、性能及维护状况等。

（5）材料供应状况，包括其产品所用原材料的供应来源，其材料的供应渠道是否畅通，其原材料的品质是否稳定，其供应商原料来源发生困难时，其应变能力的高低等。

（6）质量保证能力，包括品管组织架构、品管人员素质、品管制度、检验仪器校准状态、进料检验制程控制、不合格品控制、成品检验、品质异常的追溯、统计技术应用及改进情况。

（7）管理规范制度，包括管理制度是否系统化、科学化，工作指导规范是否完备等。

表 3-2 供应商调查表

供应商名称						
主营产品				主要客户		
供应商概况	法人代表			注册资本		
	地址			企业性质		
	业务联系人			联系电话		
企业规模	上年产值(万元)	固定资产(万元)	厂房面积(m²)	员工人数		开户银行
管理人员情况	人数	高中以上人数	大专以上人数	中级职称以上人数		
技术能力情况	人数	专业技术人数	年开发新品数量	自主知识产权数		
主要生产设备	生产设备名称	型号/规格	数量	生产设备出厂日期		
主要供应商情况	原材料名称	供应厂商		进货渠道		
检验人员	人数	来料检验人数	制程控制人数	成品检验人数		
主要检测设备	检测设备名称	规格	精度	数量	检测设备出厂日期	

企业管理体系制度概况

其他特别说明

填表人员	部门名称		(供应商盖章)
	姓名		
	职务		日期:

只有符合供应商选择标准的供应商,方可列入候选供应商,并进入下阶段的供应商开发和合格评定程序,见表3-3。

表3-3 供应商选择标准表

序号	项目	A	B	C
1	生产能力	富余生产能力	基本符合要求	不符合要求
2	设备状况	领先	基本符合要求	不齐备
3	检测设备	先进	基本符合要求	不齐备
4	产品试用	效果良好	基本符合要求	不符合要求
5	全员素质	高级	中级	一般
6	质量体系运行状态	3年以上有效运行	获证一年以上	获证一年以内
7	行业地位	领袖	普通	边缘
8	建厂年限	5年以上	3～5年	3年以内
9	品牌	中国名牌,驰名商标	免检产品	无
10	出厂检测合格单	有	有	无
11	环保认证	有	无	无
12	有关安全认证	有	无	无
备注	1. 以上1—4项中任何一项处于上述表格中的C级,视为不合格供应商。 2. 产品试用对象为新供应商、老供应商新产品、老产品新工艺。 3. 在1—4项条件同等情况下,优先考虑其他项等级较高的供应商。			

2. 供应商的评价

列入候选供应商名录的供应商,经过开发后,采购部门应组织生产、检验、技术等有关部门根据《供应商评定准则》进行综合评价,并填写《供应商评定记录》,评定合格后,形成《合格供应商名录》,报总经理批准后,确定为合格供应商。

供应商的评价准则制订应着重从质量、成本、交付、服务四个方面入手。

对于初选的候选供应商的评价,首先要确认供应商是否建立有一套稳定有效的质量保证体系,然后确认供应商是否具有生产所需特定产品的设备和工艺技术能力。其次是成本与价格,要运用价值工程的方法对所涉及的产品进行成本分析,并通过双赢的价格谈判实现成本节约。在交付方面,要确定供应商是否拥有足够的生产能力、有没有扩大产能的潜力,物流保障能力。最后,也是非常重要的是确定供应商的售前、售后服务的能力,见表3-4。

对于已列入合格供应商名录的供应商,每年应进行定期的再确认评价,其评价重点根据其过往的供货业绩来进行,通常通过其交付产品质量业绩、交期遵守业绩、产品价格水平、服务和配合程度四个方面来进行综合评价,见表3-5。

表 3-4　初选合格供应商评价准则

项目		<5分	5～7分	7～9分	9～10分
企业实力	人员配置	人员配置不能满足生产管理需要	人员配置不合理或素质较差	人员配置基本满足生产和管理需要且素质一般	人员配置充分合理且素质良好
	生产能力	无相应的生产设备和生产能力	设备配置不充分或性能差或利用率小于50%	设备配置基本满足生产要求，但性能和利用率均一般	设备配置充分，性能良好，利用率80%以上
	检测能力	无合适检测设备	设备配置不充分或性能较差	设备配置基本满足检测要求，但使用和维护情况较差	满足检测要求，且使用和维护情况良好
	信誉和服务	交货能力、问题处理和配合均较差	交货能力一般，但问题处理与合作或运输状况不理想	交货能力、问题处理与合作、运输状况均一般	交货能力、问题处理和合作及运输状况均较好
质量及价格	产品质量及使用情况	产品质量和使用情况较差	产品质量或使用情况未达到预期要求	产品质量和使用情况基本符合预期要求	产品质量和使用状况均稳定良好
	价格性能比	价格很高质量性能很差	价一般质差或价高质一般	价廉质差或价、质均一般或价高质较好	价廉质一般或价一般质较好或价廉质较好
过程质量控制	现场环境	无管理或效果很差，现场杂乱	有管理但无监督制度或现场不够整洁	有管理和监督，现场基本整洁，但制度不健全	有相应的管理制度，实施效果良好
	设备维护	无维护意识或没有实施或无管理	有管理但无监督制度，大部分未维护或效果很差	有管理和监督，实施情况一般，但制度不健全	有相应的管理制度，实施效果良好
	生产管理	无人管理或无管理意识或管理状况很差	有管理，但职责不清，各环节生产比较混乱	有管理，但实施效果不理想，或制度不健全	有相应的管理制度，生产过程控制良好
	质量管理	无人管理或无管理意识或管理状况很差	仅对部分产品或环节进行检验且实施状况较差	对各环节产品实施了检验，但效果不理想或制度不健全	有相应的管理制度，产品质量控制有效
其他情况		1. 对已通过质量体系认证或产品认证的企业，可根据其实际保持状况加1～2分。 2. 对质量管理不理想或现场调查较差的企业，可视实际状况减1～2分或直接判定不合格。			
备注		对加工供方的评定标准：1. 交货及时，问题处理有效，且运输能力较好。2. 产品质量和使用状况稳定。3. 作业现场环境整洁，状态良好。满足3点要求方可列入合格供方名录 对经销商的评定标准：针对经销商的信誉和指定的品牌进行评定，销售的是本公司指定品牌或型号规格的商品，信誉良好方可列入合格供方名录。 准则：作为初选供应商，单项评分必须在7分以上，总分在75分以上方可列入合格供应商。			

表3-5 合格供应商再确认评价标准

序号	项目	评价标准	评价输入	评分
1	入厂检验 20分	进料检验合格率97%～100%	进料检验报告/各供应商进料月统计	20分
		进料检验合格率95%～97%		15分
		进料检验合格率90%～95%		10分
		进料检验合格率85%～90%		5分
		进料检验合格率85%以下		0分
	计算方法	各次进料平均值	批退货检验合格率记0%	

序号	项目	评价标准	评价依据	评分
2	产品交付后质量合格率 30分	生产过程使用合格率97%～100%	不合格品单	30分
		生产过程使用合格率94%～97%		25分
		生产过程使用合格率90%～94%		15分
		生产过程使用合格率90%以下		5分
	计算方法	不合格批次/到货批次	质量问题停线记0分	

序号	项目	评价标准	评价依据	评分
3	准时交货率 20分	准时交货率100%	准时交货率统计	20分
		准时交货率95%～100%		15分
		准时交货率95%以下		5分
	计算方法	未准时到货批次/交货次数	未准时交货导致停线记0分	

序号	项目	评价标准	评价依据	评分
4	配合度 10分	按公司全部要求和时间落实	改善措施要求记录	10分
		按公司全部要求落实,但时间延迟		5分
		未按公司要求落实		0分
	计算方法	汇总要完成的改善措施情况	要求时间超出10天记录0分	

序号	项目	评价标准	评价输入	评分
5	物料价格 20分	达到年目标	合同发票	20分
		有一定的降价		15分
		价格没有变动		5分
		价格有上升		0分
	计算方法	按同期的价格比较	上升后降按年底分/1.5	

第四单元　物料储存与保管

一、物料储存与保管的基本要求

各种原材料、在制品、成品均应储存在适宜的场所和库房,储存场所条件应与产品要求相适应,如必要的通风、防潮、控温、清洁、采光等条件,应规定入库验收、保管和发放的仓库管理制度或标准,定期检查库存品的状况,以防止产品在使用或交付前受到损坏或变质。储存控制应确保以下几方面。

(1) 储存区域应整洁,具有适宜的环境条件。对温度、湿度和其他条件敏感的物资,应有明显的识别标记,并加以单独存放,提供必要的环境。

(2) 使用适当的储存方法。储存中可能会变质和腐蚀的物料,应按一定的防腐蚀和防变质的方法进行清洗、防护、特殊包装和存放。

(3) 要对储存品进行监控,采取必要的控制手段,如定期检验、物料的先进先出等。

(4) 物料入库应验收合格,并注明入库日期,作出适当的标记,对有储存期限的物料,要有适用的储存品周转制度,物料的堆放要便于存取,并防止误用。

(5) 定期检查库存品状况,限制非仓库人员进入,物料的出入库手续要齐全,加强仓库管理。

(6) 储存的物料要有完整的账物卡管理制度,达到账、物、卡统一。

二、物料的入库管理

(1) 来料验证:物料到达仓库时,一般需要仓管员或采购人员开具《物料入库送检单》(表3-6)通知来料检验员检验,检验员检验后开具《来料检验报告单》,仓库保管员根据检验结论办理入库或退货手续。

(2) 开具入库单:对检验合格的产品,仓库管理员应清点核对数量,开具《物料入库单》(表3-7),一式四联,其中一联交送货单位,一联交采购部门,一联交财务部门。

(3) 登记台账,填写物料库存卡(表3-8)或物料库存标识卡(表3-9)。

(4) 物料定位:根据规定的库区库位,将物料摆放到位,放置标识。

表3-6　物料入库送检单

供应商：　　　　　　　　　　　　　　　　　　　　　　　　　　　　　　　　NO：

订单号	物料编码	物料名称	计划采购数	送检数量	备注

仓库员：　　　　　　　　　　　送检日期：

表3-7 物料入库单　　　　　　　　　　　　　　　　NO：

供应商				入库日期	
序号	订单号	物料编码	物料名称	数量	备注

仓库保管员：　　　　　　　　　　送货人员：

表3-8 物料库存卡

类别：
物料编号：　　　　　　　　　　件号：
名称：
制造厂商：　　　　　　　　　　单位：　　　　　　　单价：
型号：　　　　　　　　　　　　序号：　　　　　　　位置：

日期	单据号码	领用单位	收入	发出	结存	备注

表3-9 物料库存标识卡

物料编号	
物料名称	
供应商	
入库日期	
检验状态	

三、物料的存放及标识

1. 物料存放区域

根据物料的分类目录、物料储备定额，以及物料本身的物理、化学的自然属性，进行库位的划分。按物料物理化学属性分，如铸件毛坯库、钢材库、电器元件库、包装物库、化学品库等；按物料加工程度分，如原材料库、外购另配件、半成品库、成品库等，如图 3-3 所示。

(a) 小型零件库

(b) 铸件库

(c) 在制品

图 3-3

2. 货位设置及标识

货位应按区域、货架、层次、位置进行统一设置安排，不同物料之间需要有明显的间隔，以便区分。安排好之后，需要进行编号标识，货位编号具有广泛的用途。由于货位按相关分类序列编号，并且"四号定位"，知道了编号就知道了该物料的位置，存取方便。即使不是本库专职人员，也能很快找到所指物料，保管人员和会计人员按出入库单据的物料编号可准确记入实物账和会计账，可减少和消除账物不符的现象，如图 3-4 所示。

1) 编号原则

（1）唯一原则，库存所有物料都有自己唯一的编号，号码不能互相重复。

（2）系列化原则，编号要按物料分类的顺序分段编排，物料的编号不是库存所有物料的一般顺序号，而是运用分类的分段顺序号，编号的分段序列符合物料分类目录的分段序列。

（3）实用性原则，编号应尽量简短，便于记忆和使用。

（4）通用性原则，编号要考虑各方面的需要，使物料的编号既是货位编号，又是储备定额的物料编号也是材料账的账号，也可以是计算机的物料代号。

(a) 货架编号标识

(b) 货位条形码标识

图 3-4

2) 高层货架和立体仓库

为了充分利用空间高度，工业发达国家近年来还大力发展了高层货架。高层货架是立体仓库的主要设施，它主要用于托盘等"单元组合货载"。在立体仓库中，一般不用叉车作业，而是采用沿货架运动的升降举货机。因而这种仓库也叫自动仓库或无人仓库，可以实现计算机控制的自动存取，如图 3-5 所示。

图 3-5

3. 物料的标识

生产现场的物料标识，包括现场在制品的标识和库存物料的标识。标识的目的是达到可区分，防止现场物料的混淆。物料的标识说起来容易，但做起来难。笔者多年来从事质量管理现场审核工作，发现能够在这方面做得好的企业真的不多。

物料的标识包括产品的标识和检验状态的标识，产品的标识主要是能够区分不同的物料或产品，以及不同加工状态的产品，而检验状态的标识是区分不同检验状态的产品（产品检验状态的标识见本书第六章）。标识的方法包括区域标识（图 3-6(a)）、位置标识、标牌或标签（图 3-6(b)）、物料库存卡（图 3-6(c)、表 3-8）、工序流程卡（图 3-6(d)，见第二章表 2-11）等，另外还有颜色标识（见第六章）、工位器具标识（图 3-6(f)）等。

(a) 区域标识　　　　　　(b) 标签标识　　　　　　(c) 物料库存卡标识

(d) 流程卡标识　　　　　(e) 生产线标识　　　　　(f) 工位器具标识

图 3-6

四、现场物料领用管理

生产现场为确保产品质量及时按交付，必须按照生产计划、工作指令向物料管理部门或仓储单位领取材料，同时在生产过程中，将多余的物料或品质不良的材料退回并补料。

1. 物料的领取方式

根据是仓库人员还是生产人员发起流程又可分为领料制、发料制或送料制，根据领料单所包括的内容可分为配套领料、分仓领料、受托领料、合并领料、工序领料。

（1）领料制。领料制是指由车间填写领料单，经过生产主管、计划总管及仓库总管人员的审核后，再由车间领料人员到仓库领料，仓库人员在收到领料单后，必须在规定的时间内，按领料单上所列明的物料项目及请领数量进行拣料，拣料完成后将物料交车间领料人员，双方在领料单签字确认并明确实领数量。

领料的特征：生产用料部门为主动，车间决定需要什么材料，需要多少。因此，计划人员要加强控制，可以利用系统的锁库功能，将物料明确分配给需要的生产任务单。

领料制较为常见，优势在于可以最大限度供应生产，但存在如下问题。

① 领料导致物料抢占：只要有领料单就可以领料，谁先去谁先领，而基本不考虑需求时间，经常会导致一边饿死（停线）一边撑死，然后就出现四处挪料来救急的现象，例如：A、B车间生产都用到M，A车间有一份10000件的生产任务，需要生产5天，B车间有一份1000件的生产任务，而开工时间比A车间晚一天，此时库存有5000件M，两天后预计到货10000件，从需求角度是足够的，但领料制下就会出现5000件M都被A车间领走，B车间生产时缺料的现象。

② 领料制也是间接导致仓库料账不及时准确的原因：领料时间不确定，数量不确定，内容不确定，这些都会导致仓库人员每天忙于发料不能按时做账，而采用发料制，每天的工作内容就相对十分明确，可以有计划地执行，领料改为发料后，仓管员工作轻松了很多，料账准确率大大提高。

③ 领料常常导致车间在制品、材料、成品摆放混乱、拥挤等，虽然计算机可控制数量，然而到车间的物料总是一个开放的区域，放得多了，不好控制，丢失了也不好找责任人，而且车间人员比较杂，素质一般比不上仓库管理人员。

④ 领料制是生产挪料的万恶之源，很多时候也是引起计划混乱的原因。

（2）发料或送料制。发料制是指仓库根据车间的用料计划，事先准备好各个生产任务单所需的物料，当车间领料人员来领用物料时，立即将备好的物料发给车间领料人员，或者按生产的进度定时定点直接将备好的物料发送到生产线，双方在发料单上签字确认。

发料方式要求企业有较高的管理水平，生产的计划性比较强。在整个过程中，仓库处于主动状态，要负责及时提供所需的物料，责任比较大，也比较有利于实现定时发料送料，提高仓库的管理效率。因此这种领料方式关键在于车间用料计划的准确性和生产进度的准确性，如果车间的用量计划不准确或生产过程中的不确定性很大，发料制将难以执行。

发料的好处：从源头进行控制，比如计划生产1000个产品，就发1000套料，一个也不多发。等料不足时，就会暴露问题，比如质量问题、工艺问题等等，不足的料采取补料方式进行控制。发到车间的料也都是配套的，车间也不会导致大量的材料存放，车间也就整洁了。

当然一些低值易耗的材料可以不用这么控制，这样也可以保证仓库数据的准确性。

因此，领料还是发料要因企业管理水平而定，也可以按物料分类两种方式并存。

2. 物料发放的方法

物料的发放采用比较多的是先进先出法。先进先出是指按照材料入库先后顺序发放、使用材料，即先入库的材料先发放，后入库的材料后发放。

1) 先进先出的必要性

仓库中的许多库存品都有保质期限制，如果管理不当，货物就有可能超过保质期或品质降低，对企业造成损失。因此，应该对库存品进行有效管理，避免出现这种现象。"先进先出"库存管理法就是解决货物超过保质期或品质降低的有效方法。"先进先出"库存管理法是一种储存管理的原则，其目的是保证每个被储物的储存期不至过长。

2) 确保物料先进先出的方法

（1）联单制。每一箱设两联单，一联粘在箱上，一联放在文件夹内，依日期先后顺序排列，需要用物料时，文件夹内日期呈最早的联单对应着箱中的物料最先发出使用。

（2）双区制。一物料调配于两区域，进来某物料放在 A 区域，发料时从 B 区域发料，待 B 区域该物料发完，则改成从 A 区域发料，而此时该物料入库改成 B 区域，如此反复循环。

（3）移区制。移区制较双区制减少空间，即物料从验收入库的一端慢慢移往发料的另一端，每发一次料，验收入库这一端的物料就往发料端移一些，这样就能做到先进先出，其缺点就是每次发料都要移动，工作量比较大。一般采用有斜度的货架可以实现自动移位。如图 3-7 所示，零件入库从货架斜坡高处顺序放入，出库时从货架最低处移走。

从货架最低处移走。

图 3-7

（4）重力供料制。重力供料制适合于一些散装料，如水泥、散装塑料原料、石油，即将物料置于散装大仓中，从上部进仓，从下部出仓。

3. 材料申领手续要求

（1）领料单：企业应制作统一格式的物料出入库单据，以方便核算管理。

（2）填写领料单：应按账面记录填写物品名称、规格型号，保管人员还应填写物料存放货位，核准出库数量，发料结束后应填写物料卡片数量变动情况。

(3) 单据整理：领用单据应按要求入账，并核对实物与账面情况。单据应分批分类装订，保存 3～5 年，以方便查对。

生产企业的仓库多数是 24 小时不间断工作，走马灯似的多人值班，差错较多，且不易发现。为减少人为差错，互相弥补，在实践中出库操作应遵守如下要求。

① 出库单由领用单位作业长签字生效(或盖作业区公章)。——审批
② 各作业区一般指定专人领料，领用人必须当场签字。——防丢
③ 由库管员在出库单上写明(物品卡片上的)物品编码、物品名称、规格型号、单位、领用数量、库存结余数量及货位。——防错
④ 库管员在现场物品卡片上记录日期、出库数量、库存结余数量。——盘点
⑤ 在办完领料手续后，库管员必须及时输入微机电子账。——入账
⑥ 库管员在出库单上明显的标记：是否已经输入电子账(及电子账是否有此物品)。——确认
⑦ 仓库组长进行检查，整理留存出库单。——纠错

五、物料盘点

管理制度再好的企业，企业现存资产难免多少与账面有所出入，为了要确认实际状况及管理绩效，就需要盘点来查证。

1. 工厂的盘点方式

小盘点：指的是物料仓库的盘点，目的是查核账面的数量与实物是否一致，以及呆料品增减情况，通常一个月一次。

中盘点：盘存对象除了物料仓库的物料外，还包括生产现场的物料、半成品、成品等，除了查核料账外，并可对成本的核算加予矫正，一般为半年一次。

大盘点：这是公司资产的全面盘点，包括生产器具、现金、有价证券的盘点，主要为公司资产的盘存，一般是年度一次。

2. 物料盘点的功能

(1) 可确定现存的实际物料、数量，即行矫正账面数量。
(2) 不会因为账面的错误而影响正常的生产计划。
(3) 可以评价物料管理的绩效，如呆料量、存货周转率等。
(4) 对遗漏的订货可迅速采取订购措施。
(5) 便于计算成本。

3. 物料盘点的方法

物料仓库的盘点因对象范围小，显得较简单。

1) 盘点日

原则上每个月的月底下午为盘点日，时间为 4 小时，在盘点时间内，物料仓库的物品禁止移动，也就是不可入库及出库。注意：因为是小范围盘点，紧急物品可视状况处理。

2) 盘点人员

(1) 盘点：由仓管各项分管保同盘点各自分管的物料。

(2) 查验：由其他物料管理人员查验盘点人员的盘点正确性。

3) 盘点用表单

(1) 盘点笺(表 3-10)。一般为一式两联，一联盘点人自存，一联挂(贴)在盘点对象上。

盘点笺有编号，此编号为连续编号，便于整理在盘点表上，不会遗漏。盘点笺可分为 3 种颜色，其中白色为良品，黄色为呆滞品，红色为废品。

(2) 盘点表(表 3-11)。将盘点笺按照白色、黄色、红色笺分类，并按照连续编号转记于盘点表内。盘点表一式三联，其中，财务一联、物控一联、仓库自存一联。

查验人员依据盘点表及盘点笺进行抽查，抽查的方法可使用乱数表或随机抽样法。

4. 盘点后的处理

(1) 依据管理绩效，对分管人员进行奖惩。
(2) 料账、控制卡账面纠正。
(3) 不足料迅速办理订购。
(4) 对呆、废品进行迅速处理，见表 3-12。
(5) 加强整理、整顿工作。

表 3-10　物料盘点笺

日期：		编号：	
名称：		料号：	
数量			
储放位置			
盘点人			
检验人			

表 3-11　物料盘点表

盘点笺号	材料编号	单位	实盘数量	储存位置	账面数量	单价	差异数量	差异金额	差异原因

盘点人：　　　　　　　复查员：　　　　　　　核准人：

表 3-12 呆料处理申请报告

申请部门：　　　　　　　　　　　　　　　　　　　　　　　　　　　　申请日期：

序号	品名	规格	单位	数量	地点	单价	总价	原因	拟处置方式			备注
									转移利用	废弃	标售	

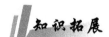

企业信息化技术应用——MRP 和 ERP

随着经济全球一体化进程的深入、市场竞争的加剧，越来越多的中小型企业为突破发展空间，不得不精进品质、降低成本以提高自身竞争力。据 CMP 咨询数据显示，目前，中国中小企业的数量在 2900 万家以上，在中国 GDP 总份额中作出了超过 50% 的贡献，中小企业作为中国经济创新与发展的重要组成部分对国家经济起着重要作用。在当今信息时代，中小企业信息化应用成为中小企业摆脱自身劣势，提高竞争优势以增强竞争力与发展能力的重要依托。企业资源规划系统 ERP(Enterprise Resource Planning)就是应用最普遍的信息化手段之一。

一、MRP

MRP(Material Requirement Planning，物料需求计划)是被设计并用于制造业库存管理信息处理的系统，它解决了如何实现制造业库存管理目标——在正确的时间按正确的数量得到所需的物料这一难题。MRP 是当今众所周知的 ERP 的雏形。

物料需求计划就是依据主生产计划（MPS）、物料清单、库存记录和已订未交订单等资料，经由计算而得到各种相关需求（Dependent demand）物料的需求状况，同时提出各种新订单补充的建议，以及修正各种已开出订单的一种实用技术。

1. MRP 基本原理

MRP 的基本原理就是由产品的交货期展开成零部件的生产进度日程与原材料、外购件的需求数量和需求日期，即将产品出产计划转换成物料需求表，并为编制能力需求计划提供信息。其主要功能及运算工具见表 3-13。

表 3-13 MRP 的主要功能

处理的问题	所需的信息
1. 生产什么？生产多少？	1. 切实可行的主生产计划（MPS）
2. 要用到什么？	2. 准确的物料清单（BOM）
3. 已具备什么？	3. 准确的物料库存数据
4. 还缺什么？何时需要？	4. MRP 的计算结果（生产计划和采购计划）

2. MRP 的组成

1) MRP 的结构

MRP 系统的基本组成主要分为输入、计算处理、输出三部分。其中，输入包括主生产计划、物料清单（BOM 表）以及库存状态文件；计算处理部分主要依靠编制合适的计算机程序，对输入数据进行处理；处理的结果输出为报告文件，报告文件有两大类：主要报告，包括订货单等，次要报告，包括计划报告、意外情况报告。

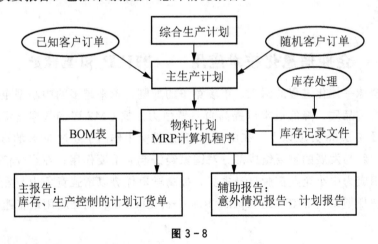

图 3-8

2) MRP 的输入

MRP 的输入主要有三个数据来源，即主生产计划、物料清单和库存记录文件。

（1）主生产计划。主生产计划是描述企业最终产品生产运作的计划安排，指出在一定时间内企业应该生产出哪一种、数量为多少的最终产品。

(2) 物料清单。物料清单（Bill of Materials，BOM）是对一个最终产品的零部件和原材料的构成以及数量上和先后顺序上的相互关系的完整描述，不仅列出了构成最终产品的组件、零件、原材料等的需求数量关系，还指明了产品的制造顺序，通常又被称为产品结构树。

产品 A 的物料清单文件如图 3-9 所示，产品 A 在时间坐标上的物料清单如图 3-10 所示。产品 A 由 2 个 B、4 个 C、3 个 D 组成，而 B 又由 1 个 E、2 个 F 组成，D 由 6 个 C、8 个 G 组成。

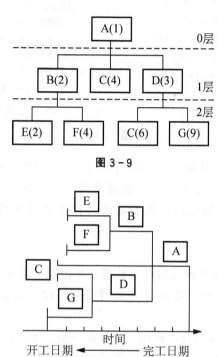

图 3-9

图 3-10

可以看出，在物料清单文件中，物料之间按照从属关系划分为不同的层次，从最终产品开始由上到下一共分为 0、1、2 或更多层，产品的结构越复杂，层数越多。最低层是外购件或原材料。有时一个物料可能出现在不同的结构层次上。比如图 3-9 中第 1 层和第 2 层都有物料 C，在计算机存储中往往对物料清单进行扩展，以同一物料所处的最低层次为准，把相同的物料放在同一层上，这样计算各物料的需求总量时只要搜索同一层并汇总即可，大大降低了计算的复杂性。

图 3-10 是在时间坐标上的物料清单，它反映了各种物料的生产、采购日程安排之间的关系。首先，以最终产品 A 应完工的日期为起点，进行逆推，计算出各种物料必须开工或采购的最晚日期。如对于物料 C，可以采取两种不同的策略：一是从最早必须开工的时间起，一次性加工，总的采购需求量为 10 个；二是先加工、采购 6 个 C 以满足部件 D 的开工需求，到必要时再重新加工，采购 4 个 C 以满足产品 A 的开工需求。至于采取哪一种策略，则需要看哪一种策略更经济。

计算机系统对每一个物料都进行编码，而且每一编码对应唯一一种物料，以便于管理。物料编码不仅可以代替物料名称，而且能指明物料所处的层次，反映各种物料的从属关系。

有了物料编码之后物料清单文件也可以用比较简化的数据排列来表示。图 3-9 的数据排列表如图 3-11 所示，其中，表 3-11(a) 是典型的分层排列方式，表 3-11b 是单层排列，可以大大节省计算机空间。

```
00001: A                           00001: A
    10001 (2): B                       10001 (2): B
        20001 (2): E                   10002 (3): D
        20002 (4): F                   20003 (4): C
        20003 (4): C                10001: B
    10002 (3): D                       20001 (2): E
        20003 (6): C                   20002 (4): F
        20004 (9): G                10002: D
                                       20003 (6): C
                                       20004 (9): G
```

　　　　(a) 分层排列　　　　　　　(b) 单层排列

图 3-11

　　(3) 库存记录文件。MRP 系统中的库存记录文件详细而繁多。在库存中的每一项物料的记录都有一个独立的文件，而且记录的信息越详细越好。对这么多库存记录文件进行管理需要一个庞大的数据库来支持，根据需要可以对这些文件进行查找、归类、更改等操作。

　　3) MRP 的输出

　　计算机 MRP 系统能够对多种数据进行处理，并根据要求输出各种格式的报告文件，以便对物料的订购、库存、生产安排进行有效的管理。输出报告通常分为主要报告和辅助报告。

　　(1) 主要报告。主要报告包含各种用于物料的订购、生产和库存管理的报告，如计划订单、订单下达通知、取消或更改的订单、交货期更改报告、库存状态报告等。

　　(2) 辅助报告。MRP 系统除了生成必要的主要报告之外还可选择性地生成一些辅助报告，这些报告有 4 大类：需求及库存预测报告、计划执行误差分析、严重偏差事故报告、辅助财务分析报告。

3. MRP 的计算

　　MRP 的计算基于以下两个原理。

　　(1) 按照反工艺路线以及主生产计划要求的最终产品数量和交货期，依据物料清单、库存状态文件，从最终产品开始向下层层分解，计算出每种物料的订购或生产的时间、数量。

　　(2) 把生产运作过程看作是一个不断循环发展的周期性活动，一个周期可以是一个工作周或半个月、一个月。计算时从第一个周期开始不断地向前推进。

　　具体计算时每层的物料状况都在库存记录文件的基础上沿着时间轴展开，最终结果是一个动态变化的数据表。每层需要计算的数据主要有毛需求、预计到货、库存量、净需求、计划下达等。

　　MRP 的计算逻辑如图 3-12 所示。从图 3-12 中可以看出，计算时首先从第 0 层开始，算完一层后再向下一层逐层展开。

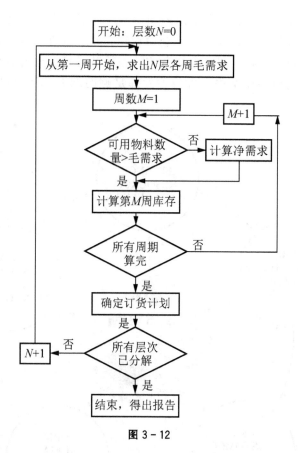

图 3-12

第 0 层的各周毛需求根据主生产计划得出，接着从第一周开始计算其净需求和库存剩余量。这时要做一个比较，如果本周的可用物料数量大于毛需求量，则说明本周没有产生净需求，否则就要计算本周产生的净需求。依次递推，计算各周的库存量和净需求，直到所需计算的周期数为止，一般是 10 周，计算的周期越多，计划的准确性越差。得出未来各周的净需求量之后，根据订货或加工所需要的提前期，得出相应期所需要的计划订货量。按照以前的订货到达情况来进行预测，这一般作为一次计划计算中的已知条件列出。

计算完一层之后，将其各周计划下达物料数量乘以相应倍数并汇总得出下一层物料毛需求，直到最低层。计算完毕，给出原材料、零部件的订货下达通知单等一系列报告。

二、ERP 系统

1. ERP 系统概述

进入 20 世纪 90 年代，随着市场竞争的进一步加剧，企业竞争空间与范围的进一步扩大，20 世纪 80 年代 MRPⅡ主要面向企业内部资源全面计划管理的思想，逐步发展成为 20 世纪 90 年代怎样有效利用和管理整体资源的管理思想，企业资源计划（Enterprise Resources Planning，ERP）随之产生。ERP 是由美国加特纳公司（Gartner Group）在 20 世纪 90 年代初期首先提出的，当时的解释是根据计算机技术的发展和供需链管理，推论各类制造业在信息时代管理信息系统的发展趋势和变革。随着人们认识的不断深入，ERP 已经被赋予了更深的内涵。它强调供应链的管理。除了传统 MRP Ⅱ 系统的制造、财务、销售等功能外，还增加了分销管理、人力资源管理、运输管理、仓库管理、质量管理、设备管理、决策支持等功能；支持集团化、跨地区、跨国界运行，其主要宗旨就是将企业各方面的资源充分调配和平衡，使企业在激烈的市场竞争中全方位地发挥足够的能力，从而取得更好的经济效益，如图 3-13 所示。

图 3-13

2. ERP 系统的主要管理思想

ERP 是集成一体化的企业管理软件，核心管理思想就是实现对物资资源管理（Supply Chain Management，SCM）、人力资源管理（Human Resource Management，HRM）、财务资源管理（Finance Resoure Management，FRM）、物料资源计划（Manafacturing Resource Management，MRP）、客户资源管理（Customer Relationship Management，CRM）的全面有效管理，主要体现在以下三个方面。

1) 对整个供应链资源进行管理的思想

在知识经济时代仅靠自己企业的资源不可能有效地参与市场竞争，还必须把经营过程中的有关各方如供应商、制造工厂、分销网络、客户等纳入一个紧密的供应链中，才能有效地安排企业的产、供、销活动，满足企业利用全社会一切市场资源快速高效地进行生产经营的需求，以期进一步提高效率和在市场上获得竞争优势。换句话说，现代企业竞争不是单一企业与单一企业间的竞争，而是一个企业供应链与另一个企业供应链之间的竞争。ERP 系统实现了对整个企业供应链的管理，适应了企业在知识经济时代市场竞争的需要。

2）精益生产、同步工程和敏捷制造思想

ERP系统支持对混合型生产方式的管理，其管理思想表现在两个方面：其一是"精益生产(Lean Production，LP)"的思想，它是由美国麻省理工学院(MIT)提出的一种企业经营战略体系。即企业按大批量生产方式组织生产时，把客户、销售代理商、供应商、协作单位纳入生产体系，企业同其销售代理、客户和供应商的关系，已不再简单地是业务往来关系，而是利益共享的合作伙伴关系，这种合作伙伴关系组成了一个企业的供应链，这就是精益生产的核心思想；其二是"敏捷制造(Agile Manufacturing，AM)"的思想。当市场发生变化，企业遇到特定的市场和产品需求时，企业的基本合作伙伴不一定能满足新产品开发生产的要求，这时，企业会组织一个由特定的供应商和销售渠道组成的短期或一次性供应链，形成"虚拟工厂"，把供应和协作单位看成是企业的一个组成部分，运用"同步工程(SE)"组织生产，用最短的时间将新产品打入市场，时刻保持产品的高质量、多样化和灵活性，这就是"敏捷制造"的核心思想。

3）事先计划与事中控制的思想

ERP系统中的计划体系主要包括：主生产计划、物料需求计划、能力计划、采购计划、销售执行计划、利润计划、财务预算和人力资源计划等，而且这些计划功能与价值控制功能已完全集成到整个供应链系统中。

另一方面，ERP系统通过定义事务处理(Transaction)相关的会计核算科目与核算方式，以便在事务处理发生的同时自动生成会计核算分录，保证了资金流与物流的同步记录和数据的一致性。从而实现了根据财务资金现状，可以追溯资金的来龙去脉，并进一步追溯所发生的相关业务活动的目的，改变了资金信息滞后于物料信息的状况，便于实现事中控制和实时做出决策。

此外，计划、事务处理、控制与决策功能都在整个供应链的业务处理流程中实现，要求在每个流程业务处理过程中最大限度地发挥每个人的工作潜能与责任心，流程与流程之间则强调人与人之间的合作精神，以便在有机组织中充分发挥每个人的主观能动性与潜能。实现企业管理从"高耸式"组织结构向"扁平式"组织机构的转变，提高企业对市场动态变化的响应速度。总之，借助IT技术的飞速发展与应用，ERP系统得以将很多先进的管理思想变成现实中可实施应用的计算机软件系统。

3. 主流 ERP 产品

国内应用比较广泛的ERP产品主要有两个方面的来源，一是国外ERP厂商，如SAP、Oracle等，产品成熟，功能强大，在大型企业、集团、跨国企业广泛应用；二是本地软件厂商在国外ERP软件基础上结合国内企业实际情况直接开发的ERP产品，如北京利玛的CAPMS/95、北京开思ERP；或是财务软件厂商在面临该市场发展势头下降而寻找新增长点的诉求转型而开发的ERP产品，比较有名的有用友、金蝶等，强调进、销、存，在账务处理和财务分析方面优势明显。

思考练习

（1）物料管理的"三不"原则是什么？

（2）物料管理的目标是什么？

(3) 如何进行物料的 ABC 分析？有什么作用？
(4) 为什么要进行供应商评定？评定的流程？
(5) 如何控制采购进度？
(6) 物料入库的流程及要办理的手续？
(7) 物料为什么要标识？如何标识？
(8) 如何进行库存物料的保管？
(9) 如何进行领料？办理哪些手续？
(10) 如何进行库存盘点？呆废料如何处理？
(11) 什么是 MRP、ERP 系统？各自功能和特点是什么？
(12) 什么是 BOM？其作用是什么？

第四章 生产现场 5S 管理

学习目标

完成本章学习，你应该能够：
- 了解 5S 管理的概念
- 理解 5S 活动的推行步骤、要领及实施技巧
- 掌握 5S 推行方法与工具，5S 活动的检查与评比

案例导入

浙江××模塑有限公司的是一家专业生产注塑模具的民营企业。1995 年以前，公司每年的产值只有 500 万元左右，生产管理方式主要是作坊式的，不论是管理素质还是人员素质的基础都比较薄弱。1996 年开始进入汽车及摩托车注塑模具市场，公司的业务量有了突飞猛进的发展。2011 年产值突破亿元大关，达到 1.2 亿元。

由于公司的现场管理和人员素质远远跟不上企业产能发展的速度，公司管理严重滞后，尤其是生产现场的管理，如原料、半成品、成品和废品存放位置没有合理规划、随意摆放，机器设备、工装摆放凌乱，布满灰尘，保养缺乏；产品质量问题严重，生产能力不能进一步提升，因现场作业环境管理的因素，近几次重大的汽车主机厂模具供应商考核都没有通过。为此，公司高层决定在公司内部开展 5S 管理活动，以摆脱困境。

工作情境描述

5S 管理的重点是在生产现场，尤其是在生产车间，公司领导于是决定在机加工车间率先推行 5S 试点工作，机械加工车间主任陈某成为推行 5S 管理试点的工作第一责任人。为了确保整个活动的顺利推行，公司要求陈某在公司规定的时间内(2 天)完成本车间 5S 管理的总体策划，画出定置图，制订推行标准，设计 5S 检查表和评比办法。在此基础上，成立检查小组，每周对车间进行一次检查，检查结果予以记录。组织人员对检查结果进行评比和分析，提出改善建议。

工作任务

通过学习本章内容，以工厂现场为检查管理对象，以小组为单位，完成以下工作。
(1) 上网查阅有关 5S 管理相关资料并下载。
(2) 对车间 5S 管理活动进行策划，写出策划书。

(3) 设计车间定置方案，画出车间 5S 定置图。
(4) 设计 5S 检查内容及记录表。
(5) 实施检查并记录。
(6) 进行分析和评价，提出改善措施建议。

第一单元　现场 5S 管理概述

一、5S 的起源和发展

1. 5S 的起源

5S 起源于日本，是指在生产现场对人员、机器、材料、方法等生产要素进行有效管理的一种方法，这是日本企业独特的一种管理办法。

1955 年，日本的 5S 宣传口号为"安全始于整理，终于整理整顿"。当时只推行了前两个 S，即整理、整顿，其主要目的仅为了确保作业空间和安全。后因生产和品质控制的需要而又逐步提出了 3S，也就是清扫、清洁、修养，从而使应用空间及适用范围进一步拓展，到了 1986 年，日本的 5S 著作逐渐问世，从而对整个现场管理模式起到了冲击的作用，并由此掀起了 5S 的热潮。

2. 5S 的发展

日本企业将 5S 运动作为管理工作的基础，推行各种品质的管理手法，第二次世界大战后，产品品质得以迅速地提升，奠定了世界经济大国的地位，而在丰田公司的倡导推行下，5S 在塑造企业的形象、降低成本、准时交货、安全生产、高度标准化、创造令人心旷神怡的工作场所、现场改善等方面发挥了巨大作用，逐渐被各国的管理界所认识。随着世界经济的发展，5S 已经成为全球各地工厂管理的一股新潮流。

后来，根据企业进一步发展的需要，有的公司在原来 5S 的基础上又增加了安全（Safety）及节约（Save）这两个要素，形成了"6S"和"7S"；也有的企业加上习惯化（Shiukanka）、服务（Service）及坚持（Shikoku），形成了"9S"、"10S"，但是万变不离其宗，所谓"6S"、"7S"、"10S"都是从"5S"里衍生出来的。

二、5S 的定义和目的

所谓 5S，是指对生产现场各生产要素（主要是物的要素）所处状态不断进行整理、整顿、清洁、清扫和提高素养的活动。

由于整理（Seiri）、整顿（Seiton）、清扫（Seiso）、清洁（Seiketsu）和素养（Shitsuke）这五个词日语中罗马拼音的第一个字母都是"S"，所以这些活动简称 5S。

1. 整理（Seiri）

（1）定义：将工作场所的任何物品区分为必要物与不要物，将必要物保留需要的数量，不要物从现场给予清除掉。

（2）对象：清理工作区域被占有而无效用的空间，整理的对象是空间。

（3）目的：①腾出空间，空间活用；②防止物品误用、误送；③塑造清爽的工作场所。

2. 整顿（Seiton）

（1）定义：把留下来的必要用的物品依规定位置摆放，并置整齐，加以标识清楚。

（2）对象：减少工作区域可能浪费时间的场所，整顿的对象是时间。

（3）目的：①工作场所一目了然；②消除找寻物品的时间；③整洁舒适的工作环境；④消除过多的积压物品。

3. 清扫（Seiso）

（1）定义：将工作场所内看得见与看不见的地方清扫干净，保持工作场所干净、亮丽。

（2）对象：消除工作区域处所产生的污迹。

（3）目的：①稳定产品质量；②减少工业伤害；③防止环境污染；④保持前2S的成果。

4. 清洁（Seiketsu）

（1）定义：维持上面3S的成果，使工作人员觉得环境整洁舒适。

（2）对象：透过整洁舒适的工作环境，使人员精力充沛。

（3）目的：①养成持久有效的习惯；②维持和巩固前3S的成果。

5. 素养（Shitsuke）

（1）定义：每位成员养成良好的习惯，并守规则做事，培养主动积极的精神。

（2）对象：通过持续不断的4S活动，从而改造人性、提升道德品质。

（3）目的：①培养好习惯；②遵守规则的员工；③营造团队精神；④提高个人素质。

三、推行5S的效用

企业在生产现场实施5S活动是为了消除工厂中出现的各种不良现象，改善产品质量，提高生产效率，降低成本，确保准时交货，达到安全生产以及保持员工的高昂士气的目的。实施5S可以为企业实现以下"八大效用"，有人称之为"八零工厂"。

1. 亏损为零——5S是最佳的推销员

（1）顾客满意工厂，增强下订单信心。

（2）很多人来工厂参观学习，提升知名度。

（3）清洁明朗的环境，留住优秀员工。

2. 不良为零——5S是品质零缺陷的护航者

（1）产品严格地按标准要求进行生产。干净整洁的生产场所可以大大提高员工的品质意识,防止错误的发生。

(2) 机械设备的正常使用和保养,可以大大减少设备的故障和次品的产生。

(3) 环境整洁有序,异常现象一目了然。员工明了并做到事先就预防发生问题。

3. 浪费为零——5S 是节约能手

(1) 降低很多不必要的材料及工具的浪费,减少"寻找"的浪费,节省很多宝贵时间。

(2) 能优化工艺线路,降低工时,提高效率。

4. 故障为零——5S 是交货期的保证

(1) 工厂无尘化。无碎屑、屑块、油漆,经常擦拭和进行维护保养,会提高设备稼动率。

(2) 模具、工装夹具管理良好,调试寻找故障的时间减少,设备才能稳定,它的综合效能就可以大幅度地提高。

(3) 每日的检查可以防患于未然。

5. 切换产品时间为零——5S 是高效率的前提

(1) 模具、夹具、工具经过整顿随时都可以拿到,不需费时寻找,可以节省时间。

(2) 整洁规范的工厂机器正常运作,作业效率可以大幅度提升。

(3) 彻底贯彻 5S,让初学者和新人一看就懂,一学就会。

6. 事故为零——5S 是安全专家

(1) 人人遵守安全作业规范,不会发生工伤事故。

(2) 所有设备都进行清洁、检修,能预先发现存在的问题,从而消除安全隐患。

(3) 消防设施齐全,消防通道无阻塞,万一发生火灾或地震,员工生命安全有保障。

7. 投诉为零——5S 是标准化的推进者

(1) 强调按标准作业,确保生产产品的一致性。

(2) 品质稳定,如期达成生产目标。

8. 缺勤为零——5S 可以形成愉快的工作场所

(1) 明亮、清洁的工作场所让人心情愉快。

(2) 员工动手做改善,有成就感。

(3) 员工凝聚力增强,工作更愉快。

四、推行 5S 的步骤

掌握了 5S 管理的基础知识,并不代表具备推行 5S 管理活动的能力。5S 活动因推行步骤、方法不当导致事倍功半,甚至中途夭折的事例并不鲜见。因此,掌握正确的步骤、方法是非常重要的。常见的 5S 推行步骤如下。

1. 成立推行组织

（1）成立推行委员会。

（2）确定组织职责。

（3）委员的主要工作。

（4）责任区划分并确定担当人。

建议由企业主要领导出任 5S 活动推行委员会主任职务，以示对此活动的支持；具体安排上可由副主任负责活动的全面推行；委员由各部门经理担任；责任区由各部门自行担当。

2. 拟定推行方针及目标

（1）方针制订：推动 5S 管理时，制订方针作为导入的指导原则，方针一旦制订，要广为宣传。

例 1：整理整顿天天行、改善提高无穷尽。

例 2：日事日毕、日清日高。

（2）目标制订：预先设定期望的目标，作为活动努力的方向，便于活动过程中的成果检查。

例 1：第 3 个月后安全生产事故为零。

例 2：有客户到厂参观，不必事先临时做准备。

3. 拟定工作计划及实施方法

（1）拟定日程计划作为推行及掌控依据

（2）制订 5S 管理活动实施办法

4. 教育培训

教育训练是非常重要的，让员工了解 5S 管理活动能给工作及自己带来好处从而主动地去做，更加有效率。教育形式要多样化，讲课、看板学习、资料传阅等方式均可视情况加以使用。

5S 教育培训应针对全体人员进行教育，应包括以下内容。

（1）5S 管理的内容及目的。

（2）5S 管理的实施方法和技巧。

（3）5S 管理的评比方法。

5. 活动前的宣传造势

5S 管理活动要全员重视、参与才能取得良好的效果，推荐以下形式。

（1）最高主管发表宣言（会议、宣传板等）。

（2）海报、内部期刊宣传。

（3）宣传栏。

6. 实施运行

（1）前期准备（会议或手册传授方法）。

(2) 公司开展大整理、清扫活动。
(3) 建立地面划线及物品标识标准。

7. 活动评比办法确定

(1) 制订检查标准。
(2) 出台考核评比方法。

8. 检查

(1) 现场查核。
(2) 5S 管理问题点质疑、解答。
(3) 举办 5S 征文活动，号召全员参与。

9. 评比及奖惩

(1) 制订奖惩办法，公布成绩，实施奖惩。
(2) 对于优胜者颁发红旗，对于落后者挂黑旗。

10. 检讨与修正

各责任部门依缺点项目进行改善，不断提高，可以采用改善前后对比的照片方式进行。

11. 纳入定期管理活动中

(1) 将 5S 制度标准化、制度化。
(2) 在活动结束之后实施 5S 管理强化月活动。

五、5S 推行方案的制订

为确保 5S 活动的有序进行，通常在 5S 策划阶段就应根据企业的实际情况，结合公司高层对本项工作的要求，制订明确的推行方案。推行方案中，通常必须明确推行目的、目标、口号、组织架构及职责分工、以及相应的推进计划表。以下列举笔者曾服务过的某企业 5S 推行方案，加以说明。

案例：浙江××模具公司 5S 推行方案

1. 目的

为进一步改善生产现场环境、提升生产效率、保障产品质量、确保产品的按期交付、预防和避免安全生产事故，营造企业管理氛围以及创建良好的企业文化，针对公司 5S 现场管理推进活动，特制订本方案。

2. 适用范围

本推行方案适用于浙江××模具公司 5S 现场管理推进活动的总体控制。

3. 职责

总经理负责本活动方案的制订和最终解释，各部门和人员负责本活动方案的配合执行和检查。

4. 要求和方法

1) 5S 活动推行组织架构及职责分工

(1) 5S 推行委员会组织架构如图 4-1 所示。

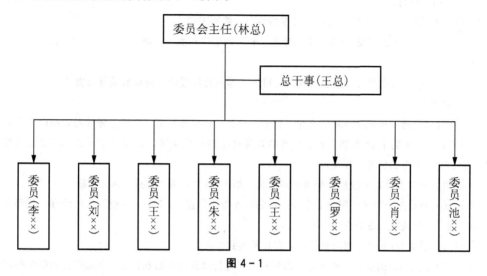

图 4-1

(2) 职责分工。

① 5S 推行委员会：公司 5S 推行的最高权力机构，全面统筹负责 5S 管理，划分责任区域。配备合理的资源，负责制订推行计划、5S 制度、5S 评估标准，对全公司 5S 管理全面监控。负责对 5S 的推行并组织指导各部门推行 5S，培训 5S 相关内容。

② 5S 推行小组：5S 具体推进实施和监督组织，小组工作直接向 5S 推行委员会汇报。跟进本组 5S 推行工作，定期按 5S 评核要求对本部门 5S 实施情况进行检查，在日常运作中起监督作用。

③ 5S 推行委员会主任：开展方案、计划书，督促各部门负责人推行 5S 工作。负责制订 5S 培训教材，对公司职员进行培训，并将 5S 的开展情况直接向总经理汇报。

④ 5S 推行委员会干事：协助主任开展工作，积极支持和推动 5S 活动，督促协调各部门负责人推行 5S 工作。

⑤ 5S 推行委员会委员：为各部门的第一责任人。主导各自部门开展 5S 工作，任命各自部门的 5S 专员，明确部门各员工的职责。

⑥ 5S 推行小组组长：负责各部门 5S 专员的培训，组织本小组成员对 5S 实行情况进行督促、检查、汇报及跟进审核过程中发现的问题。

2) 制订 5S 管理方针及目标

(1) 5S 管理方针。

① 5S 起于整理整顿，终于整理整顿。

② 持续改善，永续经营。

③ 挑战自我，提升素质，重塑形象。

5S 活动务必以坚持整理整顿工作为基础，整理整顿天天做，清扫清洁时时行，做好安全、效率、品质、成本、士气才能有保障。

5S 活动关键在于坚持，要有不断否定自我，提升自我的决心和勇气，不要怕进步不多，每天进步一点点，企业就会得到发展，实现永续经营。

5S活动是不断学习的过程，是提升自我能力和综合素质的良好机会，应充分珍惜这次机会，通过提升自我来实现重塑个人形象和企业形象的目标。

（2）5S的实行目标。

① 在2011年3月31日前全面开展初步的整理、整顿工作。

② 在2011年6月31日前创建洁净、舒适、安全的生产环境，获得来公司参观、审查的客户、来宾的满意评价。

③ 公司通过5S管理推行，精益求精，公司员工养成良好习惯，自身素质得以提升。

3）活动要点

（1）在公司营造一种追求卓越的文化，营造一个良好的工作环境。宣传造势计划做到以下几点。

① 订制2~4条关于5S管理方针和内容的宣传横幅挂于公共区域。订制15~20幅5S知识简介张贴于车间、货仓和办公室等工作场所。

② 各部门自主设计宣传板报。板报定期出版，如1期/月，表彰先进，曝光问题。

③ 计划推行班前会制度，用班前会5~10分钟宣传，布置5S工作，对现场进行清理，做到全员参与。同样地，表彰先进，曝光问题。

④ 各部门设立5S专员，划分责任区，责任落实到个人。

（2）红牌作战的目的就是不断地寻找出所有需要进行改善的事物和过程，并用醒目的红色标牌来标识问题的所在，然后通过不断地增加或减少红牌，从而达到发现问题和解决问题的目的。

（3）各部门针对红牌作战发现的问题进行整改，全力排除所有障碍，贯彻实行5S。各部门需要学会自己发现问题、处理问题。

（4）由5S推行委员会编制5S内容的培训教材，对公司全员进行培训。培训包含5S的内容、意义、方针、目的、基本要求等。对新入职的员工同样需要进行5S知识的培训。

（5）5S推行委员会对红牌作战发现的问题进行分析，帮助各部门实施改善措施。

（6）5S进行一段时间后，5S推行委员会应定期对各部门的5S施行情况进行审核评分，处于同一部门的小组成员不得给自己部门打分。对办公区与生产区分别用不同的标准评分。审核小组需要将审核中发现的问题汇总向5S推行委员会汇报。发生问题的部门要填写《纠正及预防措施表》，进行备案跟踪。每两周评选一次，设立流动红旗，每次评选结果的前一、二名可以得到流动红旗。

（7）进行5S阶段性成果的总结，检讨修正，同样地表彰先进，曝光问题。同时商讨如何解决5S实行中发现的困难。

（8）根据前期的实行情况重新修订公平、有效的检查考核标准，在方便员工的地方设立定点信箱，鼓励员工提供合理化提案，对被采用的提案者提供50~200元不等的奖励。

4）特别提醒

5S的最终目的是提升人的品质，这些品质包括：革除马虎之心、养成凡事认真的习惯（认认真真地对待工作中的每一件"小事"）、遵守规定的习惯、自觉维护工作环境整洁明了的良好习惯、文明礼貌的习惯。个人品质提升了，生产管理的目的也就达到了。为了达到这个目的，我们需要做到以下几点。

（1）全员参与，从公司的最高管理层到最底层工作的全体公司员工都全身心投入。

（2）持之以恒，不能因为遇到困难就想到放弃，不能因为遭受挫折就怨天尤人。

（3）不断更新，每一位员工都必须意识到需要不断地进步，吸收优秀的东西。

5) 推进计划(表 4-1)

表 4-1 推进计划表

起止：(××年××月××日—××年××月××日)

序号	时间 项目	1W	2W	3W	4W	5W	6W	7W	8W	9W	10W	11W	12W	阶段
1	成立 5S 推行委员会	→												
2	展示公司 5S 现状问题点		→											
3	5S 宣传活动准备		→											
4	试点区域的整理与规划			→										
5	试点区域的"油漆作战"				→									
6	试点区域"标识系统"设计与使用				→	→								
7	试点区域整顿工作的实施						→							
8	试点区域整理整顿改善成果展示							→						
9	5S 管理制度、标准的设计与制订								→					
10	5S 制度、标准的全员培训									→	→			
11	全厂开展 5S 改善活动									→	→			
12	全厂 5S 检查，比较效果，改善缺失										→			
13	全厂开展 5S 评比活动并奖惩										→	→		
14	5S 再提升，制度优化改善											→	→	
15	持续展开 5S 教育培训和文化宣传												→	

第二单元　生产现场 5S 实施要求

一、整理

1. 整理的要义

（1）整理励行"三清"原则。

① 清理——区分需要品和不需要品。

② 清除——清理不需要品。
③ 清爽——按属别管理需要品。
(2) 整理的要点：丢弃时要有魄力。
(3) 整理的境界：塑造清爽的工作环境。
(4) 整理的目的：腾出空间，整理的对象为空间。

图 4-2

2. 整理的作用

1) 整理有以下作用
(1) 可以使现场无杂物，行道通畅，增大作业空间，提高工作效率。
(2) 减少碰撞，保障生产安全，提高产品质量。
(3) 消除混料隐患。
(4) 有利于减少库存，节约资金。
(5) 使员工心情舒畅，工作热情高涨。

2) 因缺乏管理而产生的各种常见浪费
(1) 空间的浪费。
(2) 零件或产品因过期而不能使用，造成资金浪费。
(3) 场所狭窄，物品不断移动的工时浪费。
(4) 管理非必需品的场地和人力浪费。
(5) 库存管理及盘点时间的浪费。

3. 整理的推行思路

（1）对每件物品都要看看是必要的吗？非这样放置不可吗？

（2）要区分对待马上要用的、暂时不用的、长期不用的。

（3）即便是必需品，也要适量；将必需品的数量降到最低程度。

（4）可有可无的物品，不管是谁买的，有多昂贵，也应坚决处理掉，决不手软！

（5）非必需品：在这个地方不需要的东西在别的地方或许有用，并不是"完全无用"的意思，应寻找它合适的位置。

（6）当场地不够时，不要先考虑增加场所，要整理现有的场地，你会发现竟然宽绰有余。

4. 整理推行要领

（1）所在的工作场所（范围）全面检查，包括看得到的和看不到的。

（2）制订"需要"和"不需要"的判别基准。

（3）清除不需要物品。

（4）调查需要物品的使用频度，决定日常用量。

（5）制订废弃物处理方法。

（6）每日自我检查。

5. 具体实例

1）废弃无使用价值的物品（表4-2）

表4-2 无使用价值的物品

序号	物品	序号	物品
1	不能使用的旧手套、破布、砂纸	6	过时的报表、资料
2	损坏了的钻头、丝锥、磨石	7	枯死的花卉
3	精度不准的千分尺、卡尺等测量具	8	停止使用的标准书、作业指导书
4	不能使用的工装夹具	9	无法修理好的器具、设备等
5	破烂的垃圾桶、包装箱	10	过期、变质的物品

2）不使用的物品不要（表4-3）

表4-3 不使用的物品

序号	物品	序号	物品
1	目前已不生产的产品的零件或半成品	5	已切换机种的生产设备
2	已无保留价值的试验品或样品	6	已停产产品的原材料
3	精度不准的千分尺、卡尺等测量具	7	安装中央空调后的落地扇、吊扇
4	多余的办公桌椅	8	报废的产品

3) 销售不出去的产品不要(表 4-4)

表 4-4 销售不出去的产品

序号	物　品	序号	物　品
1	目前没有登记在产品目录上的产品	4	因生锈等原因不能销售的产品
2	已经过时的、不合潮流的产品	5	有致命缺陷的产品
3	预测失误造成生产过剩的产品	6	积压的不能流通的特制产品

4) 多余的装配零件不要
(1) 没必要装配的零件不要。
(2) 能共通化的尽量共通化。
(3) 设计时从安全、品质、操作方面考虑，能减少的尽量减少。

5) 造成生产不便的物品不要
(1) 取放物品不便的盒子。
(2) 为了搬运、传递而经常要打开或关上的门。
(3) 让人绕道而行的隔墙。

6) 占据现场重要位置的闲置设备不要
(1) 不使用的旧设备。
(2) 偶尔使用的设备。
(3) 没有任何使用价值的设备。

7) 不合格品与合格品分开摆放
(1) 设置不合格品放置场。
(2) 规定不合格品的标识方法，让谁都知道那是不合格品。
(3) 规定不合格品的处置方法和处置时间、流程。

8) 减少滞留，谋求物流顺畅
(1) 工作岗位上只能摆放当天工作的必需品。

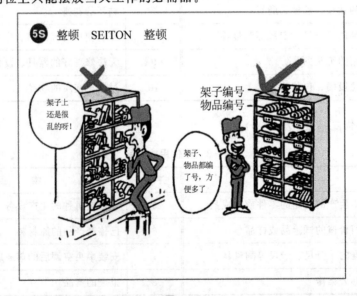

图 4-3

(2) 检查工场是否被零件或半成品塞满。
(3) 检查工场通道或靠墙的地方，是否摆满了周转车或杂物。

二、整顿

1. 整顿的要义

(1) 整顿为物品放置方法的标准化，决定物品放置的场所，选择物品放置的方法、为了便于维持到最终进行明确清楚的标识。"场所、方法、标识"简称整顿三要素。
(2) 整顿的对象：时间。
(3) 整顿励行"四定"原则。
① 定位：明确物品的存放的具体位置。
② 定点：各类物品存放的规定的地点。
③ 定向：规定物品的放置要成一个流向。
④ 定型：各种容器、物品等摆放要成行、成线、成方，上下、前后、左右对齐。
(4) 整顿的构思：易于"归位"的方法；培养"归位"的习惯。
(5) 整顿的境界：塑造一目了然的工作环境。
(6) 整顿的目的：减少寻找时间。

2. 整顿的作用

1) 整顿有以下作用
(1) 提高工作效率。
(2) 将寻找时间减少为零。
(3) 异常情况（如丢失、损坏）能马上发现。
(4) 非责任者的其他人员也能明白要求和做法。
(5) 不同的人去做，结果是一样的（已经标准化）。
2) 因没有整顿而产生的浪费
(1) 寻找时间的浪费。
(2) 停止和等待的浪费。
(3) 认为没有而多余购买的浪费。
(4) 计划变更而产生的浪费。
(5) 交货期延迟而产生的浪费。

3. 整顿的推行思路

(1) 将寻找的时间减少到零。
(2) 所有场所、物料一目了然，有异常（如丢失、损坏）能马上发现。
(3) 其他人员也能明白要求和做法（其他人员也能迅速找到物品并能放回原处）。
(4) 将所有作业流程标准化。

4. 整顿推行要领

（1）要落实前一步骤的整理工作。
（2）布置流程，确定置放场所。
（3）规定放置方法。
（4）划线定位。
（5）标识场所物品（目视管理的重点）。

5. 具体实例

1) 彻底地进行整理
（1）彻底地进行整理，只留下必需物品。
（2）在工作岗位只能摆放最低限度的必需物品。
（3）正确判断出是个人所需品还是小组共需品。

2) 确定放置场所
（1）放在岗位上的哪一个位置比较方便？进行布局研讨。
（2）制作一个模型（1/50），便于布局规划。
（3）将经常使用的物品放在工位的最近处。
（4）特殊物品、危险品设置专门场所进行保管。
（5）物品放置100％定位。

3) 规定摆放方法
（1）产品按机能或按种类区分放置。
（2）摆放方法各种各样，例如：架式、箱内、工具柜、悬吊式，各个岗位提出各自的想法。
（3）尽量立体放置，充分利用空间。
（4）便于拿取和先进先出。
（5）平行、直角、在规定区域放置。
（6）堆放高度应有限制，一般不超过1.2米。
（7）容易损坏的物品要分隔或加防垫保管，防止碰撞。
（8）做好防潮、防尘、防锈措施。

4) 进行标识
（1）采用不同色的油漆、胶带、地板砖或栅栏划分区域。
（2）绿色：通行道/良品；绿线：固定永久设置；黄线：临时/移动设置；红线：不合格品区/废品区设置。
（3）在摆置场所标明所摆放物品。
（4）在摆放物体上进行标识。
（5）根据工作需要灵活采用各种标识方法。
（6）标签上要标明，一目了然。
（7）某些产品要注明储存/搬运注意事项。
（8）暂放产品应挂暂放牌，指明管理责任者、时间跨度。
（9）标识100％实施。

图 4-4

三、清扫

1. 清扫的要义

（1）清扫为机器保养的基础。
（2）清扫的对象：设备。
（3）清扫厉行"三扫"原则。
① 扫漏（溢出物）。
② 扫黑（落下物）。
③ 扫怪（不对劲之处）。
（4）清扫的境界：塑造干净的工作场所。
（5）清扫的目的：减少停机时间，干净。

2. 清扫的作用

（1）经过整理、整顿，必需物品处于立即能取到的状态，但取出的物品还必须完好可用，这是清扫的最大作用。
（2）无尘化：员工不但需要去关心、注意设备的微小变化，细致维护好设备，还必须为设备创造一个"无尘化"的使用环境，设备才有可能做到"零故障"。

3. 清扫的推行思路

（1）最好能分配每个人应负责清洁的区域。分配区域时必须绝对清楚地划清界限，不能留下没有人负责的区域（即死角）。

(2) 对自己的责任区域都不肯去认真完成的员工，不要让他担当更重要的工作。
(3) 到处都干净整洁，客户感动，员工心情舒畅。
(4) 在整洁明亮的环境里，任何异常，包括一颗螺丝掉在地上都可马上发现。
(5) 设备异常在保养中就能发现和得到解决，不会在使用中"罢工"。

4. 清扫推行要领

(1) 建立清扫责任区（室内外）。
(2) 执行例行扫除，清理脏污。
(3) 调查污染源，予以杜绝。
(4) 建立清扫基准作为规范。

5. 具体实例

1) 清扫工具
(1) 抹布和拖把悬挂放置，充分利用空间。
(2) 随时清理不能使用的拖把、扫帚。
(3) 扫帚或抹布进行数量管理。

2) 周转车辆
(1) 在叉车或推车的后边装上清扫用具，这样可以一边作业一边清扫，两全其美。
(2) 准备抹布，放在车辆的某一处，以便随时清扫其本身的灰尘。

3) 机械设备每天要保持光亮
(1) 机械设备保持锃亮如新，不能将机械不清洁的地方用油漆等粉饰一番，蒙骗过关。
(2) 通过对机械设备每天的擦洗来发现细小的异常。
(3) 清扫且及时维护保养。

4) 分类垃圾箱
设立分类垃圾箱，便于垃圾分类回收。
(1) 可再生的（区分塑料、金属）。
(2) 不可再生的（生活垃圾）。

5) 防止切屑的飞散
(1) 安装防护罩
(2) 把垃圾箱设置在作业台下面，让碎屑直接落在垃圾箱。

四、清洁

1. 清洁的要义

(1) 清洁为工作场所的塑造。
(2) 清洁的对象：环境。
(3) 清洁厉行"三不"原则：不制造脏乱、不扩散脏乱、不恢复脏乱。
(4) 清洁的境界：塑造洁净的工作场所。
(5) 清洁的目的：提高产品品位，提高公司形象。

图 4-5

2. 清洁的作用

(1) 维持作用：将整理、整顿、清扫取得的良好作用维持下去，成为公司的制度。

(2) 改善作用：对已取得的良好成绩，不断进行持续改善，使之达到更高的境界。

3. 清洁的推行思路

(1) 实施了就不能半途而废，否则又回到原来的混乱状态。

(2) 领导的言传身教、制度监督非常重要。

(3) 一时养成的坏习惯，要花十倍的时间去改正。

4. 清洁推行要领

(1) 落实前3S工作。

(2) 制订目视管理、颜色管理的基准。

(3) 制订稽核方法。

(4) 制订奖惩制度，加强执行。

(5) 维持5S意识。

(6) 高阶主管经常带头巡查，带动重视。

5. 具体实例

1) 彻底贯彻3S

(1) 5S一旦开始了实施就不能半途而废，否则公司又很快回到原来的情形。

(2) 为了打破旧观念，必须"一就是一、二就是二"。对长时间养成的坏习惯，只有花长时间来改正。

(3) 深刻领会理解 3S 含义（整理、整顿、清扫），彻底贯彻 3S，力图进一步提高。

2）制订基准，制度化、标准化管理

(1) 制订目视管理、颜色管理的基准。

(2) 建立清洁稽核表。

(3) 作业人员或责任者应认真执行，逐一点检工作。

(4) 主管人员进行不定期的复查。

3）贯彻 5S 意识

(1) 让全体员工每天都保持本公司下在进行 5S 评价的心情。

(2) 充分利用各种办法，例如：5S 新闻、领导巡视、5S 宣传画、5S 标语、5S 日等种种活动，让员工每天都感到新鲜，不会厌倦。

(3) 为了实施改进活动，有必要寻找各种问题，制造改善的理由。

(4) 通过与其他公司水平的比较，激发改善的积极性。

4）奖惩制度

(1) 依 5S 竞赛办法，对在 5S 活动中表现优良和执行不力的部门及人员予以奖惩。

(2) 奖惩只是一种形式，团体的荣誉与不断的进步才是最重要的。

五、素养

1. 素养的要义

(1) 素养为员工士气的表现。

(2) 素养的对象：人员。

(3) 素养励行"三守"：守纪律、守时间、守标准。

(4) 素养的境界：塑造守纪的工作场所。

(5) 素养的目的：养成自动自发的精神，充满活力。

图 4-6

2. 素养的作用

(1) 重视教育培训,保证人员基本素质。
(2) 持续推动4S,直至成为全员的习惯。
(3) 使每位员工严守标准,按标准作业。
(4) 净化员工心灵,形成温馨明快的工作氛围。
(5) 培养优秀人才,铸造战斗型团队。
(6) 成为企业文化的起点和最终归属。

3. 素养的推行思路

(1) 基本过程:学习公司的规章制度,理解规章制度,努力遵守规章制度,成为他人的榜样,具备了成功的修养。
(2) 学好三年,学坏一日。违反规章制度是非常容易的,稍一放松就可能违反;领导者的热情帮助与被领导者的努力自律是非常重要的。
(3) 人性化管理时代的到来,需要人们有更高的合作奉献精神和职业道德。
(4) 互相信任,管理公开化、透明化。
(5) 勇于自我检讨反省,为他人着想,为他人服务。

4. 素养推行要领

(1) 持续推动前4S至习惯化。
(2) 制订共同遵守的有关规则、规定。
(3) 制订礼仪守则。
(4) 教育训练(新进人员加强)。
(5) 推动各种精神提升活动(早会、礼貌运动等)。

5. 具体实例

1) 问候/礼貌
您好!大家好!……早上好!新年好!……谢谢、打扰了、对不起、没关系……

2) 集合全体员工开班前会
确认今天的工作内容、点检材料、机械设备。

3) 铃声响起同时开始作业
正确使用保护用具、规定的材料、规定的机械设备,遵循规定的方法。

4) 午间的举止
铃响后开始洗手、按秩序买饭、收拾好剩余饭菜。

5) 下午开始恢复干劲
铃声一响,就进入工作岗位。

6) 必须在规定的时间及规定场所内休息
喝过的饮料瓶、用过的纸巾,丢进规定的垃圾桶内,在规定的场所内抽烟。

7) 下班前进行清扫

确认明天的工作，收拾整齐零件、材料；点检保养各类工具、设备，填写好交、接班记录。

8) 最后与大家道别

再见、明天见、路上小心、我先走了。

第三单元 生产现场5S实施技巧

5S活动的实施，重在全员的意识改变。因此，企业的领导者和普通员工都能够全面、正确地理解5S活动的意义，是推行5S的前提条件。但是，在5S活动具体推行的过程中，企业的推行者还应该掌握一些实施的技巧，从而有效地开展5S活动，收到事半功倍的效果。

一、红牌作战

1. 什么是红牌作战

红牌作战即使用红色标签标记工厂各角落的"问题点"，不管是谁，都可以加以发掘，并加以整理的方法，是5S活动运用的技巧之一。红牌作战，指的是在工厂内，找到问题点，并悬挂红牌，让大家都明白并积极地去改善，从而达到整理、整顿的目的。（图4-7）

看到"红牌"不可生气，持"红牌"的对象可以是材料、产品、机器、设备、空间、办公桌、文件、档案，但是对人不要挂上"红牌"。

图4-7

2. 红牌作战的目的

红牌作战的方法，就是不断地找寻出所有需要进行改善的事物和过程，并用醒目的红色标牌来标识问题的所在，然后通过不断增加或减少红牌，从而达到发现问题和解决问题的目的。

因此，红牌作战侧重于寻找工作场所中存在的问题，一旦发现问题，就使用相应的红牌进行醒目的标记，防止由于时间的拖延而导致问题被遗漏，并能够时刻提醒和督促现场的工作人员去解决问题，直至摘掉红牌。

3. 红牌作战实施时间

（1）5S导入初期：前2个月内整理阶段可每周进行一次，在第2~4个月内，可每月举行两次作战活动。

(2) 5S活动导入期结束后：每月举行1次，成熟后可以减少到每季度1次。

4. 红牌作战的实施办法

(1) 红牌作战由公司指定专门人员，针对现场有问题的对象进行。事先对各位委员进行教育，清楚可以、应该张贴的对象。

(2) 作战使用定制的红牌、张贴用胶带、笔、发行记录表、垫板。

(3) 公司指定6～9名委员，到各区域找问题、贴红牌，每张发行的红牌都要按单位或区域进行记录。

(4) 委员分为2～3组(3人1组)实行"红牌作战"：1人组长，2人组员，采用少数服从多数的原则，决定对某事物是否挂红牌。

(5) 记录表按部门整理，发放。每次红牌发行数量、按期整改结果等作统计、公布，并可考虑在宣传栏揭示。

(6) 推行委员会按时间检查整改结果。

(7) 要求整改时间一般可分为：立刻、3天、1周、2周、1个月、待定等6种。

(8) 对于故意损坏、丢失红牌及未及时予以整改者，考虑给予相应处分。

(9) 工作大部分未按进度要求实施的区域，不进行红牌作战。

5. 红牌作战实施对象

(1) 任何不满足"3定"、"3要素"要求的。

(2) 工作场所的不要物。

(3) 需要改善的事、地、物。

① 超出期限者(包括过期的标语、通告)。

② 物品变质者(含损坏物)。

③ 物品可疑者(不明物)。

④ 物品混杂者(合格品与不合格品、规格或状态混杂)。

⑤ 不使用的东西(不用又舍不得丢的物品)。

⑥ 过多的东西(虽要使用但过多)。

(4) 有油污、不清洁的设备。

(5) 卫生死角。

6. 红牌作战实施要点

(1) 用追求完美和挑剔的眼光看。

(2) 没有人情，像"魔鬼"一样严厉地贴。

(3) 贴在"有问题"的对象上：设备、推车、踏板、工装或刀具架、桌椅、资料柜、模具或备品架、材料或产品容器、空间等，请勿贴在人身上。

(4) 如果有犹豫，请贴上红牌。

7. 红牌作战中要与不要物判定准则

红牌作战中，经常会碰到的贴红牌的对象是物，为正确处置这些被贴红牌的物品，应确定一些基本的判定准则，见表 4-5。

表 4-5 判定准则

分 类	使用频率	处置方式
必要	每小时	放工作台上或身边
	每日	放存料车推出现场
	每周	指定位置存放
不必要	每月	集中存放/材料库保存
	每季度	集中存放/材料库保存
	每年	材料库保存
	1 年以上	扔掉
不明	无用的	扔掉
	有用的	扔掉

8. 常见红牌样式

式样一如图 4-8 所示。式样二如图 4-9 所示。

```
┌─────────────────────────────────────────┐
│           5S 问题标识卡（红牌）          │
│                                         │
│  部    门：              编号：00×××   │
│                                         │
│  区域位置：                             │
│                                         │
│  挂卡小组签名：                         │
│                                         │
│  对象：□机 □料 □法 □环 □其他         │
│                                         │
│  影响：□品质 □效率 □成本 □交期 □安全 □士气 │
│                                         │
│  问题描述：                             │
│                                         │
│                                         │
│                                         │
│  责任主管签名：          日期：         │
│                                         │
│                                         │
│  整改效果确认：          日期：         │
│                                         │
└─────────────────────────────────────────┘
```

图 4-8 式样一

红牌作战标签			
NO.			
部品名称			
所属部门			
存在状态	必要	不必要	不良	不明
处置方法	现场放置	移出保管	送还	扔掉
日期			检查者：
处置确认			日期：
注：在"存在状态"所选择的项目下面打"√"；在"处置方法"所选择的项目下面填写"处置的场所"			

图4-9　式样二

二、定置管理法

在企业的生产现场，我们经常发现以下"症状"：工作场所摆放零乱，工作空间有一种压抑感；车间有用和无用的物品同时存放，活动场所变得很小；作业场所车道被堵塞，行人、搬运无法通过；找东西，不很清楚它放在何处，要花较长时间才找到。

如果每天都被这些小事缠绕，员工的工作情绪就会受到影响，大大降低工作效率。解决上述"症状"的良方只有车间推行"定置管理"。

1. 定置管理的含义

定置管理是根据物流运动的规律性，按照人的生理、心理、效率、安全的需求，科学地确定物品在工作场所的位置，实现人与物的最佳结合的管理方法。

定置管理是对生产现场中的人、物、场所三者之间的关系进行科学地分析研究，使之达到最佳结合状态的一门科学管理方法。

定置管理的范围是对生产现场物品的定置过程进行设计、组织、实施、调整，并使生产和工作的现场管理达到科学化、规范化、标准化的全过程。

2. 定置管理中人、物、场所三者之间的关系

1) 人与物的关系

在工厂生产活动中，构成生产工序的要素有 5 个，即原材料、机械、工作者、操作方法、环境条件。其中最重要的是人与物的关系，只有人与物相结合才能进行工作。

（1）人与物的结合方式。人与物的结合方式有两种，即直接结合与间接结合。直接结合又称有效结合，是指工作者在工作中需要某种物品时能够立即得到，高效率地利用时间。间接结合是指人与物呈分离状态。为使其达到最佳结合，需要通过一定信息媒介或某种活动来完成。

（2）人与物的结合状态。生产活动中，主要是人与物的结合。但是人与物是否有效地结合取决于物的特有状态，即 A、B、C 这 3 种状态，如图 4-10 所示。

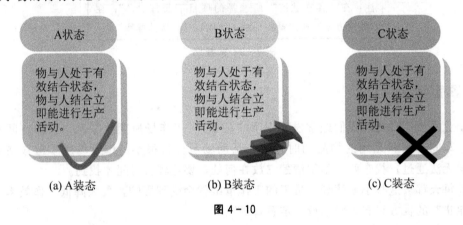

图 4-10

2) 场所与物的关系

在工厂的生产活动中，人与物的结合状态是生产有效程度的决定因素。但人与物的结合都是在一定的场所里进行的。因此，实现人与物的有效结合，必须处理好场所与物的关系，也就是说场所与物的有效结合是人与物有效结合的基础。

场所有三种状态，即，A 状态、B 状态、C 状态。A 状态是良好状态，即场所具有良好的工作环境，作业面积、通风设施、恒温设施、光照、噪音、粉尘等符合人的生理状况与生产需要，整个场所达到安全生产的要求。B 状态是改善状态，即场所需要不断改善工作环境，场所的布局不尽合理或只满足人的生理要求或只满足生产要求，或两者都未能完全满足。C 状态是需要彻底改造状态，即场所既不能满足生产要求、安全要求又不能满足人的生理要求，需要彻底改造。

3) 场所的划分

在生产过程中，根据对象物流运动的规律性，便于人与物的结合和充分利用场所的原则，科学地确定对象物在场所的位置。

（1）固定位置。即场所固定、物品存放位置固定、物品的标识固定。这种"三固定"方法适用于在物流系统中周期性地回归原地，在下一生产活动中重复使用的物品。主要指作为加工手段的物品，如治具、量具、工艺装备、搬运工具、设备附件等物品。这些物品一般可多次用于生产过程，周期往复运动。对这一类物品实施的"三固定"方法，主要是固定存放

位置，使用后要回复到原来的固定存放点，便于下次寻找。这种"固定"，可以使人的行为习惯固定，从而提高人的工作效率。

（2）自由位置。即相对地固定一个存放物品的区域，非绝对的存放位置。具体存放位置是根据当时生产情况及一定规则决定的。与上一种方式相比，物品存放有一定自由度，故称自由位置。这种方法适用物流系统中那些不回归、不重复使用的物品。如原材料、毛坯、零部件、半成品。这些物品的特点是按照工艺流程不停地从上一工序向下一工序流动，一直到最后出厂。所以，对每个物品来说，在某一工序加工后，一般不再回归到原来的场所。

3. 定置管理的常用技巧

1) 通道标识与车辆停放

（1）通道标识见表 4-6。

表 4-6 通道标识

类　　别	通道宽度	通道线			区域形成方式	转弯半径
		颜色	宽度	线型		
主通道	4～6m	黄色	100mm	实线	以主大门中心线为轴线对称分布	4000mm
一般通道	2.8～4m	黄色	100mm	实线	以通道最窄处中垂线为对称分布线	3000mm
人行道	1～2m	黄色	100mm	实线		
道口、危险区	间隔等线宽	黄色	100mm	斑马线		

示范（图 4-11）：

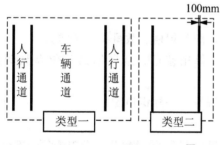

图 4-11

（2）叉车、送件电瓶车等物流车辆，要划定停放区域线（线宽为 50mm 的黄色实线区划），停放地应不妨碍交通和厂容观瞻。

示范（图 4-12）：

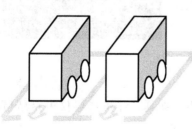

图 4-12

2) 相关区域划分标识(表4-7)

表4-7 相关区域划分标识

类 别	区域线			标识牌	字 体
	颜色	宽度	线型		
待检区	蓝色	50mm	实线	蓝色	白色、黑体
待判区	白色	50mm	实线	白色	黑色、黑体
合格区	绿色	50mm	实线	绿色	白色、黑体
不合格区、返修区	黄色	50mm	实线	黄色	白色、黑体
废品区	红色	50mm	实线	红色	白色、黑体
毛坯区、展示区、培训区	黄色	50mm	实线		
工位器具定置点	黄色	50mm	实线		
物品临时存放区	黄色	50mm	虚线		"临时存放"字样

示范(图4-13):

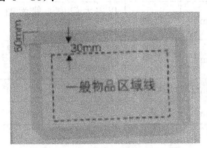
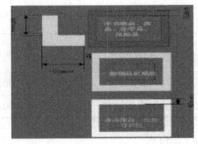

图4-13

3) 工位器具

(1) 工位器具按定置管理图的要求摆放,配备规格、数量符合要求。

(2) 塑料制品工位器具(如托盘)颜色一律用蓝色;金属制品工位器具颜色一律用灰白色。

(3) 工位器具编号:工位器具一律统一编号,并标识清楚。

示范(图4-14):

图4-14

4) 工位上的物品

(1) 工位上的物品(工、刀、量、辅、模、夹具,计量仪器仪表)要定置摆放(如"形迹管理")并尽可能采用标识。

(2) 工具箱内的工、刀、量、辅具等物品定位放置(如形迹管理)，且只能放置与生产有关的物品，箱门内面要有物品清单，清单一律贴在门的左上角。

(3) 工位上的各种图表、操作卡等文件规格统一，必须定置悬挂。

示范(图 4-15)：

图 4-15

5) 零件及在制品

零件及在制品用规定的工位器具存放，并定量、定位整洁摆放不落地，大型零件、总成按规定位置、标高整洁摆放，达到过目知数。

示范(图 4-16)：

图 4-16

6) 库房

必须有定置管理图，有 A、B、C 重点管理清单，器具按零件配置并且定置摆放。零件及物品定箱、定量、定位存放，摆放整洁。

示范(图 4-17)：

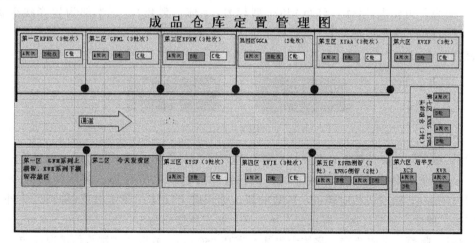

图 4-17

7) 消防器具

现场消防器具按要求定点摆放，定期检查，保持清洁、状态完好(如可采用"防呆措施"等)。

示范(图 4-18)：

图 4-18

8) 垃圾存放与处理

(1) 生产现场划分：工业垃圾与生活垃圾。工业垃圾用黄色料箱摆放，生活垃圾用蓝色或红色料箱(桶)摆放。

(2) 厂区和办公区划分：不可回收和可回收。不可回收用黄色料箱(桶)摆放，可回收用绿色料箱(桶)摆放。

(3) 垃圾要分类、定点存放，定时清运，不得外溢和积压。

示范(图 4-19)：

图 4-19

9) 标识牌

(1) 生产线名称。垂直于主通道吊设灯箱，规格：1200mm×600mm×200mm，版面内容：上半部为公司标志(字体：红色)和车型代号(字体：黑色)；下半部为生产线名称(中、英文)，红底白字(字体：黑体)，双面显示；上、下部比例 2∶3。

示范(图 4-20)：

图 4-20

(2) 区域名称。①待检区：蓝色标示牌；待判区：白色标示牌；合格区：绿色标示牌；不合格区、返修区：黄色标示牌；废品区：红色标示牌。以上所有标示牌规格均为 300mm×210mm×1.5mm，涂漆成相应颜色，落地放置，标识牌上字体一律用白色(待判区除外，用黑色)，字体：黑体。②毛坯区、展示区、培训区：标识牌规格为 800mm×350mm×4mm，材料：铁板或塑料，版面：白底蓝字，字体为黑体，字高 260mm，放置方式视具体情况而定。

示范(图4-21):

图4-21

(3) 工序(工位)标识牌。规格:400mm×180mm,材料:金属或塑料;版面:蓝底白字,悬挂放置。

示范(图4-22):

图4-22

(4) 设备状态标识牌。规格:200mm×150mm,材料:铝塑或泡沫,版面内容:上半部为"设备状态标识"名称(蓝底白字),下半部为圆,直径130mm,内容为正常运行(绿色)、停机保养(蓝色)、故障维修(红色)、停用设备(黄色)、封存设备(橙色),指针为铝质材料。

示范(图4-23):

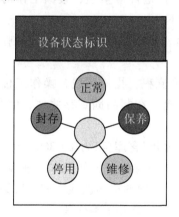 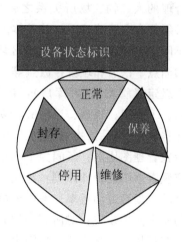

图4-23

(5) 消防器材目视板。规格:300mm×180mm,材料:铝塑或泡沫,版面内容:上半部为公司标志、消防器材目视板、编号字样,下半部为型号、数量、责任人、检查人字样,为140mm×100mm的透明有机板。

(6) 关重工序。规格:400mm×300mm,材料:铝塑或泡沫,版面内容:上部为关重工序名称字样,中部为关重工序编号字样,下部为"关重工序"字样,黄底蓝字,字体:黑体。

10) 警示牌

(1) 小心叉车(在通道拐弯处)、限高、禁止攀越等警示牌。规格:600mm×300mm,材料:金属或塑料,版面:白底蓝字、蓝图案,悬挂放置。

(2) 出口、安全出口标识牌。规格：600mm×300mm，材料：白塑料板，版面：白底绿字、绿图案，悬挂放置。

(3) 广角镜（广视镜）。在通道转弯处，悬吊不锈钢半球，球面半径为 1500mm。

(4) 穿戴劳保用品、防护用具等标志牌。规格：300mm×300mm，铁板，白底蓝图案，悬挂放置。

11）立柱标识

字符标高 4m，四面涂刷，上部字母高：300mm，下面数字高：300mm，蓝色，字体：黑体。

12）办公室及库房标识

规格：300mm×80mm，材料：金属或铝塑，版面：上部为公司标志和部门名称，下部为科室或库房名称，悬挂放置于门的右上侧。

13）工作角

(1) 工作角构成。长方形桌，规格：1200mm×600mm×800mm 或 1800mm×600mm×800mm，圆形凳（两连体或三连体）、工具柜、急救箱、目视板。

(2) 构成物颜色。长方形桌，桌面铺绿色橡胶板或灰白色长条桌；工具柜、急救箱、目视板为灰白色；圆形凳为蓝色。

14）定置管理图

定置管理图是现场定置管理工作的重要组成部分。它是在对现场进行诊断分析的基础上，确定合理的人、物、场所关系之后制订的管理图，是日常整理、整顿工作的依据，车间、班组必须都有定置管理图，其具体内容及要求如下。

(1) 车间定置管理图：包括班组区域位置、通道、物流路线、运输链、在制品周转地、供水点、加油点、铁屑和垃圾存放点等。

(2) 班组定置管理图（含库房）：包括设备、工艺流程、物流路线、操作工位、工位器具、工具箱、工装架、辊道、运输链、废品箱、铁屑箱、在制品固定存放地、信息管理点、工作角、库房零件（物品、物资）摆放定位等。

(3) 定置管理图比例：车间为 1∶500～1∶100；班组（含库房）为 1∶300～1∶100。

(4) 定置管理图的设计原则：应用工作研究技术，使操作者方便操作，减轻劳动强度，消除无效劳动，提高劳动效率；考虑最短的运输距离、明确的搬运路线、减少装卸次数；有切实可靠的安全防护装置；对所有的物品进行 A、B、C 分类并正确处理。

(5) 生产现场内，凡定置管理图中未注名的设施和物品应予以清除；做到图物相符。

三、目视化管理

人类天赋的感知器官有视觉、听觉、触觉、嗅觉、味觉等五感，均属灵巧无比。人类靠五官吸收知识或促进记忆。尤其视觉更是妙用无穷，据有关专家研究，人类通过视觉获得信息的比例约为 80%。因此，在管理中，充分利用视觉信息是提高管理水平的有效方法。

1. 什么是目视管理

目视管理是利用形象直观而又色彩适宜的各种视觉感知信息来组织现场生产活动，达到提高劳动生产率的一种管理手段，也是一种利用视觉来进行管理的科学方法。

2. 目视管理的目的

以视觉信号为基本手段，以公开化为基本原则，尽可能地将管理者的要求和意图让大家都看得见，借以推动看得见的管理、自主管理、自我控制。

3. 目视管理的类别

（1）红牌：红牌适宜于5S中的整理，是改善的基础起点，用来区分日常生产活动中非必需品，挂红牌的活动又称为红牌作战。

（2）看板：用在5S的看板作战中，使用物品放置场所等基本状况的表示板。具体位置在哪里，做什么，数量多少，谁负责，甚至说，谁来管理等重要的项目，让人一看就明白。因为5S的推动，它强调的是透明化、公开化，因为目视管理有一个先决的条件，就是消除黑箱作业。

（3）信号灯：在生产现场，第一线的管理人员必须随时知道，作业员或机器是否在正常地开动，是否在正常作业。信号灯是工序内发生异常时，用于通知管理人员的工具。

（4）操作流程图：它本身是描述工序重点和作业顺序的简明指示书，也称为步骤图，用于指导生产作业。在一般的车间内，特别是工序比较复杂的车间，在看板管理上一定要有操作流程图。原材料进来后，第一个工序可能是签收，第二个工序可能是点料，第三个工序可能是转换，或者转制，这就叫操作流程图。

（5）反面教材：一般是结合现物和柏拉图的表示，让现场的作业人员明白其不良的现象及后果。一般是放在人多的显著位置，让人一看就明白，什么是不能够正常使用，或不能违规操作的。

（6）提醒板：用于防止遗漏。健忘是人的本性，不可能杜绝，只有通过一些自主管理的方法来最大限度地减少遗漏或遗忘。比如有的车间的进出口处，有一块板子，写明今天有多少产品要在何时送到何处，或者什么产品一定要在何时生产完毕，或者有领导来视察，下午两点钟有一个什么检查，或是某某领导来视察。这块板子就称为提醒板。一般来说，用纵轴表示时间，横轴表示日期，纵轴的时间间隔通常为一个小时，一天用8个小时来区分，每一小时，就是每一个时间段让作业者自己记录正常、不良或者是次品的情况。提醒板一个月统计一次，在每个月的例会中总结，与上个月进行比较，看是否有进步，并确定下个月的目录，这是提醒板的另一个作用。

（7）区域线：区域线就是用线条画出半成品放置的场所或通道等区域，主要用于整理与整顿异常原因、停线故障等。

（8）警示线：就是在仓库或其他物品放置处用来表示最大或最小库存量的涂在地面上的彩色漆线，用于看板作战中。

（9）告示板：是一种及时管理的道具，也就是公告。告示板书写的内容等如"今天下午两点钟开会"等。

（10）生产管理板：是揭示生产线的生产状况、进度的表示板，记入生产实绩、设备开动率、异常原因（停线、故障）等，用于看板管理。

4. 现场目视管理应用技巧

1) 工厂颜色、线条目视化(表4-8)

表4-8 颜色、线条目视化

通用项目	线宽规格	基准颜色	操作方法
车间、仓库主通道	10cm		采用刷油漆和贴胶带方式相结合的方式
一般通道、区域线	5cm		
开门线(各车间)	5cm		车间地面采用刷油漆方式
办公室物品定置线	3cm		刷油漆法：沿直线两边贴透明胶带，间距根据标准线要求，在胶带间刷上油漆，漆干后去除胶带
人行道	10cm		
桌面物品定置线	1cm		
不合格品区、废品区、危险化学品区	5cm		办公地面及桌面采用贴胶带方式 贴胶带法：沿直线贴胶带，胶带宽参照标准线宽要求
垃圾桶、清洁工具区	5cm		
配电柜区、消防区			采用刷油漆和贴胶带方式相结合的方式
危险区域	线宽10cm/45°		刷油漆法：先刷黄色底漆，间隔5cm贴胶带，刷上黑油漆
线槽			贴胶带法：沿直线贴胶带，胶带宽参照标准线宽要求

2) 普通地面通道线、区域线、定位角目视化

(1) 普通地面通道使用黄色油漆划线，线宽10cm。

示范(图4-24)：

图4-24

(2) 一般物品区域使用黄色区域线，线宽5cm。

示范(图4-25)：

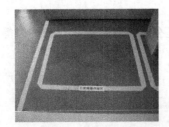

图4-25

(3) 生产的废品、化学品、危险品的摆放使用红色区域线，线宽5cm。
示范(图4-26)：

 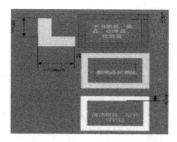

图4-26

(4) 清洁用品存放区域线使用白色线，线宽5cm。
示范(图4-27)：

图4-27

3) 设备管理的目视化

(1) 螺栓、螺母松紧状态标示方法：风机、马达、泵等旋转振动体的螺栓(地脚螺钉)、螺栓的旋转部位进行目视化标识能够了解螺栓、螺母的松紧状态，预防设备事故发生。

标示(划线)顺序：清除螺栓、螺母及周围的灰尘油污；锁紧螺栓、螺母至紧固状态；划线；当线被破坏或颜色看不清再按前三步顺序进行划线涂色。划线方法：使用红色油漆来标示；标示线的宽度为2~3mm，具体宽度根据螺栓、螺母大小而定。

示范(图4-28)：

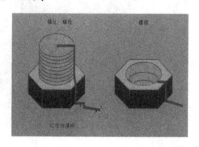 

图4-28

(2) 管道颜色标示方法：公司所有管道，包括气体和液体管道进行可视化，可以预知管道内流体的名称、流动方向、压力预知管道危险性，预防事故的发生，提高管道维护的效率。

可将全部管道涂刷成一种颜色，如氧气管道全体涂刷成天蓝色，也可以近阀门处油漆成粘贴3条包带，规格：宽度30mm，间隔30mm。流向标制作不干胶标签，标签上箭头颜色为流体的标准色样，例如，自来水的管道标签标明流体的名称、流向、来去地点、压力。管理标签依据管道大小来选择使用。

示范(图4-29)：

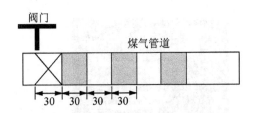
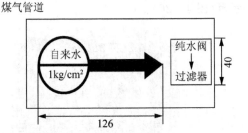

图4-29

(3) 旋转体旋转方向标示方法：在V型皮带、链条、联接器等旋转装置的罩子上标示旋转方向、部件名、数量、提高驱动装置维修时的维修效率。用不干胶标签上端标明V型皮带，链条，联接器等的规格；标签下端标明皮带或链条的根数。

示范(图4-30)：

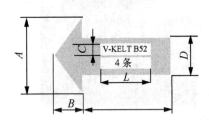

图4-30

(4) 流量表界限标示方法：明确空气流量表、气体流量表、水流量表、储油罐、标示管理界限，易于判断计量器的状态正常与否。在储油罐及各种流量表上做界限标示，胶贴标示颜色区分如下：正常范围：绿色；上限(最大值)：红色；下限(最小值)：黄色。把流量及其最大值、最小值、正常值制作成清单进行管理。

示范(图4-31)：

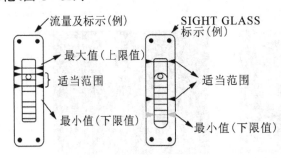

图4-31

(5) 检查部位标示方法：明确标示需要检查的轴承、滚轴、链条、齿轮器、传动部位、其他需要定期性检查的部位(劣化发生部位)，确保检查准确无遗漏。

制作检查部位标签，可采用日、周、月3种，规格：40mm×40mm，不干胶单面印刷。标签记录内容及方法：a栏标记检查顺序的代号；b栏标记每日检查时的检查时间、每周检查时的检查星期、每月检查时的检查日；c栏标记检查部位。底色区分：每日检查为红色；每周检查为黄色；每月检查为绿色。

示范(图4-32):

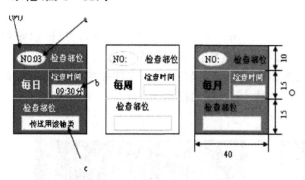
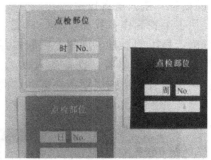

图4-32

(6) 注油点标示方法:给设备轴间、滚轴、链条、润滑装置等运动部位的注油口定期加注适当的油,减少磨损,防止设备强制劣化出现故障,达到延长设备寿命的目的。

注油部位标签,可采用日、周、月3种,不干胶单面印刷。标示内容:油品名称、注油周期、责任人。标签记录内容及方法:每日标记给油时间(如09:30);每周标记给油星期(如星期二);每月标记给油日期(如每月5日)。底色区分:每日为红色;每周为黄色;每月为绿色。

示范(图4-33):

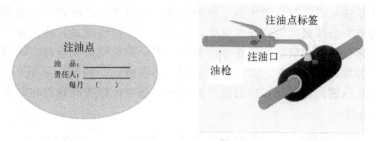

图4-33

(7) 设备修理中标示方法:所有设备的控制面板、其他需要注意安全的地方,明确设备状态(运行/修理),预防安全事故。

制作"修理中或检查中"现况板,标示板材质:有机玻璃(2t),红色单面印刷。规格:80mm×160mm,在停止设备修理及检查时必须设置。修理及检查时记录预计的所需时间、修理检查人的名字。标示板附着在最显眼的控制面板上面,标示板除了记入姓名的人员之外,其他人绝对不可以移除。

示范(图4-34):

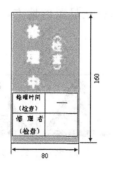

图4-34

（8）"我的设备"标示方法：通过贴标示把每台设备的日常维护落实到每个员工，增强"我的设备"主人翁责任感。

用不干胶制作"我的设备"标签，规格：210mm×145mm，单面印刷。把标示附着在设备附近显眼的地方。标签上记载内容：记录设备名称；选定设备主人，并把自然、整洁的相片以名片大小附着；设备主人以1人为原则，但2名以上时，按各部位分别选定设备主人；确定设备的清扫周期，并记录，例如：1次/周，每周星期三，记录每周的实施日期。

示范（图4-35）：

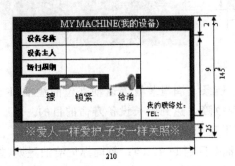 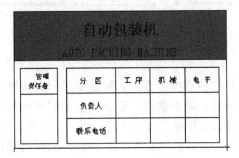

图4-35

4）安全管理的目视化

（1）保护指令性标识：有化学用品、有毒物品、放射源、危险作业等危险场所，在必须穿戴保护用品的地方悬挂相应的指令性标牌，提示使用保护性用具，防止发生意外。

制作长方形标识牌，明确保护性指令内容及图案，如必须戴安全帽、必须穿防护鞋、必须戴防尘口罩、必须戴防毒面具、必须戴防护帽、必须戴防护眼镜、必须系安全带。在必须穿着或设置保护用品的地方悬挂相应的指令性标牌，指令性标牌应悬挂在显眼的地方。

示范（图4-36）：

图4-36

（2）警示性标识：存在危险隐患，需要绝对禁止某种行为的地方，为确保安全，需要悬挂警示性标识牌，杜绝不安全行为的发生。

制作长方形标识牌，明确警示性指令内容及图案，如注意安全、当心坠落、当心高温表面、当心超压、当心触电、当心铁屑伤人、当心吊物、当心机械伤人、当心坑洞、当心落水、当心落物、当心碰头、当心烫伤。指令性标牌应悬挂在显眼的地方，根据具体需求选用警示事项。

示范（图4-37）：

图4-37

图 4-37(续)

(3) 禁止性标识：存在危险隐患、需要绝对禁止某种行为的地方，为确保安全，需要悬挂禁止性标识牌，杜绝不安全行为的发生。

制作长方形标识牌，明确禁止性指令内容及图案，可包括：严禁烟火、限速行驶、修理时禁止转动、未经许可闲人莫入、禁止摄影、禁止酒后上岗、禁止戴手套等。指令性标牌应悬挂在显眼的地方。

示范(图 4-38)：

图 4-38

5) 工具箱的目视化

工作现场所有工具箱通过贴标识，使工具箱责任人、内部物品及管理办法目视化，便于工具箱的日常管理。

工具箱通过确定责任人，标明管理办法，工具箱内部分层、分格，明确所放物品。标签参考规格：120mm×90mm，制作标识并塑封。将制作完毕的标识用双面胶或海绵胶附着在工具箱的左上角或右上角中间部位(10mm×10mm)，距角边定位张贴。

示范(图 4-39)：

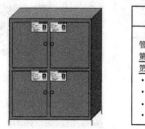

图 4-39

6) 运料车辆的目视化

让所有人员熟悉车辆的区域线体颜色、规格。车辆停放四周边框按一般区域线的画制原则来画，小车出入端需画箭头表示方向，箭头规格：150mm×100mm。区域线四角可以为直角过渡。

示范（图4-40）：

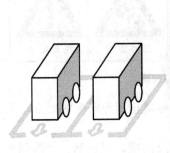

图4-40

7) 工具管理的目视化

通过影绘法/痕迹法，将物品的形状画在要放的地方，确定必需的数量，使用时易取、易放、易管理。

示范（图4-41）：

图4-41

8) 办公区域目视化

（1）办公桌上面目视化（全部使用黄色胶带）：采用黄色不干胶，定置位置：底座前面直角处。定置线规格：方形底座为5cm×1cm不干胶（定置2角），圆底座为3cm×1cm不干胶（定置8条），线间距要一致，可根据底盘大小自行控制。

示范（图4-42）：

图4-42

（2）办公桌下面目视化：采用红色不干胶，桌子下面左侧。

示范(图 4 - 43):

图 4 - 43

(3) 抽屉目视化:常用的办公用品:笔、订书机、涂改液、即时帖、便条纸、橡皮、计算器、剪刀等采用形迹管理分类定置。

示范(图 4 - 44):

图 4 - 44

(4) 文件管理目视化:将档案、文件夹排列顺序、编号,以有颜色的标签整理,在资料夹上使用便利的斜线,便于查找和归位。

示范(图 4 - 45):

图 4 - 45

9) 目标管理目视化

现场目标管理是激发员工工作热情的一种重要手段。通过制作管理看板,内容包括:P、Q、C、D、S、M 等管理指标及完成情况。车间计划实施情况要每月更新,设置在部门重要通道旁,悬挂在离地面 600mm 处的墙面。

第四单元 生产现场 5S 的检查与评比

一、5S 检查表的编制

5S 检查是推行 5S 活动中的一个重要环节,其中 5S 检查表是该环节中的主要工具。通常根据检查对象、重点不同,5S 检查表可分成活动检查表和效果检查表。

1. 活动检查表（表4-9、表4-10）

表4-9 整理活动检查表

项次	查检得状况	分值	查检状况	打　分
1	通道状况	0	有很多东西，或脏乱	
		1	虽能通行，但要避开，台车不能通行	
		2	摆放的物品超出信道	
		3	超出信道，但有警示牌	
		4	很畅通，又整洁	
2	工作场所的设备、材料	0	一个月以上未用的物品杂乱放置	
		1	角落放置不必要的东西	
		2	放半个月以后要用的东西，且紊乱	
		3	一周内要用，且整理好	
		4	3日内使用，且整理很好	
3	办公桌（作业台）上、下及抽屉	0	不使用的物品杂乱	
		1	半个月才用一次的也有	
		2	一周内要用，但过量	
		3	当日使用，但杂乱	
		4	桌面及抽屉内均最低限度，且整齐	
4	料架状况	0	杂乱存放不使用的物品	
		1	料架破旧，缺乏整理	
		2	摆放不使用但整齐	
		3	料架上的物品整齐摆放	
		4	摆放为近日用，很整齐	
5	仓库	0	塞满东西，人不易行走	
		1	东西杂乱摆放	
		2	有定位规定，没被严格遵守	
		3	有定位也在管理状态，但进出不方便	
		4	任何人均易了解，退还也简单	
	小　计			

表4－10　整顿活动检查表

项次	查检项目	分值	查检状况	打　分
1	设备、机器、仪器	0	破损不堪，不能使用，杂乱放置	
		1	不能使用的集中在一起	
		2	能使用但脏乱	
		3	能使用，有保养，但不整齐	
		4	摆放整齐、干净，最佳状态	
2	工具	0	不能用的工具杂放	
		1	勉强可有的工具多	
		2	均为可用工具，缺乏保养	
		3	工具有保养，有定位放置	
		4	工具采用目视管理	
3	零件	0	不良品与良品杂放在一起	
		1	不良品虽没实时处理，但有区分及标示	
		2	只有良品，但保管方法不好	
		3	保管有定位标示	
		4	保管有定位，有图标，任何人均很清楚	
4	图纸、作业标示书	0	过期的与使用中的混在一块	
		1	不是最新的，但随意摆放	
		2	是最新的，但随意摆放	
		3	有卷宗夹保管，但无次序	
		4	有目录，有次序，且整齐，任何人很快能使用	
5	文件档案	0	零乱放置，使用时没法找	
		1	虽显零乱，但可以找得到	
		2	共同文件被定位，集中保管	
		3	以事务机器处理而容易检索	
		4	明确定位，使用目视管理任何人能随时使用	
	小计			

2. 效果检查表（表 4-11、表 4-12）

表 4-11　钳工工作区域 5S 检查表

责任区域/责任人：			检查日期：		年　月　日
序号	检查对象	检查内容	配分	得分	缺点事项
1	窗户	窗户玻璃应保持外表清洁明亮，无灰尘、杂物、污垢。每周擦洗一遍，窗户结构应保持完好，锁功能正常	10		
2	墙面	墙面应保持外表清洁，无灰尘、杂物、污垢，每周用抹布或拖把擦洗一遍。布线平直、悬挂（张贴）物品整齐有序，定置定位，标识清楚。墙面油漆操持亮丽完整，破损时应在当天及时修补	10		
3	地面	地面应保持清洁，无灰尘、杂物、污垢，废旧手套、破抹皮、带吊、模具零件等，每天用拖把擦洗一遍	10		
		地面放置物品如模具架、钳工桌、凳、工具柜、物料架、等定置定位，整齐有序，标识清楚	10		
		区域线清晰明亮，通道畅通，地面油漆操持亮丽完整，破损时应在当天及时修补	10		
4	桌面	桌面除放置文件夹外不得放置任何物品，桌面操持清洁，无灰尘、污垢。文件夹标识清晰，定置线整齐有序，图纸、工艺单、清单分类存放	10		
5	工具箱	手枪电钻、打磨机、锉刀等钳工工具、定置定位、分类分层存放，标识清楚，报废的工具、过期的文件、废旧物品及时清理	10		
6	物料柜	柜台面不得放置任何物品，模具零件、标准件，如镶件、滑块、顶杆、水咀、油咀、螺丝螺帽、电极等物料应分类按模号分层分柜存放，并标识清楚，报废零件物料及时清除	10		
7	工作看板	模具钳工工作进度管理看板中的每副模具的进度和每日安排工作内容及时更新，人员去向标识清楚	10		
8	人员士气	人员工作安排合理，员工穿戴整齐，工作专心致志，作业活动安全可靠，不做与工作无关的事情	10		
合计			100		

表 4-12　办公室 5S 检查表

被检查区域：_____　检查人：_____　检查时间：_____

序号	检查项目	5S 标准	分值	得分	备注
1	办公桌	台面应清洁无污渍，桌面保留必需品，如计算机显示器、电话、文件架、计算器等，必需品摆放定置定位，电话线不得凌乱	10		
2	台下	台下计算机主机、垃圾筐等物品定置定位，垃圾筐内垃圾超过 1/2 时，应及时清理	10		
3	地面	地面保持干净，无垃圾、无污迹及纸屑等	10		
4	办公椅	办公椅应保持干净、无污迹、灰尘，人离开办公桌后，办公椅应推至桌下，且应紧挨办公桌平行放置，椅背上不允许摆放衣服和其他物品	5		
5	文件柜	文件柜应保持柜面干净、无灰尘，柜外应有标识，且标识应一律贴在右上角	5		
5	文件柜	柜内文件(或物品)摆放整齐，并分类摆放，柜内不得摆放非必需品	5		
5	文件柜	文件夹上要标识，同一部门的文件夹外侧的标识应统一。文件夹内必须有文件目录，文件(夹)实施定位化	5		
6	人员	人员穿戴整洁、佩戴员工证，工作服扣子(拉链)必须全部扣上(拉上)，掉了必须补上并保持干净，工作态度要文明、热情、大方，不得在厂内吵架、斗殴	10		
7	门、窗、通道	所有通道是否畅通，无障碍物，保持门、窗干净、无灰尘、无蛛网，人走后(或无人时)应关闭门、窗，门、窗有责任人，并标识，公共责任区无任何垃圾	10		
8	计算机、复印机	应保持干净，无灰尘、无污迹，计算机线应束起来，不得凌乱	5		
9	其他电器	无人时须关闭电源，饮水机保持干净，坏了及时维修(或申报维修)	10		
10	其他	办公室目视板必须定期进行整理，内容必须及时更新，并保持干净	5		
10	其他	墙面无蜘蛛网、无乱张贴，开关、插座干净整洁	5		
	合计		100		

二、5S 的检查评比

为了确保 5S 活动的顺利推行，不断巩固 5S 活动各阶段的成果，形成持续改进的工作氛围，在实施 5S 检查的基础上，进行评比并实施奖罚制度是一种常见的有效方法。通常通过制订并实施 5S 评比奖惩标准来进行。

示范案例：

5S 评比标准奖惩办法

1. 检查方法

（1）检查活动频次：每周五下午 3:00—5:30 进行 5S 活动检查。每月不定期检查 2 次，5S 管理检查组组长确定具体时间。

（2）检查人员的确定：5S 管理检查组组长确定检查评审人员及人数，一般不应少于 3 人。检查员不得检查自己的责任区域。

（3）检查方法

① 检查时小组成员按《5S 检查标准》中的样本选取规定随机抽样。

② 各成员对抽取样本现状进行记录后，现场打分并填写在《现场点检记分表》中。

（4）检查要求

① 检查期间，小组成员要公正客观地对受检部门进行评价，严格执行评分标准，同时要有良好的服务意识，做好交流和辅导工作。

② 每次检查完毕，各成员要立即将检查记录交组长统一组织汇总处理，于次月第一个工作日公布评比结果。

2. 评分方法

（1）同一点检项目的最后得分为各成员对该点检项目给分的平均值。

（2）各部门最后得分为各部门所有被点检项目平均值之和。

例如：检查组此次检查由 3 名小组成员组成，每一位小组成员各执一份《现场点检记分表》，将所查部门情况按《现场 5S 点检标准》以分值方式填写。检查完毕后将 3 份记分表汇总，填写受检部门《评比汇总表》，每项目分值相加再除以 3 计算出受检部门平均分，再将每个项目平均分相加得到最后得分。当月累计受检平均分相加，再除以受检次数，得到当月汇总得分。

3. 检查区域划分

（1）员工工位包括桌面、屏风、椅子、移动柜、主机托、桌面物品由员工个人负责。

（2）部门内公共办公设备、生活用品由本部门负责。

（3）公共办公区办公设备、生活用品由综合管理部负责。

（4）公共办公环境（如会议室、前台大厅）由综合管理部负责。

4. 奖惩方式

（1）公司根据 5S 检查结果，每周做一次汇总，每月组织一次评比。公司对每月平均得分超过评奖分以上、排行前二名的部门悬挂流动红旗并给予一定的经济奖励。奖励标准见表 4-13。

表 4-13 奖励标准

排行第一名部门	奖励 300 元	排行第二名部门	奖励 200 元
部门经理	奖励 150 元	部门经理	奖励 100 元
相关责任人	奖励 100 元	相关责任人	奖励 50 元

（2）公司根据5S检查结果，每周做一次汇总，每月组织一次评比。公司对每月平均得分在达标分以下、倒数二名的部门悬挂流动黄旗并给予一定的经济处罚。处罚标准见表4-14。

表 4-14 处罚标准

倒数第一名部门	罚款 300 元	倒数第二名	罚款 200 元
部门经理	罚款 150 元	部门经理	罚款 100 元
相关责任人	罚款 100 元	相关责任人	罚款 50 元

注：① 当月如没有受检部门分值低于达标分，将不采取经济处罚。
　　② 当月如只有一个部门未达标，将按倒数第一名标准进行经济处罚。

5．奖惩金额处理方式

（1）根据每月5S评比结果，由5S管理检查组负责对结果进行公告，并申请办理奖励或处罚手续，填写《5S奖惩管理单》，见表4-15。

（2）下达到责任人签字确认。

（3）上报总经理审批签字。

（4）财务部根据《5S奖惩管理单》对相关人员的处理体现在当月工资中。

表 4-15 5S奖惩管理单

下达时间：　　年　月　日　时

处罚/奖励部门：		处罚/奖励依据：	
处罚/奖励原因：			
处罚/奖励金额：		处罚/奖励期限：	
相关部门意见：			
批准：	审核：		编制：

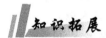

清 洁 生 产

一、清洁生产概述

清洁生产（Cleaner Production）产生于20世纪70年代，在工业领域得到广泛应用。清洁生产的目标是节省能源，降低原材料消耗、减少污染物的产生量和排放量。清洁生产的基本手段是改进工艺技术，强化企业管理，最大限度地提高能源的利用水平。清洁生产的主要方法是排污审计和项目改造，即通过审计发现排污部位、排污原因，并筛选消除或减少污染物。清洁生产的内容主要包括清洁的能源、清洁的生产过程和清洁的环境三大方面。清洁生产的终极目的是保护人类与环境，提高企业的经济效益，即用清洁的能源、原材料、清洁工艺及无污染、少污染的生产方式，实施严格的管理措施，生产清洁的产品。

二、清洁生产管理模式及其内容

清洁生产管理模式不但是一种效益型的生产模式，而且也是一种环保型的生产模式。清洁生产管理模式的实施，无疑会改变出现污染后再治理的传统的环境污染治理方式，促使所有的生产经营单位将污染控制纳入整个生产经营过程，实现环境污染的全程治理。这样，必然会大大降低环境污染，环境质量也可由此而得到极大的改善。

清洁生产的管理模式内容除包含传统生产管理模式内容外(产品选择、工厂设施、技术水平、协作化水平、生产计划、质量管理、生产计划与物料控制和生产组织)，还包括以下内容。

(1) 源头削减控制。尽量少用、不用有毒有害的原料；节约原料，少用昂贵和稀有的原料；利用一次资源作原料；物料的替代；物料的再循环等。

(2) 清洁能源控制。新能源的利用；常规能源的清洁利用；可再生能源的利用；节能技术。

(3) 清洁生产全过程控制。减少生产过程中的各种危险因素；使用少废、无废的工艺和高效的设备；减少无害、无毒的中间产品；使用简便、可靠的操作和控制；建立良好的卫生规范(GMP)、卫生标准操作程序(SSOP)和危害分析与关键控制点(HACCP)等。

(4) 清洁产品控制。产品在使用过程中以及使用后不会危害人体健康和生态环境；易于回收、复用和再生；合理包装；合理的使用功能和使用寿命；易处置、易降解等。

(5) 末端治理。对废弃物进行处理和回收，提高资源的重复利用率。

(6) 循环与再利用。上一家工厂的废物作为下一家工厂的原料使用等。

三、清洁生产的方法

1. 采用环保材料

产品是否采用环保性的材料对产品从设计、采购、生产、销售、使用、维护到废弃的整个生命周期都将会产生影响。因此，从设计阶段就采用环保材料是清洁生产的关键。

(1) 符合RoHS指令的清洁生产。欧洲议会及理事会于2003年1月提出RoHS指令，RoHS指令是《电气、电子设备中限制使用某些有害物质的指令》(the Restriction of the Use of Certain Hazardous Substances in Electrical and Electronic Equipment)的英文缩写，欧盟成员国于2006年7月1日起强制实施，禁止含有铅(Pb)、镉(Cd)、汞(Hg)、六价铬(Cr^{6+})、多溴联苯(PBBs)、多溴联苯醚(PBDEs)作阻燃剂的电子、电气产品进入欧盟市场，因此必须生产符合RoHS指令等强制性标准的产品。

(2) 符合环保要求的清洁生产。从企业所承担的社会责任出发，除了符合RoHs指令等强制性标准，同时还要考虑生产过程中以及产品使用和维护过程中的环保性，逐步淘汰对环境有毒有害的传统材料，改用对环境无害的环保材料。

2. 减少环境危害

除尽可能采用环保材料外,还要通过改善工艺、循环再利用等方式,控制有毒有害工序对生产环境或自然环境的污染程度,减小生产过程中产生的废弃物排放,如油污、化学品、金属杂质等废弃物,这样不但能降低对环境的危害,保护员工的职业健康,而且能节约材料,提高经济效益。

四、节约能源的方法

1. 节水方法

水是工业生产必不可少的能源,常常用于生产过程中的加热、冷却和清洗等,或作为原材料(如饮料)用于产品生产。节约水资源是节能的重点之一。

(1) 提高工艺用水利用率。对于工艺用水,主要从工艺改进的角度来减少水的消耗量,具体方法有以下几种。

① 循环再利用。对生产过程中产生的水,通过净化处理使其达到再利用标准,可用于对水质要求不高的场合。

② 提高管理水平,减少水消耗。如槽式三段清洗线达到一定脏污度时,要将整槽水更换,一般是根据经验按班次进行换水。如果改为按照实际清洗的数量进行换水,则可减少生产量少时换水带来的用水浪费。

(2) 降低额外消耗。对于原料用水,主要是加强生产过程控制,降低额外消耗,降低单位产品的水资源浪费。

(3) 节约一般用水。对于一般用水,如地面清洁、洗手间、员工用水等,主要通过技术措施减少水的浪费。如将螺旋式水龙头改为弹簧式、电磁感应式水龙头。

在节水过程中,除通过技术性措施进行节水改善外,还要重视以下3点。

① 通过专题教育和现场目视管理(如"节约用水"标识),提高员工节能意识。

② 加强现场巡查,消除跑、冒、滴、漏,杜绝"长流水"。

③ 鼓励全员提出节水改善提案,积极参与节能降耗活动。

2. 节电方法

电力是工业生产的另一大必要能源,为生产提供动力、工艺加工条件(如电镀)、转换能源(如电加热)等。节省电力是节能方法的第二个重点。

(1) 节约动力用电。

① 在满足生产条件的基础上,选用最适合的动力设备,最大限度地减少动力电耗。

② 通过自动化控制系统,提高动力系统(如低压空气供应系统)按需生产的能力。

③ 优化工艺条件,在满足质量要求的情况下,最大限度地减少工艺用电。

(2) 实施节电改造。大力采用节能技术和节能产品,通过工艺革新和技术改造降低单台产品的电力消耗,如利用节能灯取代白炽灯等。

3. 节气方法

在工业生产中，经常要用到压力空气（低压和高压）、氮气、氧气、氢气、惰性气体（如氦气、氖气）以及天然气、液化石油气等气体，作为动力、工艺、热源。节省气体是节能方法的第三个重点内容。

（1）减少气体浪费。气体使用时通过自动控制等技术，消除泄漏、无效使用等情形，最大限度地提高气体利用率，减少气体浪费。

（2）气体回用。对于稀有气体，还可通过回收再利用减少其消耗，降低成本。如氦检漏设备使用的氦气非常昂贵，通过增设氦气回收装置可使氦气循环利用。

节省能源是清洁生产的重要组成部分。清洁生产是一个系统工程。一方面，它提倡通过工艺改造、设备更新、废弃物回收利用等途径，实现"节能、降耗、减污、增效"，从而降低生产成本，提高企业的综合效益；另一方面，它强调提高企业的管理水平，提高包括管理人员、工程技术人员、操作人员在内所有员工在经济观念、环境意识、参与管理意识、技术水平、职业道德等方面的素质。

4. 节省材料的方法

通过改进设计、采用先进的工艺技术与设备、改善管理、综合利用等措施，减少材料消耗，提高资源利用效率，是清洁生产的重要内容。

（1）运用价值工程技术节省材料。价值工程是以最低寿命周期成本，切实实现所需功能，而倾注于产品和服务功能研究的有组织的努力。其基本原理是：价值（V）＝功能（F）/成本（C）。

价值工程以正常发挥的功能为基础，实现更优秀的、有价值的产品或服务的解决方法，集中企业内外专业部门的知识、技术和智慧，切实实施计划，有组织、有步骤地开展提高功能、降低成本、最终提高价值的活动。

（2）短小轻薄化。短小轻薄化是价值工程在节省产品直接材料方面的重要方法，经过系统分析和技术论证，在确保实现相同功能、保证产品质量和寿命的条件下，使材料更短、更小、更轻、更薄，从而减少产品材料消耗。

（3）改善工艺，提高材料利用率。通过优化工艺和材料规格，减少生产过程中产生的边角废料，使材料最大限度地用于产品，从而提高材料利用率。

（4）材料回用。将生产过程中因质量不良等原因造成的报废材料回收，经过一定的技术处理和质量确认之后，全部或局部再利用，用于能够满足质量要求的场所。通过材料回收再利用，全部消除或局部减少不必要的浪费。在实施材料回收再利用时，除进行严谨细致的技术和质量确认外，务必建立严密的业务流程，并做好严格的追溯性管理。

（5）改造工装夹具，提高其使用寿命。工装夹具的使用寿命直接影响产品制造成本。通过材质变更、结构变更和技术改造，提高工装夹具的寿命，可以有效地降低制造成本。

思考练习

（1）请简述生产现场 5S 管理的效用。

（2）请简要说出现场 5S 推行的步骤。

(3) 请结合公司车间实际情况制订一份 5S 推行方案。
(4) 请结合车间 5S 推行实际情况制订一份车间现场 5S 检查表。
(5) 请结合车间实际情况制订车间定置管理图。
(6) 请结合车间实际情况提出车间常用设备、工具、安全的目视化改善提案。
(7) 请简述清洁生产的主要内容。
(8) 清洁生产有哪些方法？
(9) 清洁生产的节约材料的方法有哪些？

第五章 现场工艺技术管理

学习目标

完成本章学习，你应该能够：
- 知道生产过程现场工艺管理内容、作用
- 掌握工艺验证的内容和步骤，能设计和使用工艺验证表
- 掌握生产准备验证的内容和作用，会设计记录表，初步学会生产准备验证操作
- 掌握现场工艺纪律检查的内容和要求，会设计工艺纪律检查表，确定检查内容，初步学会现场工艺纪律检查步骤、方法
- 熟悉QC小组活动的内容、方法
- 初步学会分析现场工艺问题的方法，以及初步具有组织工艺技术管理的能力

案例导入

现场工艺技术管理是制造业现场管理的重要内容，也是企业技术管理的基础。产品的生产是按照生产计划的要求组织的，但具体如何生产，则要根据零件生产工艺流程和具体的操作要求进行，否则，生产过程就会无序，产品质量难以保证。通常生产现场必须按照"三按"（按图纸、按标准、按工艺）要求进行生产。

某真空设备制造公司是一家专业生产真空设备的工厂，建厂时间10年，在同行业中，该工厂的生产设备虽然不是最先进，销售力量也不是很强，但其产品质量却是口碑极好，短短几年时间过去，其产品的竞争力在行业内首屈一指，虽然产品价格比市场价高出一截，也不管市场风云如何，工厂的产值却每年稳定增长50%以上，产品供不应求。人们对该公司的快速稳定的发展感到好奇，到底是什么原因打败众多的竞争者？经过深入调查发现，原来公司的市场竞争策略是"质量差异化，成本最低化，利润最大化"，而实现该竞争策略的手段是生产现场工艺管理的精细化，包括工艺手段精细化，工艺装备最优化，员工培训常态化，工艺管理严格化等。这种管理理念的形成，其实与公司主要领导原来长期从事生产工艺技术工作有关，他们深谙生产现场工艺管理的重要性，从建厂一开始就注重产品质量，重视现场工艺技术和工艺管理，严格工艺纪律，并在全厂逐渐形成了严守工艺纪律的企业文化，形成了以质量吸引顾客，以顾客需求推动企业发展的模式。

现场工艺技术管理 第五章

工作情境描述

某公司是一家机械制造企业,金工车间是公司的主要生产车间,车间技术组负责全车间的现场加工技术服务和技术管理,主要工作包括生产技术准备、生产准备验证、现场工艺验证、加工指导、工艺纪律监督检查、工艺技术攻关等。

(1) 车间接到加工切割机主轴部件相关零件(如轴承座、主轴等)的加工任务,根据公司技术部发放的零件图纸、产品质量规格书和机械加工工艺,以及工模车间提供的新制作的零件工装,车间技术组负责组织各工序操作人员,会同技术部工程师,对该部件相关零件进行现场工艺验证,检验工艺、工装的可行性(即能否保证加工质量,操作是否方便可行,能否投入批量生产)作出评价,记录验证结果,并对存在的问题提出改进建议,并实施改进,直至符合要求为止。

(2) 每次批量投产时,对关键工序(如轴承座内外圆的磨削工序),车间技术组应会同操作工人、车间检验人员对工序生产准备情况进行验证,检查确认"人、机、料、法、环、测"(5M1E)等工序因素是否处于正常状态,对首件产品进行质量确认,并记录确认结果。

(3) 公司规定,车间技术组每周至少一次对车间各工序进行一次工艺纪律检查,记录检查结果,对发现的问题提出纠正要求,并跟踪其改正结果。

(4) 根据轴承座检验结果,发现安装孔钻偏等严重的质量问题,车间技术组牵头组织QC小组,制定改进计划,提出书面改进意见,记录改进结果。

工作任务

(1) 设计工艺验证记录,确定轴承座工艺验证的具体内容。
(2) 设计生产准备验证记录表,确定验证内容,并进行模拟验证分析。
(3) 设计工艺纪律检查记录表,设计工艺纪律检查内容,并模拟填写检查记录,提出改进要求。
(4) 设计并制订轴承座孔钻偏问题质量攻关QC小组工作计划,并进行模拟工作。
(5) 根据给定的问题点,设计纠正预防措施表,并提出书面改进建议。

基础知识

第一单元 生产技术准备

一、生产现场技术准备的内容

生产技术准备包括大量的复杂细致的工作,从工作性质来区分,可分为设计准备、工艺准备和生产准备,但它们并非截然分开的三个阶段,特别是设计准备和工艺准备,虽有前后之分,但又是相互交叉进行的。

1. 设计准备

这项工作的内容根据不同的对象而有着很大差别。如果是开发新产品，开发研究的工作将占很大的比重；如果是技术改进或仿制，设计工作量就相对轻得多，主要是设计出样机，并经过试制和各种试验，力求设计的完善和解决已发现的缺陷。样品试制后，如果是成批生产，还须通过小批试制以发现设计及工艺上的缺陷，再进行设计上的改善，以保证技术和经济上的先进性、合理性。

2. 工艺准备

包括制定工艺方案、工艺规程、设计制造工艺装备以及小批试制阶段中的工艺修订等内容。工艺准备是解决如何进行生产制造的问题。但是它首先要对产品设计进行工艺性分析和审查，其目的是概括工艺技术上的要求和本企业设备条件以及外协的可能性，来评定产品设计是否合理可行。这些工艺分析和审查，一般要由工艺部门指定主管工艺员参加产品设计的全过程，对重大产品的关键工艺，还应在设计阶段就事先进行工艺试验。所有设计图纸都需要工艺人员会签才能生效，因此工艺准备与产品设计是交叉进行的。

二、现场作业文件的准备

1. 工艺方案的制定

工艺方案是工艺准备的总纲，其目的是在保证符合设计质量和达到最佳经济效益的前提下，解决如何进行制造和确定工艺装备工作量的问题。它要确定技术关键问题、主要零部件的加工方法、工艺路线的安排、编制工艺规程的繁简程度以及工艺装备系数等。

制定工艺方案，在确保符合设计质量的前提下，应考虑以下因素。

（1）技术因素。技术的先进性、可靠性自然是首先要考虑的，但同时要根据企业经营战略和市场对产品的要求，从实际出发，考虑适宜的先进技术。例如，采用技术，可以追求世界最先进水平、自动化、电子化，也可以采用适合于当前企业发展的技术条件的工艺，同时考虑到现代技术发展趋势，确定适宜的先进工艺。

（2）经济因素。从宏观看，要考虑国情，我国资金不充裕、劳动力众多，在确保质量前提下就不宜一味追求自动化，而是要考虑合理利用劳动力、节省投资，同时要注意该制造技术对环境保护的影响。从企业看，应着重考虑在保证质量、效率的前提下降低成本，提高经济效益。这方面特别要考虑产品开发方式是创制还是仿制、生产设备是通用还是专用，以及有关年产量与批量的生产类型因素。例如，对于大量大批生产并且市场需求和技术进步较为稳定的产品应采用自动线生产，或采用由高效专机组成的流水线生产；对于一般成批生产的产品可采用普通专机组成的生产线生产；对于小批生产的产品应尽可能利用现有设备，补充少量工艺装备，或在万能设备上加工，或在数控加工中心加工。

2. 工艺文件的制定

通常，可以说工艺方法就是产品的制造规范，形式多种多样，如工艺守则、工艺卡、工艺过程卡和工序卡；还有的为控制计划和作业指导书。无论哪种形式，包括的内容几乎都是一样的。下面对这些工艺文件形式，进行简要说明。

1) 工艺守则

工艺守则是指导编写某类（如铸件、热处理等）工艺文件的指导性技术文件，一般包括技术要求、该类工艺规范、操作要点、安全注意事项、检查与记录等内容，是通用的某类工艺要求。

工艺守则一般有行业标准或企业标准。如机械行业标准 JB/T9168.2—1998《切削加工通用工艺守则 车削》、JB/T9168.3—1998《切削加工通用工艺守则 铣削》等，是机械行业机械加工各工种通用的工艺守则。

2) 工艺流程卡

将一个工艺过程分解为若干子过程（工序）。流程卡是规定工序顺序的文件。用来指导安排生产计划、调度。在我国一些小企业，产品较简单，其唯一的工艺文件就是工艺流程卡，在其上除表明工序顺序外，还可以简单注明工序要求。工艺流程卡的格式没有规定标准，各个企业根据自己的需要设计，但内容一般要包括工序号、工序名称、负责部门、设备等。汽车行业常用的过程流程卡见表 5-1。

3) 工艺过程卡

工艺过程卡详细规定产品制造工艺过程的工序顺序、各工序具体技术要求、所用设备和工装、应控制的工艺参数及操作注意事项。这种形式较适用于某类工艺（如机械加工、铸造、热处理、电镀等）。工艺过程卡规定了一个零件完整的工艺过程，包括对各工序的要求。工艺过程卡一般应用于中小批量生产的场合，既可以作为工艺流程卡使用，又对各道工序规定了较详细的工序内容和操作要求，作为操作指导书使用。工艺过程卡的格式可以参考 JB/T9165.2 推荐的文件格式。

4) 工序卡

工序卡是针对工序编制，详细规定该工序"做什么"、"怎样做"，明确加工部位，质量要求，使用的设备、工装，具体操作要求，工艺参数等，是一种比较详细的操作文件。工序卡一般应用于大批量生产场合，需要对每道工序制定详细的工艺要求，做到"一序一卡"；也可以在编制工艺过程卡的基础上，进一步对一些重要关键工序编制工序卡。工序卡一般都有工序简图，表明加工的部位、尺寸等要求，以及定位夹紧的部位，一般采用二维、三维 CAD 图或者照片表示。工序卡的格式也可以参考 JB/T9165.2 推荐的文件格式。

5) 控制计划

控制计划是控制产品工艺过程的书面描述，其目的是确保产品工艺过程处于受控状态。控制计划描述了产品工艺过程的每个阶段（包括进货、过程中和出厂）所需的控制措施，重点在于表述产品的重要特性和技术要求，更多的是针对产品工艺过程参数。控制计划可以适用于使用相同的原材料、以相同的过程制造出来的同一系列的产品。控制计划是一动态文件，应随着测量系统和控制方法的改进而更新。控制计划中应包含出现不合格或操作失控等异常时所采取的措施，制订反应计划。控制计划原先在汽车零部件企业应用面极广，目前逐步在制造业企业推广。控制计划的样表见表 5-2。

6) 作业指导书

作业指导书是用以指导某个具体过程、事物形成的技术性细节描述的可操作性文件。作业指导书是针对某个（类）过程、某项（类）工作的作业活动的文件，侧重描述如何进行操作，是对程序文件的补充或具体化。对这类文件有不同的具体名称，如工艺规程、工作指令、操作规程等，见表 5-3。

表 5-1 零件工艺流程

产品名称	主轴			顾客名称		通用	
规格/型号	RF32-205			版 本		A	
阶段状态	■ 第一阶段(初始) □ 第三阶段			修订日期		年 月 日	
步骤	过程流程	工序	部门	设备/测量设备	产品特性	过程特性	特殊特性
1	◇ □ △ ☆	进货检验	检验科		质保书		
				千分尺	外径		
2	◇ □ △ ☆	储存	材料仓库				
	◇ □ △ ☆	锻造	外协组	锻压机/卡尺	直径		
				游标卡尺	长度		
	◇ □ △ ☆	粗车	车床组	CA6140/卡尺	$\phi 43h12$、$\phi 38h12$		
				粗糙度样板	粗糙度 Ra25		
	◇ □ △ ☆	调质处理	热处理组	盐浴炉/硬度机	硬度 HB230~250		
						温度	★
						时间	★
	◇ □ △ ☆	精车	车床组	CA6140	粗糙度 Ra6.3		
				千分尺	外径 $\phi 40.3h9$		
					外径 $\phi 35.3h9$		
	◇ □ △ ☆	铣键槽	铣床组	X53K	$10h9 \times 3.5^{+0.1}$		
				游标卡尺	长 30		
				粗糙度样板	粗糙度 Ra6.3		
	◇ □ △ ☆	钳工去毛	钳工组		外观		
	◇ □ △ ☆	磨外圆	磨床组	M131w	外径 $\phi 40g6$		
					外径 $\phi 35f7$		
					粗糙度 Ra1.6		
	◇ □ △ ☆	检验	检验科	千分尺	按检验卡		
	◇ □ △ ☆	储存	零件仓库				
备注	1. "◇"表示检验,"□"表示加工,"→"表示搬运,"△"表示储存,"☆"表示返工/返修 2. "★"表示产品与安全有关的特殊特性符号;"☆"表示产品与安全无关的特殊特性符号						
核准			审查			制表	

表 5-2 控制计划

GLP1008	版本号：1									编号：08/01
◎工装样件生产 ○试生产 ●生产										
零件号码：	零件名称：减震片	产品/年度：		供应商名称：×××		供应商代码/名称		FMEA 号码：		编号：
核心小组：×××，×××，×××，×××		供应商批准/日期：2007-7-28		顾客批准/日期：2007-7-26		编制人：××× 编制日期：2007-7-26		联系电话：××× 最新修改日期：		

过程编号	过程名称/操作描述	机器、设备、工装、夹具	编号	特性		分类	方法					反应计划
				产品	过程		产品/过程标准/公差	评估/测量方法	样本容量	样本频率	控制方法	操作规范/记录编号
10	进货检验	千分尺	1	外观			按检验规程	目测	S-4/AQL4.0	批	检验记录	检验规程	退货
			2	厚度			0.8/按图样	测量	S-4/AQL2.5	批	检验记录	检验规程	退货
			3	材质			按检验规程	核对证件	1套	批	检验记录	检验规程	退货
20	下料冲孔	压力机 下料冲孔模	4		外观		无飞边，明显毛刺、冲伤、裂纹	目测	3件	每2小时/首次	首检+巡检	加工工序卡	调整/修理模具
			5		总长		90±0.2	游标卡尺	3件	每2小时/首次	首检+巡检	加工工序卡	调整/修理模具
			6		宽		22±0.2	游标卡尺	3件	每2小时/首次	首检+巡检	加工工序卡	调整/修理模具
			7		连接孔		φ8.2±0.2	游标卡尺	3件	每2小时/首次	首检+巡检	加工工序卡	调整/修理模具
			8		中心距		60±0.2	游标卡尺	3件	每2小时/首次	首检+巡检	加工工序卡	调整/修理模具

表 5-3 作业指导书

浙江××家用电器有限公司

要求	材料		牌号				更改符号			
参照标准							更改日期			
							更改者			
							更改凭证			

简图：

No	检查项目	检验方法	检查工具	标准值	AQL
1	插头型号	目视	目视	核对任务单	0
2	插头/电缆线认证标识	目视	目视	核对CDF表	0
3	生产厂家	目视	目视	核对CDF表	0
4	插头标识	目视	目视	≥16A	0
5	插头尺寸	用游标卡尺测量	游标卡尺	对照图纸	1.5
6	插销材料			黄铜	0
7	单线直径	微米千分尺测量	微米千分尺	0.25±0.003mm	1.5
8	单线根数	手工	手工	30根	0
9	绝缘颜色	目视	目视	浅蓝色/棕色	2.5
10	绝缘厚度	用游标卡尺测量	游标卡尺	0.62~0.8mm	2.5
11	护套厚度	用游标卡尺测量	游标卡尺	1.06~1.6mm	2.5
12	电缆外径	用游标卡尺测量	游标卡尺	9.2~9.4mm	2.5
13	电缆长度	用卷尺测量	卷尺	核对BOM	1.5
14	电缆外观	目视	目视	光洁	2.5
15	相互耐压	耐压测试仪实测	耐压测试仪	3750V/min	0
16	导线电阻	直流电桥测量	数字直流电桥	0.0133Ω/m(20℃)	

注：$Rt = R20 \times (1 + 0.00393 \times (t-20))$

说明：
1. 适用范围：该指导书适用于零部件的交货检验
2. 无供方检查报告的交货，原则上不予受理，退给交货人

编制		审核		批准		检验指导书	型号	3×1.5mm²
								欧式防水电缆线

作业指导书内容较多，要求比较专业且符合实际。因此，需要专业人员和车间技术骨干、班组长等共同编制。作业指导书包括以下种类。

(1) 工艺类指导书。如真空浸漆作业指导书、氩弧焊作业指导书等，重点内容是该类工艺过程的操作步骤、工艺内容、工艺参数（如真空度、时间、温度、电流、电压）、设备操作要领、注意事项、过程参数记录要求、质量监控、发生问题如何处理等。一般由技术部门和车间共同制订，可以作为工艺技术标准由技术部门以技术文件形式发布。

(2) 现场通用工作类指导书。如包装作业指导书、集装箱装箱作业指导书等，规定工作的流程、要求，该类作业指导书一般由归口部门与作业执行部门共同制订。

(3) 产品检验试验类指导书。如各种检验规程和检验规格书，规定检验的项目、质量要求、抽样标准、测量试验设备、检验方法、试验环境、接收准则、检验记录要求，以及不合格处置原则等。检验指导书的格式没有统一的规定，具体参考第六章的内容，也可以参考 JB/T9165.2 推荐的文件格式。企业在用的来料检验作业指导书见表 5-4。

(4) 设备操作作业指导书。如高速冲床操作规程、耐电压测试仪操作指导书等，主要针对设备仪器，尤其是重要设备仪器或有安全要求的设备的操作文件，规定设备仪器的操作步骤、操作方法、安全要求、安全警示等。

7) 作业标准书

作业标准书是以人的动作为中心，集中作业，以没有浪费的顺序，进行有效的生产所制订的作业规范。作业标准的三要素是节拍时间、作业顺序、标准手持。

所谓节拍就是生产线上顺序生产两件相同零件之间的时间间隔。按照精益生产的要求，零件在生产线上的移动要形成"一个流"，一个节拍时间实际上也是单个工序的作业时间。

作业顺序就是作业的工序顺序安排。前提是设备是按照工序顺序布置，因为必要人员为一人，所以全工序安排一个人按工序顺序反复作业完成一个制造单元的工作，如图 5-1 所示。

标准手持，即为了能反复进行同样的作业（顺序·动作）工序内持有的最少限度的在制品。

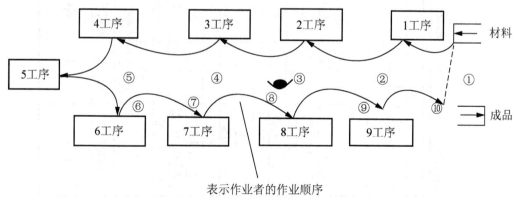

图 5-1

生产现场管理

表 5-4 标准作业票

标 准 作 业 票

文件编号 QJ/AL-6224-2012 第1版
生产线 NO. 2
零件图号 1213-1
零件名称 泵体

生产能力 65个/h
生产节拍时间 55秒

— 作业分配与作业顺序

序号	作业顺序	作业时间 手动时间(s)	步行时间(s)	加工时间(s)
1	取毛坯	1	1	
2	铣加工	4	1	39
3	去毛刺	5	0.5	
4	车加工	6	1	42
5	钻加工	11	0.5	37
6	检查	3	0.5	
7	清洗	3	0.5	41
8	试漏及打印	4	0.5	39
9	外观检查	10	0.5	
10	装箱	1		
	合计	48 + 7		最长设备时间 42
		最长工序时间 55秒		标准手持数 5

质量检查 ◇　安全 ✚　标准手持 ●

编制　　　　时间
批准　　　　时间

136

3. 文件审批和发放

（1）文件审批。工艺文件编制初稿完成后，必须进行评审，评审采取会议评审或传送评审，尤其需要作业单位会签认可，最终办理审批手续。一般来说工艺文件必须要有编制、审核、会签、批准的流程，签署文件必须手签，不允许直接在签署栏内打印姓名。文件发放之前必须由相关责任人批准，才能生效。

（2）文件发放。文件批准后，根据文件使用要求，将文件发放到工作岗位现场。发放的文件必须是文件原件(有审批签名的文件原件)的复制件，一般不允许直接使用原件，因原件需要留档。文件分为受控文件和非受控文件，受控是指受到文件更改、作废、换发的控制，受控文件一般要予以受控标识，在文件的明显部位加盖"受控"章，如图5-2所示。文件发放必须办理签收手续，由领用人在文件收发登记表上签字，文件收回时，也应在原收发登记表上注销。

图 5-2

三、工艺文件的贯彻与整顿

文件制订完成后，要及时组织岗位人员学习培训，掌握其中的内容，为今后在工作中顺利执行打下基础。新上岗的员工培训完成后要经过考核，考核合格后，才可上岗。

学习培训完成后，工艺文件发到员工手中，并放置在现场或岗位，每天工作中予以实施。岗位工作人员对工艺作业指导书内容都应了解，并在工作中切实贯彻落实，才能做到遵章守纪，又能减少事故的发生和对自己的伤害。

工艺规程的制订，不等于一劳永逸，而是随着产品的改进，结合整顿工作，及时对工艺文件进行修订。凡遇到产品标准、设备、原材料等有了重大变化的时候，都须对有关工艺文件及时加以修订补充。

为保证工艺文件的统一性，建立更改技术文件的会签制度。技术文件的修改，只能由制订技术文件的单位进行并经过会签，其他单位的任何人员，对于不合理的或者已经落后的技术文件，有权并且有责任提出更改建议，但是不能自行更改。有关科室、车间，应当由本部门的技术资料组(员)负责收发、保管本单位使用的技术文件，并建立健全技术文件的管理办法和制度。

四、工艺装备及工位器具的准备

1. 工艺装备的重要作用

工艺装备是按照工艺规程进行产品制造所用的各种刀具、夹具、模具、量具与工位器具等工具的总称。它是工人从事生产活动，实现工艺过程的必不可少的手段。工艺装备对保证产品质量，提高生产效率，改善劳动条件，都有着十分重要的作用。

从企业实践来看，在新产品的生产技术准备总周期中，工艺装备的设计和制造是工作最繁重、时间最长的阶段之一，在大批生产中约占生产技术准备周期的50%；大量生产时，约占生产技术准备周期的60%。工艺装备的设计、制造和管理往往是薄弱环节，成为产品不能按期按量完成计划的主要原因。

工艺装备在生产中涉及面广，占用资金多，在产品成本中也占相当大的比重。工艺装备费用平均约占产品成本的10%～15%以上。因此，为了提高企业生产的经济效益，工艺装备也是必须抓好的一个重要环节。

2. 工艺装备设计与制造的组织

工艺装备可分为标准工具和专用工具两类。标准工艺装备可适用于不同的产品，一般由专业工具厂集中制造，因此可以外购。而专用工具则需由本厂自行设计和制造。工艺装备的设计，除了简易工装可由车间设计外，一般由工艺部门负责，由主管工艺员根据工艺规程编制专用工装明细表和设计任务书，交工装设计人员进行设计。设计完成后，图纸要经工艺员、工具车间、使用工装的生产车间共同审查、会签，然后交由工具车间制造。一些规模比较小的企业，工装的设计制作由车间直接完成。

在组织工艺装备设计和制造时，要尽量达到以下几个基本要求。

（1）提高工艺装备的继承性。所谓工艺装备的继承性就是指以原有工艺装备为基础，尽可能地加以利用。实践表明，企业试制新产品，特别是系列产品，可以利用的现有工艺装备数约占全部所需工艺装备的60%～80%。因此，为了合理利用现有工艺装备，应当将现有的工艺装备图纸档案加以系统化，按用途、等级进行分类编号，以便工艺人员和工装设计人员从已制成的工装中选择合适的工具，或是利用原有工装的图纸，适当加以修改，以适合新规格产品试制的需要。只有在完全不能选用现有工艺装备时，才允许设计新的工艺装备。

（2）根据产品的复杂程度和批量大小，合理确定需要自行设计和制造的专用工艺装备的总数。

（3）提高工艺装备规格化的水平。工艺装备规格化指的是在企业范围内，尽可能减少装备结构的种类、型式和尺寸，它的主要方向是：整个装备的规格化与通用化，装备中零部件的标准化，采用万能组合夹具等。

（4）合理组织工艺装备的设计和制造，力求缩短工艺装备设计与制造的周期。工艺装备制造的组织与计划，同一般产品生产基本上相似，但它也有一些特点，就是品种多、批量小，结构较一般机械产品简单，劳动量较小，基本上是单件生产方式，在计划安排和生产组织上较复杂。由于专用工具为新产品投产所必需，一有短缺，就会影响整个新产品的投产，因此，工具车间对工艺装备的制造，必须加强组织、计划，力求缩短制造的周期。这就需要抓好以下几个环节。

① 要抓好工艺装备中结构复杂、工序多、周期长的关键工装，要早设计、早投料，对于设计与制造，都要采用平行交叉作业，减少停顿时间。

② 要抓好新产品所需各种工艺装备的配套。从设计上看，通常工艺装备可按专业分工成立刀具、夹具、量具、模具等设计组来设计通用工装。但对专用工装来说，以采用综合小组形式为主，即按部件或零件成立工夹具设计组，包括夹具、刀具、模具、量具各种设计人员，相互配合，共同为该部件或零件设计全套装备。这种组织形式有利于配套，保证质量和缩短周期。在制造上，工具车间要抓好成套装备完成情况的检查。当工艺装备的毛坯和某些零件必须在基本生产车间制造时，厂部生产技术装备计划组必须在基本车间内优先安排，保证按计划完成工装任务。

③ 在工艺装备设计和制造的组织工作中，应按试制生产的先后次序组织工装准备，使早用的工装先设计制造，晚用的工装后设计制造。这就要通过制定生产技术准备计划，与新产品投产的生产作业计划很好地衔接起来。

3. 工艺装备的日常管理

工艺装备的准备,不仅限于设计与制造,还必须做好日常的管理,使工艺装备经常处于良好的技术状态,并避免过多地积压占用资金,这对保证产品质量、提高经济效益有着重要意义。做好工装日常管理,主要应抓好以下几方面工作。

1) 工艺装备的入库与保管

(1) 入库。

① 自制(外协)工装经验证合格后,由检验部门出具合格证,工装制造部门填写"入库单",才能入库。

② 外购工装在入库前必须经专职检验人员检查,合格后才能入库;计量器具应送交计量室检定,合格后才能入库。

③ 库管人员接到"入库单"后,经检查手续齐全,工艺装备编号与工艺装备明细相符,附件齐全,在"入库单"上签字收管。

④ 工装入库时,库房管理人员应将工装基本信息记入台账(表5-5)。工装入库时,整套工装图样需一起入库。对关键工序工装,尤其是重要模具、夹具在入库的同时,应建立"工装履历卡"(表5-6),"工装履历卡"是记录工装入库、使用、修理、报废全过程信息的工装档案,应随工装一起流动,由工具管理部门负责编制并归口管理。

表 5-5 工装台账

序号	工装编号	工装名称	适用产品	工序	制造单位	入库日期	使用车间	备注

(2) 保管。

① 工艺装备应按产品分类,按架、层顺序排列,做到账、物、卡一致,排列整齐,清洁卫生。

② 库管人员对在库工艺装备应涂防锈油,避免因保管不善使工艺装备损坏,或失去精度。

表 5-6 工装履历卡

(企业名称)		工装编号	
产品型号		工装名称	
零件名称		工序号	
零件编号		工序名称	
使用设备		使用车间	
入库时间		报废时间	

工装照片:

续表

使用记录						
借用日期	使用人	生产数量	检查记录		检验员	归还日期	备注
			首件				
			末件				
			首件				
			末件				
			首件				
			末件				
……							

修理记录				
送修日期	送修原因	修理内容	修理人	检验员

2）工装使用过程中的管理

（1）发动和依靠各车间员工参加工装管理，增强各车间员工爱护工装的主人翁意识。认真管理好、用好工装，不积压、不丢失工装。

（2）加强对工装使用的技术指导。在使用工装时严格按工艺规程进行，防止工装过度磨损和损坏，并推广先进经验，改进工装使用方法。

（3）专用工装使用者必须持调度单到工装库领用，并在"工装借用卡"上签字，保管人员才能将工装及其履历卡一起交给使用者。

（4）工装使用过程中，不得违章操作，不准敲打、锉修和随意拆卸等。

（5）专用工装使用后，应按要求认真填写"工装履历卡"（规定无履历卡者除外，下同），当检验人员确认产品合格、工装无故障时，在履历卡上盖检验员印章或签字；发现工装有故障时，应在履历卡上注明。

（6）工装使用后，使用者应将工装擦拭干净，连同"工装履历卡"送还车间（分厂）工具室（库）。保管人员应将实物与账、卡资料核实无误后，予以接收返库。对有故障的工装，保管人员接收后，应分开存放，并及时通知有关人员办理检修或报废手续。

（7）计量器具和复杂成形刃具返库时应进行返还检定。

（8）暂不返库的工装，使用后也应擦拭干净，放到规定的工具架上或工具柜中，并要避免相互磕碰和锈蚀。

3) 工艺装备的定期检查和维修管理

（1）凡生产用完的工艺装备，操作者要及时填写工艺装备"工装履历卡"使用记录。工艺装备检验员需对工艺装备进行检查，确定工艺装备是否需要修理。

（2）工艺装备在使用中出现故障或损坏时，操作者要保护现场，及时通知工艺装备检验员和工艺人员进行检查分析，最后确定是否需要修理。

（3）经工艺装备检验员确定需要修理的工艺装备，检验人员应在"工艺装备检验单"上填写修理部位和要求，工艺装备计划员负责填写"工艺装备修理单"，提出修理完工日期，工艺人员提供工艺装备修理图纸。

（4）工艺装备修理完工后，由工艺装备检验员进行检查，确定是否需要重新验证，如不需要验证时，可直接入库。工装入库时，填写"工装履历卡"记录修理内容。

（5）工装定期检查。企业应制订工装定期检查制度，车间按计划对某个产品的工装在使用前或定期对在用工装进行集中检查，确定工装的完好性、精度，对重要工装也可采取重新使用验证，确保工装按时投入使用。对检查发现需要修理、报废的工装，按规定进行修理或重新制作。工装定期检查计划及记录见表5-7。

表5-7 工装定期检查计划/鉴定表

车间：　　　　　　　　　　　　　　　　　　　　　　　　　　　　　　工装类型：

序号	工装编号	工装名称	产品	工序	检查记录	处理意见	处理结果
1							
2							
3							
……							

检查鉴定人员	工装设计人员	车间施工员	工装保管员	检验员	日期

制表：　　　　　审核：　　　　　批准：　　　　　日期：

4) 工艺装备报废管理

（1）工艺装备已不能继续使用，又不能修理的，可作报废处理。确定报废的工艺装备，由工艺装备检验员填写"报废单"。

（2）工艺装备因正常磨损而报废的，由生产车间检验员提出，工艺装备库检验员直接鉴定即可。

（3）因产品零件设计尺寸更改，而造成工艺装备不合理，又不能修理的，由工艺装备设计员提出书面报告，经领导审查同意，将报告提交检验员，由检验员填写"报废单"。

（4）工艺装备因使用不合理或违反操作规程造成报废的，检验员应根据事故分析结论，填写"报废单"，并注明责任者。

（5）工艺装备保管员根据"报废单"销账，并及时将报废的工艺装备送交废品库。

（6）工艺装备该报废而没有报废，继续使用造成损失时，由责任者负责。

（7）经批准停产的产品，其工装由使用单位工具室（库）逐项清理，编制清单，交工具管理部门统一处理。

第二单元　现场生产准备验证

一、工艺的验证

1. 工艺验证的目的

(1) 当新产品试制时，需要对产品的制造工艺方法进行验证，确认工艺方法是否可靠地保证产品质量符合设计要求，操作过程是否经济方便。

(2) 重大工艺改进时，需要对新工艺方法进行验证，证明新工艺的可靠性、先进性。

2. 工艺验证的内容

(1) 样机试制，验证产品的工艺性能，初步确认工艺方法，确定工艺改进方向。

(2) 产品小批试产，验证工艺在批量生产过程的适用性、可靠性。

二、工艺装备的验证

1. 工艺装备验证的目的

工艺装备在投入使用前，应对其结构可靠性、精度、操作性能、安全性等方面进行验证。

(1) 保证产品零部件质量符合设计、工艺要求。

(2) 保证工艺装备满足工艺要求。

(3) 验证工艺装备的可靠性、合理性和安全性，以保证产品生产的顺利进行。

2. 工艺装备验证的范围

(1) 首次设计制造的工艺装备和工位器具。

(2) 设计结构经过重大修改的工艺装备。

3. 工艺装备验证的依据

(1) 产品零部件设计图样及技术要求。

(2) 工艺规程。

(3) 工艺装备图纸和工艺装备使用说明书。

(4) 产品生产纲领及生产节拍。

4. 工艺装备验证的内容

1) 工艺装备与设备的关系

(1) 工艺装备能否正确安装在工艺所规定型号的设备上进行加工或测量。

(2) 工艺装备与设备的连接部位、结构尺寸、定位精度、装夹位置是否符合设备的要求。

(3) 工艺装备与零件装夹后的总重量及总体外形尺寸是否在设备承重、规格及性能等允许范围之内。

(4) 工艺装备在设备上的装卸、操作是否方便、安全可靠。

2) 工艺装备与工件的关系

(1) 工艺装备上定位件的位置是否与被加工、被检验零部件位置要求相符。

(2) 工艺装备与被加工或被检验零部件配合精度是否影响零部件质量。

(3) 工艺装备与被测产品零件的定位精度等要求是否匹配。

(4) 刀具、量具是否满足零件加工或检验的精度以及粗糙度的要求。

(5) 工艺装备的夹紧方法、夹紧力使工艺装备或工件夹紧后产生的变形,是否对零件质量产生影响。

(6) 工艺装备对被加工或被检验零部件质量的其他影响因素。

3) 工艺装备与工艺的关系

(1) 定位基准及工艺尺寸是否与工艺要求相符。

(2) 测量基准及测量尺寸是否与工艺要求相符。

(3) 夹紧部位、夹紧方法是否满足工艺要求。

(4) 在使用工艺装备时加工程序、加工部位、加工尺寸、加工余量等是否达到工艺要求。

(5) 在加工余量、切削用量符合工艺要求的前提下,验证工艺装备的刚度。

(6) 多种零件共用以及多工序共用的工艺装备,是否满足工艺预先提出的要求。

4) 工艺装备与产品产量的关系

(1) 工艺装备的结构特点、使用性能、精度稳定、安全可靠等是否能满足生产进度和批量生产的要求。

(2) 工艺装备利用率是否够高。工艺装备利用率越高,说明专用工艺装备的综合效果越好,反之效果越差。

5. 工艺装备验证的方法

1) 固定场地验证

固定场地验证即按图纸和工艺要求事先准备产品零件,然后在固定的设备上进行模拟验证,一般适用于各种模具的验证,如注塑模具的试模验证。

2) 现场验证

现场验证是指工艺装备在使用现场进行试验加工。现场验证必须在使用工艺装备的车间进行,同时又可分以下两种情况。

① 按产品零部件图纸和工艺要求,预先进行试验加工。

② 工艺装备验证和工艺验证同时进行。

6. 工艺装备的验证程序

1) 验证计划

工艺装备制造完后,由工具车间通知使用车间领出,由使用车间制订验证计划,通知有关部门。

2）验证过程控制

（1）由工艺和工装设计人员同车间技术人员、施工员、操作人员、检验人员一起到生产现场进行验证，并要详细记录验证过程和结果，包括对存在的问题及发生的原因和解决措施的记录，作为修改工艺的主要依据。

（2）验证时，必须严格按工艺文件要求进行试生产。

（3）在工艺装备验证过程中，操作人员应严格按照工艺规程所规定的加工程序、加工部位、加工余量等进行操作。

3）验证判断

（1）被验证的工艺装备在工艺工序中一般使用1～3次，以判断其可靠性、安全性、方便性等。

（2）产品零部件一般验证1～5件，判断其合格率。

4）验证处理

（1）验证合格。验证合格后，由验证组填写"工艺装备验证记录"（表5-8），经参加验证人员会签后，方可转交生产使用。工艺装备图样须加盖"验证合格"标记，纳入正常管理。

（2）验证不合格。工艺装备验证若不合格，也应由验证组填写"工艺装备验证记录"，经参加验证人员会签后返修，返修后重新验证。

表5-8　工装(模具)验证记录表

产品型号		产品名称	
零件图号		零件名称	
工装编号		工装名称	
工序号		工序名称	
设备型号		设备名称	
车间		机台	
验证记录	1. 工装结构尺寸验证： 2. 产品质量验证： 3. 可操作性验证： 4. 其他：		
修改意见			
验证结论			
验证人员	产品设计人员	工装设计人员	车间技术人员	车间领导	操作人员
批准		备注：	

三、生产准备验证

1. 生产准备验证时机

当一批产品投产时,需对作业涉及的设备、工装、模具、物流、作业指导书等进行验证,称为作业准备验证。

2. 生产准备验证的内容

(1) 作业文件。图纸、标准、样品等质量特性要求的信息的准确性,工艺文件的正确性。

(2) 材料。原材料或上道工序半成品质量的符合性。

(3) 设备。设备状态是否完好,能力是否充分。

(4) 工装。夹具、刀具、量具、工位器具符合工艺要求。

(5) 人员。操作人员能力能否满足,培训是否到位。

(6) 环境。作业环境是否符合要求。

(7) 操作方法。操作过程、方法的符合性。

(8) 产品质量。一般可采用首末件比较法来进行验证。首末件比较指对此次生产运行的最后一件产品与下一个生产运行的第一件产品进行比较,以确认新零件的质量水平至少和以前生产运行的产品质量水平同样合格。

第三单元 关键与重点工序控制

一、关键工序的控制

1. 识别关键工序

关键工序是指对产品质量起决定性作用的工序,它是主要质量特性形成的工序,也是生产过程中需要严密控制的工序。

工序是制造过程中的环节,通常可分为关键、重要和一般工序。产品设计输出给出产品关键特性,过程设计输出可给出过程的关键工序及其过程参数。要明确关键工序的确定原则,不能说含有产品关键特性相关的过程就一定是关键过程,这要看相关的过程参数对最终产品影响的程度。直接明显影响最终产品质量的工序,一般定为关键工序。

2. 关键工序的验证

1) 验证要求

一般而言,并不是对所有生产工序都需要验证,只有符合下列定义的工序才需验证。

需要验证的生产和服务提供的工序是指关键工序、实施新工艺的工序,以及过程的输出的特性不能由过程结束时的监视或测量、检验来验证是否达到了过程的输入要求的那些工序。这些工序有时又称特殊过程或特殊工序，例如：喷涂工序、注塑工序和热处理工序等。验证是证实工序具有能力实现策划预期结果的一种方法。如果有能力提倡对全部工序都进行验证。ISO/TS 16949规范就提出这一明确要求，需要对所有工序进行验证，不分关键、重要和一般工序。

2) 识别工序是否需要验证

定义是识别工序是否需验证的依据，但有时还需按实际工序和形成的产品特性综合考虑后才可作出识别。例如机器在组装之前清洗零件的过程，通常这样的工序都不能确定为关键工序。这个过程虽然很简单，技术能力要求也不高，但当清洗状况对使用影响极大而又无法在清洗后得到证实时，就宜对清洗设备、人员、工作程序予以验证，确保装配的清洁度。

3) 验证的方式

(1) 对工序的验证，由企业自行组织进行。

(2) 对工序活动进行控制的方法、设备、人员、环境、评价准则等，通过评审来评价达到目标的适宜性、充分性和有效性，最后还需批准。关于怎样进行评审，对参加评审的人员组成、资质、程序等，应作出规定。同样，对评价应遵循的判定规则也要作出规定。这些就是所谓的"准则"，根据这些准则可以判定工序是否符合要求。

(3) 对工序中采用的设备、活动、工序能力进行认可，对有关的人员的上岗资格要进行鉴定。

(4) 采用的特定的方法和程序。

当某些过程的结果不能用测量装置、工具等手段进行测量时，就需用其他手段来确定产品的符合性。规定详细的工艺过程、要求和方法及技艺评定准则，就属于特定的方法和程序的范畴。它使产品的生产者和检验者能够据此来确定产品的符合性。

例如，对于金属表面处理、焊缝表面质量等都需要采用这种办法。汽车行业对焊接结构件都制订了焊缝评定准则，规定每班对每道工序的焊缝通过剖切取样，来检查焊缝的熔深以及对焊接结构件进行疲劳试验。通常，为了减少操作人员对焊接的影响，均用自动焊机来进行焊接，并对其工序能力进行测定和规定(Cpk值＞1.33)。这里工序能力是指一个稳定过程的固有变差的总范围。对于计数型数据，通常用不合格品的平均比例或比率 $\overline{P}$ 来表示。

当然，也可采用除上述之外的方法和程序。例如，可采用在线自动检测焊接时的电流、电压的峰值变化，来判断焊接过程的焊缝质量。

4) 记录

对验证的活动要形成记录，如：人员资格的鉴定，设备制造能力和工序能力的测定值，评审和批准准则等。

5) 再验证

若需验证工序的影响因素(人员、设备、材料、工装、制造环境)发生变化时，需要再次验证。若在较长期间内，虽然这些因素表面上没有变化，但可能由于耗损等原因令其状态改变，导致工序能力降低，这时也需要再次验证，以确保工序受控。

3. 关键工序验证案例

验证方式多种多样，可分为单项验证评价和综合验证评价。如工装单项验证，可对组成工装的每个零件分别检查以后，再测试组装后工装精度，然后还要测试使用该工装的设备的精度,都满足要求即可;工装综合验证,即验证用组装后的工装试做的工件满足图样要求,可用统计技术等工具证明该工装是否通过验证。虽然单项验证比较复杂,但是,能够准确评价每一个要求,便于分析评价。综合验证虽然简单,但是,一旦不满足工件要求,分析评价比较麻烦,可能要将单项验证评价的过程全做一遍。因此,确定采取什么样的验证方式,要取决于验证对象,不可一概而论。

以步进电机主轴磨削工序为例,实施验证过程见表 5-9。装配完成以后,通过过程能力指数,可综合判定装配工艺过程。

表 5-9 关键工序验证单

产品型号	BJJ-S1	零部件图号	BJJ-S1-02	工序/设备名称	磨/MGBA140
制造部门	机加分厂	零部件名称	主轴	验证时间	2005年8月10日
工艺要求	序精磨外圆 $\phi 10_{-0.012}^{-0.008}$,粗糙度 $Ra0.4$					
验证过程	1. 生产部门、技术部门、质量部门的代表在机加分厂参加验证 2. 工艺要求:材料钢45,热处理硬度为35~45HRC(工艺要求:砂轮转速4000~6000r/min,纵走刀量1~4m/min,吃刀深度0.002~0.006mm,砂轮为GZAP200×10×20) 3. 验证实施: ① 核查了磨床MGBA140操作者的资格 ② 磨床MGBA140的精度符合工艺要求 ③ 试验:砂轮转速5800r/min,纵走刀量1.5m/min,吃刀深度0.04mm				
小批试验情况	抽取50件与精磨的标准粗糙度块相比,均达 $Ra0.4$				
修改意见及结论	工艺符合产品要求,但要进一步做经济性验证				
签字	生产部门		技术部门		质量部门
	王××		李××		张××
	陈××		赵××		刘××

二、特殊过程(工序)的控制

1. 什么是特殊过程

GB/T 19000—2008《质量管理体系 基础与术语》3.4.1 条说明:对形成的产品是否合格,不易或不能经济地进行验证的过程,通常称之为"特殊过程",也就是制造类企业所谓的特殊工序。

如电焊后要保证焊缝的联接强度不低于被焊母体的强度且焊缝中常有气孔,这较难检测,而在使用时会发现漏气、漏水、漏油等问题。因此,宜将焊接作为特殊工序。通过控制焊接用材料、焊接电压、电流等参数来保证焊接质量。

1) 特殊工序包括的情况

（1）所关心的特性在过程进一步流转之前不易发现。

（2）测量方法不存在或测量成本极高，以及测量方法对产品是有破坏性的。

（3）该过程的结果在后面的检验或试验中不能测量。

2) 有关特殊工序的特性

（1）金属零件的熔解、焊接、热处理或电镀之后的强度、延展性、疲劳寿命和耐腐蚀性。

（2）聚合塑料的染色性、收缩率和拉伸特性。

（3）烘干产品的味道、结构和外貌。

2. 特殊过程（工序）的识别确定

在产品实现过程中，存在着许多特殊工序。要根据前述的定义去识别。凡生产和服务提供过程的输出不能由后续的监视和测量加以验证或仅在产品使用以后（或服务提交之后），问题才显现出来的工序，如电镀、注塑、胶接、酸洗、喷漆和金属热加工等都属于特殊工序。不能单靠书本提及与否来判断是否属于特殊工序，而应重视对实际过程的分析判断。是否称其为特殊工序并不重要，关键是要确保工序受控。例如，笔者在某液压车间看到油管清洗有严格的操作规程，然而却未将其作为特殊工序来控制。油管清洗虽然不复杂，但后续检验却很困难，并且清洗不干净后果会很严重。因此，必须对特定的工作程序能否满足要求进行确认。同时，还要对人员的资格进行认可，这时，并非要评定其技术水平，而是要评定其责任心和工作态度。

3. 特殊过程（工序）质量控制的要点

（1）工序质量控制的严格度应视产品的类型、用途、顾客的要求和生产条件等情况而有所区别，应该结合本组织的具体情况，使用不同的控制方法，对特殊工序进行控制。要对特殊工序实施控制，包括实施之前的验证、确认和对实施过程的监控。

（2）特殊工序的质量控制以加强过程控制为主，在监视过程参数的同时，辅以必要的相关特性的工序间检验。检查人员与质量保证人员对现场操作负有监督的责任和权限。

（3）应从工序流程分析着手，找出各环节（或分工序）影响质量特性的主要因素，研究控制方法，配备适当手段，进行工序过程的系统控制。特殊工序应遵循"点面结合"的原则，在系统控制的基础上，对直接影响产品质量的关键环节进行重点控制。

（4）制订明确的技术和管理体系文件，严格控制工艺参数及影响参数波动的各种因素，应根据产品的工艺特点，加强工艺方法的试验验证，从而使工序处于受控状态。

（5）特殊工序操作、检验人员要经过技术培训和资格认证。

（6）特殊工序所用工艺材料、被加工物品应实行严格控制，必要时应进行复检。使用中的各种工作介质应定期分析、调整和更换，以保证其成分在规定的范围内。

（7）必须使用经确认合格的设备、工装、模具和计量器具，并积极采用先进的检测技术和控制手段，对影响质量特性的工序参数进行快速、准确的检测和调整，力争实现自动控制，以减少人为因素引起的质量波动。

（8）应对工作环境（尘埃、温度、湿度等）进行控制，以满足工艺文件的要求，必要时应加以验证。

4. 特殊过程（工序）的验证和确认

GB/T 19001—2008《质量管理体系 要求》7.5.2条规定，对特殊过程的能力要进行确认。特殊工序的验证确认包括设备、人员和方法等方面的内容，最终以产品达到的质量和过程能力作为评判标准。为确保特殊过程受控，适用情况下可考虑下述活动。

（1）为过程的评审和批准制订准则，针对某一特殊过程制定确认的方法。

（2）设备的认可和人员资格的鉴定，即对所使用的设备的能力、精度是否符合产品质量控制要求以及人员的能力与资格应予以鉴定，例如焊接特殊工件对焊工资格规定的要求和确认。

（3）使用特定的方法和程序，即上述过程运作时应按规定的特定的工艺规程运行。

（4）记录的要求，上述过程运行是否符合要求，需要予以证实的记录，例如调质处理的炉内最高温度、升温时间、保温时间、冷却时间、回火温度等参数的过程记录，见表5-10。

表5-10 特殊工序确认表

工序名称	调质处理	所属车间	热处理	设备名称	箱式电炉	零件名称	传感器主体	投产批次	6	工序主管	王××	工艺编号	Cgq-01-04
工序类别	特殊	所属班组	2	设备编号	836-1,-3	零件图号	Cgq-01	投产数量	800	操作人员	杜×× 韩××	认可时间	05.4.20

参加认可人员：生产部： 签字：
　　　　　　　技术部： 签字：
　　　　　　　质量部： 签字：

控制文件：
① 热处理工序作业指导书；② 调质工艺守则；③ 主轴调质典型工艺

特殊工序认可记录	操作人员	设备	工艺
	工序主管：王×× 两个操作者：杜××、韩××，都经考核上岗	箱式炉内温度差≤4℃	调质工艺

操作人员意见：
按工艺执行能够保证产品质量
　　　　　　　　　　　　　　　　　　　　　　　签字： 日期：

实际控制记录	按控制文件对零件进行抽检				
	样号＼检查项目	外观检查	淬火后硬度	回火后硬度	结论
	第一件	无裂纹	≥40HRC	27HRC	合格
	第二件	无裂纹	≥40HRC	27HRC	合格
	第三件	无裂纹	≥40HRC	27HRC	合格

检查员签字： 日期：

认可小组意见：
工艺验证结果正确，能可靠指导生产实际、确保产品质量
　　　　　　　　　　　　　　　　　　　　　　代表签字： 日期：

(5) 再确认。必要时，即当使用上述过程加工的产品发生变化，或上述过程的工艺条件（如设备、人员、工艺、材料）等发生变化，应对上述过程变化后的过程能力是否满足重新予以确认。

5. 机械行业常见特殊过程

机械行业常见特殊过程见表 5-11。

表 5-11 机械行业常见特殊过程

序号	特殊过程	主要特性	确认要点	监控参数
1	热处理	变形、硬度、均匀性、机械性能	工艺参数（温度、时间、冷却速度、冷却方式）、工件材料、介质、设备能力、操作工应知应会	温度、升温时间、冷却时间、保温时间等
2	焊接	机械强度、变形、气孔、裂纹、虚焊等	焊材、焊接工艺及参数、人员资格、设备能力、工作环境	焊接工艺参数（电流、电压、速度）、焊材保管（环境温度、湿度、烘干温度等）
3	铸造	机械强度、材料成分、组织	熔炉等设备能力、炉料配方、工艺过程参数、模具、人员培训、炉前化验	炉料配方、炉温、浇注温度、速度、保温时间等
4	锻造	应力、裂纹、尺寸、组织、机械性能	设备、模具、材料、工艺（温度、时间）、人员培训、首件三检	装料温度、加热温度、加热和保温时间
5	电镀	表面质量、附着力、防腐性能	工艺流程及工艺参数、设备能力、槽液配方及参数、人员培训	槽液配方及参数（PH值、温度）、时间等

6. 特殊过程（工序）的监控

通过验证、确认、证实了特殊工序所用的特定方法和程序以及设备能力是适宜可行的。因此，在实施过程中，要监视相关的工序参数能否得以实施。若偏离已确认的特殊工序的方法和程序，要及时采取措施，确保受控。监控通常都要留下监控记录，应记录操作过程的实际工艺参数，尤其是操作过程的波动状态。

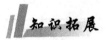

工艺纪律管理

一、工艺纪律基本要求

所谓工艺纪律，就是企业各级人员严格按照工艺文件及现场生产有关制度进行生产活动的要求。严格工艺纪律是加强工艺管理的重要内容，是建立企业正常生产秩序、确保产品质量、安全生产、降低消耗、提高效益的保证。企业各级领导和有关人员都应该严格执行工艺纪律。工艺纪律最终落实在生产现场，现场相关管理人员，尤其是工序操作人员必须执行工艺，否则难以满足顾客的要求。为此，必须加强工艺纪律的管理，定期和不定期地进行监督和检查。从大量工厂的实践来看，多数工艺纪律检查流于形式，检查不够经常化和真实。因此，应针对各公司的具体情况，采取有效措施，确保工艺得到贯彻。

二、生产现场的工艺纪律要求

对工艺纪律的要求，也就是对"人、机、料、法、环、测"（5M1E）实施控制要求。

（1）各生产工序的操作者，应熟练掌握本岗位的产品质量要求和工艺操作规程。

（2）在加工前应按工艺规程对本工序的加工条件进行生产准备，并调整达到规定要求。

（3）当因生产条件变更或遇有技术疑难问题时，应及时向工艺技术人员报告，由工艺技术人员进行指导或调整后方可继续加工。

（4）所有设备和工装均应保持良好的状态，计量器具应按周期进行检定或校准，不得超期使用。

（5）生产操作人员应坚持"三按"生产（按图纸、按工艺、按标准）和双"三检"制度（首检、巡检、完工检和自检、互检、专检）。

（6）生产车间要做好"三定"工作，即定人、定机、定工种。

（7）生产操作人员要经过培训，经考试或考核合格后，持操作证上岗。

（8）生产操作人员使用的工艺文件应保持完整、整洁。

（9）对在制品、量检具、工装等要妥善存放，定置存放，保持工作场地整洁卫生，达到5S要求。

三、工艺纪律检查与考核

1. 工艺纪律检查组织

一般来说，工艺纪律实行日常检查、周检和不定期检查相结合的检查制度。

（1）日常检查：车间主任与车间班组长、现场工艺人员、检验人员共同负责车间日常工艺纪律管理，发现违反工艺纪律现象及时纠正，同时记录在《工艺纪律检查表》上，见表5-12。

表5-12 工艺纪律检查表

序号	检查项目	标准分	检查内容	结果	备注	实得分
1	文件资料	5	（1）图样、工艺文件是否到位、齐全、破损、看不清，对加工要求是否清楚、理解			
		5	（2）工艺文件是否符合现场加工要求，是否有指导性			
		5	（3）作业流程是否清楚			
		5	（4）生产记录单是否记录规范，正确			
2	设备和工装	5	（1）设备是否按规定进行日常保养、点检。维护状态如何？是否正确填写记录			
		5	（2）工位器具是否按要求配备？摆放位置是否正确			
		5	（3）工装夹具是否定期保养？是否有标识			

续表

序号	检查项目	标准分	检查内容	结果	备注	实得分
3	生产	5	(1) 是否按要求进行自检，检验方法是否正确			
		5	(2) 是否进行了首检？是否标识			
		5	(3) 出现不合格时的流程是否熟悉，是否会调整程序或夹具			
		5	(4) 操作员工是否"三按"（按图纸、按标准、按工艺文件）操作，操作是否规范			
4	物流	5	产品标识是否清楚，产品区域是否清楚，是否易混料？是否定置定位			
5	检验	5	(1) 检具是否齐全，有效？合格标识有否？防护状态如何			
		5	(2) 产品是否有明确的检验状态			
		5	(3) 是否有关键数据？是否进行了SPC控制？是否对异常点进行了分析			
6	区域5S	5	(1) 现场是否有脏物、水渍等			
		5	(2) 产品放置是否整齐			
		5	(3) 产品是否按规定标识并区分放置			
7	安全生产	5	(1) 是否穿戴好安全防护用品			
		5	(2) 是否知道设备安全操作规程？安全防护设备是否正在使用			
被检查工位					综合得分	
整改项目及完成期限				负责人：	日期：	
整改措施及完成情况				负责人：	日期：	
检查人员：			记录人：	检查日期：		

（2）定期检查：由工艺技术部门每周进行一次工艺纪律检查，并填写《工艺纪律检查记录表》。

（3）不定期抽查：由公司一级领导组织公司相关部门不定期进行全面工艺纪律检查。

2. 工艺纪律考核

对于操作者能否按工艺方法操作，需要对其进行考核。考核的重点是操作者能否执行工艺。根据工艺纪律检查的结果及所得的评价分，结合岗位绩效考核，与个人的经济效益挂钩。

3. 改进措施及跟踪

每次检查的结果要及时向被检查岗位员工、班组、车间反馈，并要求及时采取措施进行纠正，检查人员要及时跟踪纠正措施的落实情况，也可以将本次检查问题区域、岗位作为下次跟踪检查的重点。跟踪的结果应予以记录。

思考练习

(1) 简述生产现场技术准备的内容。

(2) 常见的工艺文件有几种？各有哪些？应用的场合有哪些？

(3) 工装管理的主要内容是什么？

(4) 工艺验证的目的是什么？如何进行验证？

(5) 为什么要对特殊工序进行确认？如何确认？

(6) 什么是"三按"生产？什么是"三定"生产？

(7) 严格工艺纪律的意义是什么？

第六章 现场品质管理

学习目标

完成本章学习，你应该能够：

- 认识质量和质量管理的相关概念
- 了解质量管理发展各阶段特点
- 认识生产过程检验作用、内容，知道检验人员的职责、权限
- 掌握编制过程检验指导书的要求，初步学会编制简单零件的工序检验指导书
- 熟悉过程检验的基本形式
- 掌握检验记录的设计和填写
- 掌握过程品质异常的处理
- 初步学会分析现场问题的方法，提高分析问题解决问题的能力

案例导入

在浙江台州有一家中等规模的出口型家用电器企业，2009年曾经发生过一起较严重的质量事故，同一批次4个集装箱的产品由于严重的质量问题被退货并被索赔，直接经济损失达1000万元。其原因是由于生产交期紧，生产车间的工作人员在未经质量部门同意的情况下，擅自使用了不合格配件，并违反工艺纪律，省略了中间测试工序，致使问题不能在生产过程中被发现。同时由于集装箱已到达待装，抱着过去都没有问题的侥幸心理，最后的抽验环节也被省略，最终造成不可挽回的经济损失和信誉危机。

工作情境描述

生产过程产品检验，是指从原材料、零部件入库后到产成品生产加工结束之前所进行的质量检验活动。其主要目的是尽早发现生产过程异常现象，及时采取措施，以防止批量不合格品的产生。通过生产过程的产品检验，可以防止不合格原材料及零部件的投产，防止不合格品的转序加工，以及防止不合格品的入库或出厂。

公司接到为某机械设备有限公司加工轴承座3000件的加工任务，预计生产周期2个月，具体要求如见图6-1所示，公司将任务交给机械加工车间。该公司机械加工车间主任于是要求车间技术组在编制机械加工工艺的基础上，再设计主要工序（如磨内外圆）的检验规程，

并设计首检、巡检、完工检的检验记录，要求在 2 天内完成。车间检验组必须按检验规程的要求，在产品加工过程中实施产品的检验，在检验记录上记录检验结果，做出合格判定，并对检验发现的不合格品进行处理。同时还需要对检验结果要求进行统计分析，每周向车间领导和公司品质管理部门报告。

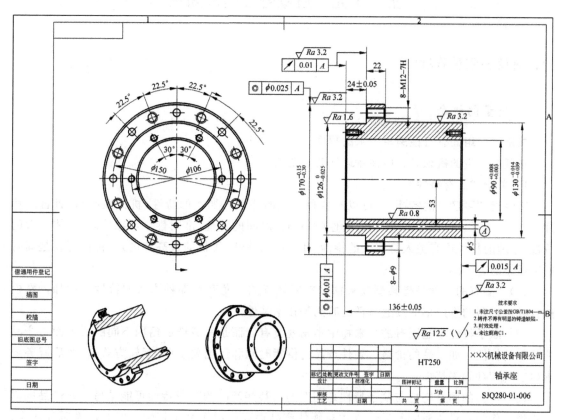

图 6-1　轴承座图样

工作任务

（1）熟悉质量管理基本知识。
（2）熟悉质量检验基本知识。
（3）了解检验员的职责。
（4）编制精车工序及零件最终完工检验的检验规程。
（5）设计精车工序首检、巡检、完工检的记录表。
（6）填写检验记录，对零件做出合格判定。
（7）记录不合格，对初步原因进行分析，并向上级报告。
（8）初步学会利用统计分析工具，编制统计图表。

基础知识

第一单元　质量管理基本知识

一、质量和质量管理

1. 质量的概念

质量：一组固有特性满足要求的程度。

在理解质量的概念时，应注意以下几个要点。

1）关于"固有特性"

特性指"可区分的特征"。可以有各种类别的特性，如物的特性（机械性能）；感官的特性（气味、噪音、色彩等）；行为的特性（礼貌）；时间的特性（准时性、可靠性）；人体工效的特性（生理的特性或有关人身安全的特性）和功能的特性（飞机的最高速度）。特性可以是固有的或赋予的。

（1）"固有的"就是指某事或某物中本来就有的，尤其是那种永久的特性。例如，螺栓的直径、机器的生产率或接通电话的时间等技术特性。

（2）赋予特性不是固有的，事物中本来就没有，而是完成产品后因不同的要求而对产品所增加的特性，如产品的价格、硬件产品的供货时间和运输要求（如运输方式）、售后服务要求（如保修时间）等特性。

（3）产品的固有特性与赋予特性是相对的，某些产品的赋予特性可能是另一些产品的固有特性，例如，供货时间及运输方式对硬件产品而言，属于赋予特性；但对运输服务而言，就属于固有特性。

2）关于"要求"

要求：明示的、通常隐含的或必须履行的需求或期望。

（1）"明示的"可以理解为是规定的要求，如在文件中阐明的要求或顾客明确提出的要求。

（2）"通常隐含的"是指组织、顾客和其他相关方的惯例或一般做法，所考虑的需求或期望是不言而喻的。例如化妆品对顾客皮肤的保护性等。一般情况下，顾客或相关方的文件（如标准）中不会对这类要求给出明确的规定，组织应根据自身产品的用途和特性进行识别，并做出规定。

（3）"必须履行的"是指法律法规要求的或有强制性标准要求的，如食品卫生安全法、GB 8898—2011 中"电网电源供电的家用和类似用途的电子及有关设备的安全要求"等，组织在产品的实现过程中必须执行这类标准。

（4）要求可以由不同的相关方提出，不同的相关方对同一产品的要求可能是不相同的。例如，对汽车来说，顾客要求美观、舒适、轻便、省油，但社会要求对环境不产生污染。组织在确定产品要求时，应兼顾顾客及相关方的要求。

要求可以是多方面的，当需要特指时，可以采用修饰词表示，如产品要求、质量管理要求、顾客要求等。

从质量的概念中，可以理解到：质量的内涵是由一组固有特性组成，并且这些固有特性是以满足顾客及其他相关方所要求的能力加以表征的。质量具有经济性、广义性、时效性和相对性。

（1）质量的经济性：由于要求汇集了价值的表现，价廉物美实际上是反映人们的价值取向，物有所值，就是表明质量有经济性的表征。虽然顾客和组织关注质量的角度是不同的，但对经济性的考虑是一样的。高质量意味着最少的投入的同时能获得最大效益。

（2）质量的广义性：在质量管理体系所涉及的范畴内，组织的相关方对组织的产品、过程或体系都可能提出要求。而产品、过程和体系又都具有固有特性，因此，质量不仅指产品质量，也可指过程和体系的质量。

（3）质量的时效性：由于组织的顾客和其他相关方对组织和产品、过程和体系的需求和期望是不断变化的，例如，原先被顾客认为质量好的产品会因为顾客要求的提高而不再受到顾客的欢迎。因此，组织应不断地调整对质量的要求。

（4）质量的相对性：组织的顾客和其他相关方可能对同一产品的功能提出不同的需求，也可能对同一产品的同一功能提出不同的需求。需求不同，质量要求也就不同，只有满足需求的产品才会被认为是质量好的产品。

质量的优劣是满足要求程度的一种体现。它须在同一等级基础上做比较，不同等级不能混淆比较。等级是指对功能用途相同但质量要求不同的产品、过程或体系所做的分类或分级。

2. 与质量相关的概念

1）组织

组织是指"职责、权限和相互关系得到安排的一组人员及设施"，例如，公司、集团、商行、社团、研究机构或上述组织的部分或组合。可以这样理解，组织是由两个或两个以上的个人为了实现共同的目标组合而成的有机整体，安排通常是有序的。

2）过程

过程是指"一组将输入转化为输出的相互关联或相互作用的活动"。过程由输入、实施活动和输出三个环节组成。过程可包括产品实现过程和产品支持过程。

3）产品

产品是指"过程的结果"。产品有4种通用的类别：服务（如商贸、运输）；软件（如计算机程序、字典）；硬件（如发动机机械零件、电视机）；流程性材料（如润滑油）。

许多产品由不同类别的产品构成，服务、软件、硬件或流程性材料的区分取决于其主导成分。例如"汽车"是由硬件（如：汽车齿轮）、流程性材料（如：燃料、冷却液、电流）、软件（如：发动机控制软件、汽车说明书、驾驶员手册）和服务（如：销售人员所做的操作说明）所组成的。

依产品的存在形式，又可将产品分为有形的和无形的。服务通常是无形的，并且是在供方和顾客接触面上至少需要完成一项活动的结果。

软件由信息组成，通常是无形产品并可以方法、论文或程序的形式存在。

硬件通常是有形产品，其量具有计数的特性（可以分离，可以定量计数）。

流程性材料通常是有形产品，其量具有连续的特性（一般是连续生产，状态可以是液体、气体、粒子线状、块状或板状等）。

4）顾客

顾客是指接受产品的组织或个人，例如，消费者、委托人、最终使用者、零售商、受益者和采购方。顾客可以是组织内部的或外部的。

5）体系

体系是指相互关联或相互作用的一组要素。

6）质量特性

质量特性是指产品、过程或体系与要求有关的固有特性。

质量概念的关键是"满足要求"，这些"要求"必须转化为有指标的特性，作为评价、检验和考核的依据。由于顾客的需求是多种多样的，所以反映产品质量的特性也是多种多样的。它包括：性能、适用性、可信性（可用性、可靠性、维修性）、安全性、环境、经济性和美学性。质量特性有的是能够定量的，有的是不能够定量的，只有定性。实际工作中，在测量时，通常把不定量的特性转换成可以定量的代用质量特性。

产品质量特性有内在特性，如结构、性能、精度、化学成分等；有外在特性，如外观、形状、色泽、气味、包装等；有经济特性，如成本、价格、使用费用、维修时间和费用等；有商业特性，如交货期、保修期等；还有其他方面的特性，如安全、环境、美观等。质量的适用性就是建立在质量特性基础之上的。

服务质量特性是服务产品所具有的内在的特性。有些服务质量特性是顾客可以直接观察或感觉到的，如服务等待时间的长短、服务设施的完好程度、火车的正误点、服务用语的文明程度、服务中噪声的大小等。还有一些反映服务业绩的特性，如酒店财务的差错率、报警器的正常工作率等。一般来说，服务特性可以分为5种类型：可靠性，准确地履行服务承诺的能力；响应性，帮助顾客并迅速提供服务的愿望；保证性，员工具有的知识、礼节以及表达出自信与可信的能力；移情性，设身处地地为顾客着想和对顾客给予特别的关注；有形性，有形的设备、设施、人员和沟通材料的外表。不同的服务对各种特性要求的侧重点会有所不同。

根据对顾客满意的影响程度不同，应对质量特性进行分类管理。常用的质量特性分类方法是将质量特性划分为关键、重要和次要三类。

关键质量特性，是指若超过规定的特性值要求，会直接影响产品安全性或产品整机功能丧失的质量特性。

重要质量特性，是指若超过规定的特性值要求，将造成产品部分功能丧失的质量特性。

次要质量特性，是指若超过规定的特性值要求，暂不影响产品功能，但可能会引起产品功能的逐渐丧失。

3. 质量概念的发展

随着经济的发展和社会的进步，人们对质量的需求不断提高，质量的概念也随着不断深化、发展。具有代表性的质量概念主要有："符合性质量"、"适用性质量"和"广义质量"。

1) 符合性质量的概念

它以"符合"现行标准的程度作为衡量依据。"符合标准"就是合格的产品质量,"符合"的程度反映了产品质量的一致性。这是长期以来人们对质量的定义,认为产品只要符合标准,就满足了顾客需求。"规格"和"标准"有先进和落后之分,过去认为是先进的,现在可能是落后的。落后的标准即使百分之百的符合,也不能认为是质量好的产品。同时,"规格"和"标准"不可能将顾客的各种需求和期望都规定出来,特别是隐含的需求与期望。

2) 适用性质量的概念

它是以适合顾客需要的程度作为衡量的依据。从使用角度定义产品质量,认为产品的质量就是产品"适用性",即"产品在使用时能成功地满足顾客需要的程度"。

"适用性"的质量概念,要求人们从"使用要求"和"满足程度"两个方面去理解质量的实质。

质量从"符合性"发展到"适用性",使人们对质量认识逐渐把顾客的需求放在首位。顾客对他们所消费的产品和服务有不同的需求和期望。这意味着组织需要决定他们想要服务于哪类顾客,是否在合理的前提下都满足顾客的需要和期望。

二、质量管理的基本知识

1. 质量管理

1) 质量管理的定义

质量管理是指在质量方面指挥和控制组织的协调的活动。在质量方面的指挥和控制活动,通常包括制定质量方针和质量目标及质量策划、质量控制、质量保证和质量改进。

上述定义可从以下几个方面来理解。

(1) 质量管理是通过建立质量方针和质量目标,并为实现规定的质量目标进行质量策划,实施质量控制和质量保证,开展质量改进等活动予以实现的。

(2) 组织在整个生产和经营过程中,需要对诸如质量、计划、劳动、人事、设备、财务和环境等各个方面进行有序的管理。由于组织的基本任务是向市场提供符合顾客和其他相关方要求的产品,围绕着产品质量形成的全过程实施质量管理是组织的各项管理的主线。

(3) 质量管理涉及到组织的各个方面,是否有效地实施质量管理关系到组织的兴衰。组织的最高管理者应正式发布本组织的质量方针,在确立质量目标的基础上,按照质量管理的基本原则,运用管理的系统方法来建立质量管理体系,为实现质量方针和质量目标配备必要的人力和物质资源,开展各项相关的质量活动,这也是各级管理者的职责。所以,组织应采取激励措施激发全体员工积极参与,充分发挥他们的才干和工作热情,造就人人争做贡献的工作环境,确保质量策划、质量控制、质量保证和质量改进活动顺利地进行。

2) 质量方针和质量目标

质量方针是指由组织的最高管理者正式发布的该组织总的质量宗旨和质量方向。质量方针是企业经营总方针的组成部分,是企业管理者对质量的指导思想和承诺。企业最高管理者应确定质量方针并形成文件。

质量方针的基本要求应包括供方的组织目标和顾客的期望和需求,也是供方质量行为的准则。

质量目标是组织在质量方面所追求的目的，是组织质量方针的具体体现，目标既要先进，又要可行，便于实施和检查。

3）质量策划

质量策划是质量管理的一部分，致力于制定质量目标并规定必要的运行过程和相关资源以实现质量目标。

质量策划幕后的关键是制定质量目标并设法使其实现。质量目标是在质量方面所追求的目标，其通常依据组织的质量方针制定，并且通常对组织的相关职能和层次分别规定质量目标。

4）质量控制

质量控制是质量管理的一部分，致力于满足质量要求。

作为质量管理的一部分，质量控制适用于对组织任何质量的控制，不仅仅限于生产领域，还适用于产品的设计、生产原料的采购、服务的提供、市场营销、人力资源的配置，涉及组织内几乎所有的活动。质量控制的目的是保证质量，满足要求。为此，要解决要求（标准）是什么、如何实现（过程）、需要对哪些进行控制等问题。

质量控制是一个设定标准（根据质量要求）、测量结果，判定是否达到了预期要求，对质量问题采取措施进行补救并防止再发生的过程，质量控制不是检验。在生产前对生产过程进行评审和评价的过程也是质量控制的一个组成部分。总之，质量控制是一个确保生产出来的产品满足要求的过程。例如，为了控制采购过程的质量，采取的控制措施可以有：确定采购文件（规定采购的产品及其质量要求），通过评定选择合格的供货单位，规定对进货质量的验证方法，做好相关质量记录的保管工作并定期进行业绩分析。为了选择合格的供货单位而采用的评定方法可以有：评价候选供货单位的质量管理体系、检验其产品样品、小批试用、考察其业绩等。为了控制生产过程，如某一工序的质量，可以通过作业指导书规定生产该工序使用的设备、工艺装备、加工方法、检验方法等，对特殊过程或关键工序还可以采取控制图法监视其质量的波动情况。

5）质量保证

质量保证是质量管理的一部分，致力于提供质量要求会得到满足的信任。

质量保证定义的关键词是"信任"，对达到预期质量要求的能力提供足够的信任。这种信任是在订货前建立起来的，如果顾客对供方没有这种信任则不会与之订货。质量保证不是买到不合格产品以后保修、保换、保退，保证质量、满足要求是质量保证的基础和前提，质量管理体系的建立和运行是提供信任的重要手段。因为质量管理体系将所有影响质量的因素，包括技术、管理和人员方面的，都采取了有效的方法进行控制，因而具有减少、消除、特别是预防不合格的机制。

组织规定的质量要求，包括产品的、过程的和体系的要求，必须完全反映顾客的需求，才能给顾客以足够的信任。因此，质量保证要求，即顾客对供方的质量体系要求往往需要证实，以使顾客具有足够的信任。证实的方法可包括：供方的合格声明；提供形成文件的基本证据（如质量手册、第三方的型式检验报告）；提供由其他顾客认定的证据；顾客亲自审核；由第三方进行审核；提供经国家认可的认证机构出具的认证证据（如质量体系认证证书或名录）。

质量保证在有两方的情况下才存在，由一方向另一方提供信任。由于两方的具体情况不同，质量保证分为内部和外部两种，内部质量保证是组织向自己的管理者提供信任；外部质量保证是组织向顾客或其他方提供信任。

6）质量改进

质量改进是质量管理的一部分，致力于增强满足质量要求的能力。

作为质量管理的一部分，质量改进的目的在于增强组织满足质量要求的能力，由于要求可以是任何方面的，因此，质量改进的对象也可能会涉及组织的质量管理体系、过程和产品等方方面面。同时，由于各方面的要求不同，为确保有效性、效率或可追溯性，组织应注意识别需改进的项目和关键质量要求，考虑改进所需的过程，以增强组织体系或过程实现产品并使其满足要求的能力。

三、质量管理的发展历史

1. 质量管理发展阶段回顾

20世纪，人类跨入了以加工机械化、经营规模化、资本垄断化为特征的工业化时代。在整整一个世纪中，质量管理的发展，大致经历了三个阶段。

1）质量检验阶段

20世纪初，人们对质量管理的理解还只限于质量的检验。质量检验所使用的手段是各种检测设备和仪表，方式是严格把关，进行百分之百的检验。期间，美国出现了以泰罗为代表的"科学管理"运动。"科学管理"提出了在人员中进行科学分工的要求，并将计划职能与执行职能分开，中间再加一个检验环节，以便监督、检查对计划、设计、产品标准等项目的贯彻执行。这就是说，计划设计、生产操作、检查监督各有专人负责，从而产生了一支专职检查队伍，构成了一个专职的检查部门，这样，质量检验机构就被独立出来了。起初，人们非常强调工长在保证质量方面的作用，将质量管理的责任由操作者转移到工长，故被人称为"工长的质量管理"。

后来，这一职能又由工长转移到专职检验人员，由专职检验部门实施质量检验，称为"检验员的质量管理"。

质量检验是在成品中挑出废品，以保证出厂产品质量。但这种事后检验把关，无法在生产过程中起到预防、控制的作用，且百分之百的检验，增加检验费用，在大批量生产的情况下，其弊端就凸显出来。

2）统计质量控制阶段

这一阶段的特征是数理统计方法与质量管理的结合。第一次世界大战后期，休哈特将数理统计的原理运用到质量管理中来，并发明了控制图。他认为质量管理不仅要进行事后检验，而且在发现有废品生产的先兆时就进行分析改进，从而预防废品的产生，控制图就是运用数理统计原理进行这种预防的工具。因此，控制图的出现，是质量管理从单纯事后检验进入检验加预防阶段的标志，也是质量管理形成一门独立学科的开始。第一本正式出版的质量管理科学专著就是1931年休哈特的《工业产品质量的经济控制》。在休哈特创造控制图以后，他的同事在1929年发表了《抽样检查方法》。他们都是最早将数理统计方法引入质量管理的，为质量管理科学做出了贡献。

第二次世界大战以后，统计质量管理得到了广泛应用。美国军政部门组织一批专家和工程技术人员，于 1941—1942 年间先后制定并公布了 Z1.1《质量管理指南》、Z1.2《数据分析用控制图法》和 Z1.3《生产过程质量管理控制图法》，强制生产武器弹药的厂商推行，并收到了显著效果。从此，统计质量管理的方法得到很多厂商的应用，统计质量管理的效果也得到了广泛的认可。

第二次世界大战结束后，美国许多企业扩大了生产规模，除原来生产军火的工厂继续推行质量管理方法以外，许多民用工业也纷纷采用这一方法，美国以外的许多国家，也都陆续推行了统计质量管理，并取得了成效。

但是，统计质量管理也存在着缺陷，它过分强调质量控制的统计方法，使人们误认为质量管理就是统计方法，是统计专家的事。在计算机和数理统计软件应用不广泛的情况下，使许多人感到高不可攀、难度大。

3）全面质量管理阶段

20 世纪 50 年代以来，科学技术和工业生产的发展，对质量要求越来越高，要求人们运用"系统工程"的概念，把质量问题作为一个有机整体加以综合分析研究，实施全员、全过程、全企业的管理。20 世纪 60 年代在管理理论上出现了"行为科学"学派，主张调动人的积极性，注重人在管理中的作用。随着市场竞争，尤其国际市场竞争的加剧，各国企业都很重视"产品责任"和"质量保证"问题，加强内部质量管理，确保生产的产品使用安全、可靠。

在上述背景条件下，显然仅仅依赖质量检验和运用统计方法已难以保证和提高产品质量，也不能满足社会进步要求。1961 年，菲根堡姆提出了全面质量管理的概念。

所谓全面质量管理，是以质量为中心，以全员参与为基础，旨在通过顾客和所有相关方受益而达到长期成功的一种管理途径。日本在 20 世纪 50 年代引进了美国的质量管理方法，并有所发展。最突出的是他们强调从总经理、技术人员、管理人员到工人，全体人员都参与质量管理。企业对全体职工分层次地进行质量管理知识的教育培训，广泛开展群众性质量管理小组活动，并创造了一些通俗易懂、便于群众参与的管理方法，包括由他们归纳、整理的质量管理的老 7 种工具（常用 7 种工具）和新 7 种工具（补充 7 种工具），使全面质量管理充实了大量新的内容。质量管理的手段也不再局限于数理统计，而是全面地运用各种管理技术和方法。

全面质量管理以往通常用英文缩写 TQC 来表示，现在改用 TQM 来表示，其中"M"是"Management"的缩写，更加突出了"管理"。在一定意义上讲，它已经不再局限于质量职能领域，而演变为一套以质量为中心，综合的、全面的管理方式和管理理念。

发达国家组织运用全面质量管理使产品或服务质量获得迅速提高，引起了世界各国的广泛关注。全面质量管理的观点逐渐在全球范围内获得广泛传播，各国都结合自己的实践有所创新发展。目前举世瞩目的 ISO9000 族质量管理标准、美国波多里奇奖、欧洲质量奖、日本戴明奖等各种质量奖及卓越经营模式、六西格玛管理模式等，都是以全面质量管理的理论和方法为基础的。

2. 质量管理专家的质量理念

在现代质量管理的实践活动中，质量管理专家中的核心人物发挥了积极的作用，正是这些著名质量管理专家，如戴明、朱兰、石川馨等，使人们对质量及质量管理有了更进一步的认识，对质量管理的发展和进步产生了巨大影响。

1) 戴明的质量理念

戴明(W. E. Deming)是美国著名的质量专家之一。第二次世界大战后,他应邀赴日本讲学和咨询,对统计质量管理在日本的普及和深化发挥了巨大的作用。后来他在美国传播在日本十分有效的质量管理。1980年,在美国全国广播公司(NBC)名为"日本可以,为什么我们不能"节目播出后,戴明便成为美国在质量管理方面的著名人物。

戴明的主要观点是引起效率低下和不良质量的原因主要在公司的管理系统而不在员工。他总结出质量管理14条原则,认为一个公司要想使其产品达到规定的质量水平必须遵循这些原则。戴明的质量管理14条原则如下。

(1) 建立改进产品和服务的长期目标。
(2) 采用新观念。
(3) 停止依靠检验来保证质量。
(4) 结束仅仅依靠价格选择供应商的做法。
(5) 持续地且永无止境地改进生产和服务系统。
(6) 采用现代方法开展岗位培训。
(7) 发挥主管的指导帮助作用。
(8) 排除恐惧。
(9) 消除不同部门之间的壁垒。
(10) 取消面向一般员工的口号、标语和数字目标。
(11) 避免单纯用量化定额和指标评价员工。
(12) 消除影响工作完美的障碍。
(13) 开展强有力的教育和自我提升活动。
(14) 使组织中的每个人都行动起来去实现转变。

2) 朱兰的质量理念

像戴明一样,朱兰(J. M. Juran)作为美国的著名质量专家,曾指导过日本质量管理。他在1951年出版了《质量控制手册》(Quality Control Handbook),到1998年已发行到第五版,改名为《朱兰质量手册》(Juran Quality Handbook)。

(1) 朱兰关于质量的观点。朱兰博士认为质量来源于顾客的需求。在《朱兰质量手册》中他对质量的定义如下。

① 质量是指那些能满足顾客需求,从而使顾客感到满意的"产品特性"。
② 质量意味着无缺陷,也就是说没有造成返工、故障、顾客不满意和顾客投诉等现象。

(2) 朱兰质量管理三部曲。朱兰博士把质量管理的三个普遍过程,即质量策划、质量控制和质量改进称为构成质量管理的三部曲(即朱兰质量管理三部曲)。

3) 石川馨的质量理念

石川馨(Ishikawa Kaori)是日本著名质量管理专家。他是因果图的发明者,日本质量管理小组(QC小组)的奠基人之一,是将国外先进质量管理理论和方法与本国实践相结合的一位专家。

石川馨认为,质量不仅是指产品质量,从广义上说,质量还指工作质量、部门质量、人的质量、体系质量、公司质量、方针质量等。

他认为，全面质量管理（TQC）在日本就是全公司范围内的质量管理，具体内容包括：①所有部门都参加的质量管理，即企业所有部门的人员都学习、参与质量管理。为此，要对各部门人员进行教育，要"始于教育，终于教育"。②全员参加的质量管理，即企业的经理、董事、部课长、职能人员、工班长、操作人员、推销人员等全体人员都参加质量管理，并进而扩展到外协、流通机构、系列公司。③综合性质量管理，即以质量管理为中心，同时推进成本管理（利润、价格管理）、数量管理（产量、销量、存量）、交货期管理。

他认为推行日本的质量管理是经营思想的一次革命，其内容可归纳为6项：①质量第一；②面向消费者；③下道工序是顾客；④用数据、事实说话；⑤尊重人的经营；⑥机能管理。

第二单元 过程产品检验

一、基本知识

1. 检验

检验就是通过观察和判断，适当时结合测量、试验所进行的符合性评价。对产品而言，是指根据产品标准或检验规程对原材料、中间产品、成品进行观察，适当时进行测量或试验，并把所得到的特性值和规定值作比较，判定出各个物品或成批产品合格与不合格的技术性检查活动。

2. 质量检验

质量检验就是对产品的一个或多个质量特性进行观察、测量、试验，并将结果和规定的质量要求进行比较，以确定每项质量特性合格情况的技术性检查活动，如图6-2所示。

(a) 尺寸测量

(b) 环境试验

(c) 金相分析

图6-2 检验试验种类

3. 质量检验的主要功能

1) 鉴别功能

根据技术标准、产品图样、作业（工艺）规程或订货合同的规定，采用相应的检测方法观察、试验、测量产品的质量特性，判定产品质量是否符合规定的要求，这是质量检验的鉴别功能。鉴别是"把关"的前提，通过鉴别才能判断产品质量是否合格。不进行鉴别就不能确定产品的质量状况，也就难以实现质量"把关"。鉴别主要由专职检验人员完成。

2）把关功能

质量"把关"是质量检验最重要、最基本的功能。产品的实现往往是一个复杂的过程，影响质量的各种因素（人、机、料、法、环）都会在这过程中发生变化和波动，各过程（工序）不可能始终处于等同的技术状态，质量波动是客观存在的。因此，必须通过严格的质量检验，剔除不合格品并予以"隔离"，实现不合格的原材料不投产，不合格的产品组成部分及中间产品不转序、不放行，不合格的成品不交付（销售、使用），严把质量关，实现"把关"功能。

3）预防功能

现代质量检验不单纯是事后"把关"，还同时起到预防的作用。预防作用体现在以下几个方面。

（1）通过过程（工序）能力的测定和控制图的使用起预防作用。无论是测定过程（工序）能力或使用控制图，都需要通过产品检验取得批数据或一组数据，但这种检验的目的，不是为了判定这一批或一组产品是否合格，而是为了计算过程（工序）能力的大小和反映过程的状态是否受控。如发现能力不足，或通过控制图表明出现了异常因素，需及时调整或采取有效的技术、组织措施，提高过程（工序）能力或消除异常因素，恢复过程（工序）的稳定状态，以预防不合格品的产生。

（2）通过过程（工序）作业的首检与巡检起预防作用。当一个班次或一批产品开始作业（加工）时，一般应进行首件检验，只有当首件检验合格并得到认可时，才能正式投产。此外，当设备进行了调整又开始作业（加工）时，也应进行首件检验，其目的都是为了预防出现成批不合格品。而正式投产后，为了及时发现作业过程是否发生了变化，还要定时或不定时到作业现场进行巡回抽查，一旦发现问题，可以及时采取措施予以纠正。

（3）广义的预防作用。实际上对原材料和外购件的进货检验，对中间产品转序或入库前的检验，既起把关作用，又起预防作用。前过程（工序）的把关，对后过程（工序）就是预防，特别是应用现代数理统计方法对检验数据进行分析，就能找到或发现质量变异的特征和规律。利用这些特征和规律就能改善质量状况，预防不稳定生产状态的出现。

4）报告功能

为了使相关的管理部门及时掌握产品实现过程中的质量状况，评价和分析质量控制的有效性，把检验获取的数据和信息，经汇总、整理、分析后写成报告，为质量控制、质量改进、质量考核以及管理层进行质量决策提供重要信息和依据。

质量报告的主要内容如下。

（1）原材料、外购件、外协件进货验收的质量情况和合格率。

（2）过程检验、成品检验的合格率、返修率、报废率和等级率，以及相应的废品损失金额。

（3）按产品组成部分（如零、部件）或作业单位划分统计的合格率、返修率、报废率及相应废品损失金额。

（4）产品报废原因的分析。

(5) 重大质量问题的调查、分析和处理意见。

(6) 提高产品质量的建议。

4. 质量检验的步骤

(1) 检验的准备。熟悉规定要求，选择检验方法，制定检验规范。首先要熟悉检验标准和技术文件规定的质量特性和具体内容，确定测量的项目和量值。为此，有时需要将质量特性转化为可直接测量的物理量；有时则要采取间接测量方法，经换算后才能得到检验需要的量值；有时则需要有标准实物样品（样板）作为比较测量的依据。要确定检验方法，选择精密度、准确度适合检验要求的计量器具和测试、试验及理化分析用的仪器设备。确定测量、试验的条件，确定检验实物的数量，对批量产品还需要确定批的抽样方案。将确定的检验方法和方案用技术文件形式作出书面规定，制定规范化的检验规程（细则）、检验指导书，或绘成图表形式的检验流程卡、工序检验卡等。在检验的准备阶段，必要时要对检验人员进行相关知识和技能的培训和考核，确认能否适应检验工作的需要。

(2) 测量或试验。按已确定的检验方法和方案，对产品质量特性进行定量或定性的观察、测量、试验，得到需要的量值和结果。测量和试验前后，检验人员要确认检验仪器设备和被检物品试样状态正常，保证测量和试验数据的正确、有效。

(3) 记录。对测量的条件、测量得到的量值和观察得到的技术状态用规范化的格式和要求予以记载或描述，作为客观的质量证据保存下来。质量检验记录是证实产品质量的证据，因此数据要客观、真实，字迹要清晰、整齐，不能随意涂改，需要更改的要按规定程序和要求办理。质量检验记录不仅要记录检验数据，还要记录检验日期、班次，由检验人员签名，便于质量追溯，明确质量责任。

(4) 比较和判定。由专职人员将检验的结果与规定要求进行对照比较，确定每一项质量特性是否符合规定要求，从而判定被检验的产品是否合格。

(5) 确认和处置。检验有关人员对检验的记录和判定的结果进行签字确认。对产品（单件或批）是否可以"接收"、"放行"作出处置。

① 对合格品准予放行，并及时转入下一作业过程（工序）或准予入库、交付（销售、使用）。对不合格品，按其程度分别情况作出返修、返工、让步接收或报废处置。

② 对批量产品，根据产品批质量情况和检验判定结果分别作出接收、拒收、复检处置。

5. 质量检验分类

(1) 进货检验（Incoming Quality Control，IQC）：对外购原材料、外购配件、外协件的入库前的质量检验。

(2) 过程检验（In Process Quality Control，IPQC）：产品制造过程的质量检验，包括工序首件检验、工序巡回检验、在线定点检验、工序完工检验等，还包括操作人员的自检和互检活动。

(3) 成品检验（Final Quality Control，FQC）：根据产品标准或成品检验规程对最终成品入库前的检验。

(4) 出货检验（Outgoing Quality Control，OQC）：对产品出货前的再次质量确认。

二、过程检验员的角色认知

1. 检验员的工作任务规定

检验员在生产现场执行鉴别、把关、报告、预防、监督任务。

（1）实行首件"三检"制度，生产工人自检、班组长互检、检验员专检。"三检"均合格后方可投入批量生产。

（2）按规定的工艺路线、频次、程序、项目、检验依据进行巡回检验，并做好相应检验记录。

（3）对加工完毕的产品，按检验依据规定进行全面的质量检查，合格品转入下道工序，严格把好质量关。

2. 检验员的工作责任规定

（1）首件检验发生错误造成批量不合格品，检验员负有错检或误判的责任。

（2）不按规定的工艺线路、周期、程序、项目和检验依据进行巡回检验而发生批量不合格现象时，检验员应承担漏检责任。

（3）检验员不严格按检验依据和检验指导书进行检验，对未按规定抽样、操作不规范、记录不齐全、计算错误、结论错误、报告不完整负责。

（4）检验员对自己检验结果的准确性和记录的正确性负责。

（5）对无正当理由压检而影响生产负责。

3. 检验员的工作权限

（1）有权拒绝使用校准和/或检定状态失准的计量器具。

（2）有权拒绝使用失效的产品质量检验依据。

（3）对于生产工人违反工艺纪律加工的产品，有权不予验收。

（4）生产工人未自检合格的产品，有权拒绝检验。

（5）生产现场出现重大质量事故时，有权停止进一步生产，直至问题得到解决。

（6）有权越级反映质量问题。

三、生产过程检验作业指导书的编制

生产过程检验作业指导书是具体规定检验操作要求的技术文件，又称检验规程或检验卡片。它是产品生产过程中，用以指导检验人员规范、正确地实施检验工作而进行的检查、测量、试验的技术文件。

1. 检验作业指导书编制的时机

（1）对QC工程图或控制计划，控制产品关键和重要质量特性的检验活动，应编制质量检验作业指导书。

（2）对新开发的产品，工厂以往没有开展过类似检验活动时，应编制形成质量检验作业指导书。

2. 生产过程检验作业指导书编制的依据

编制生产过程检验作业指导书的主要依据适用时应包括以下方面。
(1) 产品图纸、样品。
(2) 产品、零部件及材料标准。
(3) 产品技术条件和试验大纲。
(4) 控制计划或 QC 工程图。
(5) 工艺过程卡及工艺守则。
(6) 产品及过程特殊特性清单。

3. 生产过程检验作业指导书的内容

(1) 检验对象：通常是产品或零部件名称、工序名称、规格型号、图号。
(2) 检验项目：又称质量特性，按产品质量要求转化的技术要求规定检验的项目。
(3) 检验方法：规定检验的基准、检验的程序和计算方法、检验的频次，以及抽样方案。
(4) 检验手段：规定检验使用的检测器具、仪器、仪表、设备及检具名称和编号。
(5) 检验判定：规定检验数据处理和数据判定的方法和准则。
(6) 记录和报告：规定记录的事项、方法和表格，规定报告的内容与方式、程序与时间。

4. 生产过程检验作业指导书的编制要求

生产过程检验作业指导书的格式，应根据生产组织的不同生产类型、不同作业工种等具体情况进行设计。

(1) 对该生产过程作业控制的所有质量特性(技术质量要求)，应全部逐一列出，不可遗漏。对质量特性的技术要求的表述要简洁明了、内容具体，便于操作和检验人员掌握和理解。
(2) 必须针对质量特性和不同精度等级的要求，合理选择适宜的测量工具或仪表，并在指导书中标明它们的型号、规格和编号。
(3) 当采用抽样检验时，应正确选择抽样方案。根据产品抽样的目的、性质、特点选用适用的抽样方案，根据具体情况及质量特性的等级确定可接受的 AQL 值，正确选择检查水平。

5. 检验作业指导书的格式

检验作业指导书的格式没有什么标准，可以多种多样，只要达到指导作用即可。常见的有文件式检验规程(表6-1)、表格式检验指导书(表6-2)、检验卡片(表6-3)等。

表6-1 阀门过程检验规程

1. 范围 本文件规定了阀门装配过程的检验和试验内容、要求、方法及结果判定。 本文件适用于生产过程中与组成阀门系列产品有关的产品装配过程的检验和试验，当合同要求与本文件不一致时，应按合同要求执行。 2. 检验和试验内容及要求 (1) 外观质量状况。 ① 锻、铸造产品不得有裂纹、冷隔、穿孔以及严重的砂眼、错位、夹渣和飞边等缺陷。

② 阀体、手柄等产品的标志应清晰、准确。
③ 产品不应有漏加工或严重的夹、碰伤痕，且表面清洁干净，无水渍、胶水或其他污染物。
④ 产品的抛砂、抛光、电镀等表面处理质量，应符合相应的产品图样或有关技术文件规定。
⑤ 各产品的几何形状应符合装配质量要求，无变形等缺陷。
(2) 各零件的配合状况。
① 阀杆与阀体、填料及"O"形圈等的配合应紧凑、端正，无明显歪斜。
② 密封圈与阀体或阀帽、接管等的配合应紧凑、稳固，内孔与流水孔间不应出现较大偏差或外露，且无损伤。
③ 球体应位于阀体内腔中心，无卡、碰现象，球槽与阀杆扁方配合紧凑，无明显间隙及咬伤密封圈面。
④ 手柄(或手轮)与阀杆的配合应紧凑、牢固，不应有明显的间隙或歪斜，锁紧手柄(或手轮)的螺帽或螺钉不应有松动现象。
⑤ 阀体与阀帽(盖)、接管、花帽、出水口等零配件的配合应吻合、严密，无错、漏及明显错位现象，且装配状况符合相应的产品装配图样及有关技术文件要求。
(3) 启闭状况。
① 扳动手柄(或手轮)，启闭件应能顺利开启或关闭，且手感轻重适中，无明显卡阻现象。
② 启闭时，启闭件、阀杆及手柄等应无严重变形或损伤。
③ 阀瓣、闸板、球体等启闭件的开关程度及各部位的接触情况，应具有一定的弹性预紧力和密封调整余量，并符合相应的产品图样等有关文件要求。
(4) 球阀门全开时，球体通孔轴线与阀体通孔轴线夹角应符合以下规定。
① 过位时，密封圈(或球面)露出应小于 0.5mm。
② 欠位及三体不正时，密封圈露出：$-1''$及以下应小于 0.8mm；$-11/4''$ 及以上应小于 1.3mm。
(5) 球阀全开时，手柄方向与阀门轴线应一致，关闭时应垂直，其角度偏差应小于 3°。
(6) 管螺纹、焊接孔等要求应符合相应的文件和资料规定(管螺纹的成品检验视需要进行)。
(7) 包装物料应无霉变、潮湿、污染、破损等，其结构、材料等应符合相应的技术文件要求，且所包装产品和包装方法应与包装标志及《产品包装规则》相符合。
(8) 阀体与阀帽等联结而成的整个阀门，以及启闭件和阀体密封副等具有密封要求的部位，不得有任何渗漏现象(由试压和关气球阀的成品检验执行)。

3. 抽样
(1) 产品的试装配首件检验的数量应每次不少于 10 件。
(2) 装配过程巡检每 2 小时巡查一次，每次至少抽一件最终产品检验。
(3) 一批产品装配完成后要进行完工检，按检查水平 S-4，AQL＝2.5 抽样。
(4) 生产过程中各环节的自检、互检和巡检的样本，应从检查批内不同时间加工的产品中进行抽取，且其中有 1 件必须是最新加工件。
(5) 产品的压力试验和包装前的成品检验均执行全数检验。

4. 检验和试验方法
(1) 外观质量、球孔轴线、手柄角度及各零件的配合状况均采用目测检验。
(2) 启闭状况及各零件配合的松紧度凭实际经验进行感官检查。
(3) 连接管螺纹或焊接孔精度采用相应精度的螺纹量规或光滑量规进行检查。
(4) 阀门的壳体和密封性能按 QJ/XX 3821.04《产品压力试验规则》规定进行检测。
(5) 包装物料和包装质量采用目测检查。

5. 检验和试验结果的判定
(1) 自检、互检和巡检时(包括重新检查产品)所抽取的样本，经检查后均符合规定要求时，判定该检查批合格，有 1 件不符合规定要求的，应再次抽样检查，有 2 件或以上的，则判定不合格。再次抽样检查时的产品若有不合格，则判定该检查批不合格。

(2) 抽样检验，样本检查后，不合格数≤Ac 的判定该批合格，≥Re 的判定不合格。

6. 检查后的处置

(1) 对自检、互检和巡检、完工检时判定合格的检查批，可按规定进行转序或入库，判定为不合格的检查批，应按 QG/XX 2831《不合格品控制程序》规定执行评审和处置。

(2) 对判定不合格的检查批，经操作者返工（包括筛选）或返修后，应重新提交检验员检查。

表 6-2　车灯检验过程指导书

类别	项次	检查项目	判定标准	检验方法	检验工具	检验频次
			××车灯有限公司		第1页	
			涂装镀膜件检验指导书		共1页	
外观	1	喷涂底漆层外观	拟组装整灯状态下主视面光亮平滑，光泽性好，不允许有起泡、起皱、堆漆、桔皮、脱落、斑点、流痕、杂漆颗粒、擦伤和漏底等缺陷	目视	样件（必要时）	按抽样方案
	2	反射镜铝层外观	不允许有发黄、发彩、发黑、雾状、手印、黑点、未镀全、露底和杂质等	目视	样件（必要时）	按抽样方案
			不允许有影响光学性能的斑点、擦伤、条纹和变色等缺陷，不允许有锈蚀、斑点、鼓泡、剥落、擦伤和漏底等缺陷	目视	样件（必要时）	按抽样方案
			外观上应没有因涂料、溶剂等产生的涂膜缺陷，色彩及光泽均匀	目视	样件（必要时）	按抽样方案
			允许有轻度挂具接触勾痕，轻度丝流和非主视面上的水迹	目视	样件（必要时）	按抽样方案
			反射镜周边允许有由于底漆引起的轻微白雾	目视	样件（必要时）	按抽样方案
	3	光固化灯罩外观	不允许有发彩、雾状、桔皮、手印、黑点、未镀全。外观上没有因涂料、溶剂等产生的喷漆缺陷，色彩及光泽均匀	目视	样件（必要时）	按抽样方案
	4	表面颗粒、麻点	主视面允许直径小于 0.5mm 的颗粒、麻点不多于 2 个，每两个距离不小于 35mm	目视/测量	样件（必要时）0~150mm 游标卡尺	按抽样方案
			主视面允许直径小于 0.2mm 的颗粒、麻点不多于 4 个，每两个距离不小于 35mm			按抽样方案
			非主视面允许直径小于 1mm 的颗粒、麻点不多于 4 个，每两个距离不小于 35mm			按抽样方案
			非主视面允许直径小于 1mm 的颗粒、麻点不多于 6 个，每两个距离不小于 35mm			按抽样方案
			非主视面允许直径小于 0.5mm 的颗粒、麻点不多于 10 个，但不能集中			按抽样方案

续表

类别	项次	检查项目	判定标准	检验方法	检验工具	检验频次
结构	5	结构	参照样件比对检验	目视	样件	按抽样方案
性能	6	附着力测试	使用刀片切穿试验片的涂膜,底子面的切痕每隔1mm画成棋盘格状10×10目,在该棋盘格上贴上玻璃纸粘胶带,之后从与涂装面成45度角的方向一下子拉落,应无剥落	检测	刀片/胶带	2只/批
标记	处数	更改文件号	更改原因		签名	日期

编制:　　　　　　　　　审核:　　　　　　　　　批准:

表6-3　箱盖检验过程卡片

××动力有限公司	检验指导书	工序号	1	工序名称	铣大端面、镗孔
零件名称	齿轮箱盖	零件图号	125-01-03		

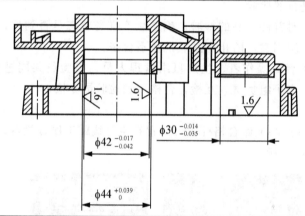 

序号	检验项目	要求	检验工具	方法	首检	巡检	完工	记录
1	φ42内孔◆	上偏差-0.017 下偏差-0.042	内径量表	测量	√	1次/h	检查水平Ⅱ AQL=1.0	√
2	φ42内孔粗糙度	0.8	粗糙样板	目测	√	1次/h	检查水平Ⅱ AQL=2.5	√
3	φ44内孔◆	上偏差+0.039 下偏差0	内径量表	测量	√	1次/h	检查水平Ⅱ AQL=1.0	√
4	φ44内孔粗糙度	0.8	粗糙样板	目测	√	1次/h	检查水平Ⅱ AQL=2.5	√
5	φ30内孔◆	上偏差-0.014 下偏差-0.035	内径量表	测量	√	1次/h	检查水平Ⅱ AQL=1.0	√
6	φ30内孔粗糙度	0.8	粗糙样板	目测	√	1次/h	检查水平Ⅱ AQL=2.5	√

续表

序号	检验项目	要求	检验工具	方法	首检	巡检	完工	记录
7	φ43 内孔	φ43	内径量表	测量	√	1次/4h	检查水平Ⅱ AQL=4.0	√
8	φ43 内孔粗糙度	1.6	粗糙样板	目测	√	1次/4h	检查水平Ⅱ AQL=6.5	√
标记	处数	文件号	签字	日期	编制	校对	审核	会签

四、生产过程产品检验的实施

1. 首件检验

（1）定义：是指在生产开始时（上班或换班）或工序主要生产因素（人、机、料、法、环等）发生变化和调整后，如换班换人、换机器或调整机器设备、换工装模具、调整夹具、更换原材料，对生产制造的前几件产品进行的检验。

（2）目的：首件检验的目的是通过对首件产品的检验，确认生产准备状态是否到位，是为了尽早发现过程中影响产品质量的系统因素，防止产品成批量不合格。

（3）执行者：首件检验由生产加工者或操作者、生产班组管理人员、检验员共同进行。操作者首先进行自检，合格后报当班生产班组负责人互检，合格后送检验员专检。

（4）实施要求如下。

① 检验员按规定在检验合格的首件产品上做合格标识，放置在生产线或工序首检台，并一直保留到该批产品加工完成，如图6-3所示。

(a) 首件合格加工产品

(b) 首件合格装配产品

(c) 首件合格电机定子

图6-3 首检台示例

② 首件产品未经检验合格，不得投入批量加工或作业，直至调整到位。

③ 首件产品检验时必须及时，以免造成不必要的生产等待浪费，首件检验后要保留必要的记录，做好"首件检验记录"，见表6-4。

④ 对于注塑、冲压、机加工等靠设备、工装、材料来保障产品质量的连续性生产加工过程和工序，一般要实施首件检验，对于流水线生产、装配过程，采用在线固定点逐件检验的

可不实施首件检验。

⑤ 不同产品、不同工序首件检验或确认的重点不同。如机械切削加工工序，主要考察夹具、刀具、机床的调整到位情况，工艺参数的可行性，具体表现在零件的加工精度上，要检验零件的精度是否达到要求；冲压工序主要确认采用的模具能否保证冲压产品的尺寸、形状、表面符合设计或样品要求；注塑工序除了要确认模具外，还要确认注塑工艺参数、原料的正确性，检查塑件的形状、尺寸、颜色等是否符合要求；装配线上的产品，如清洗机、吸尘器等，首件确认的项目包括产品订单、规格、型号、配件、附件、标识、包装、唛头等。

表 6-4 首件检验/确认记录单

零件名称	电机盖		图号/编号		JL1200-10-03
工序号/工序名称	3/车轴承孔，止口外圆		操作者		×××
序号	检验项目	要求	检验结果		单项判定
1	φ47 内孔	0～+0.025	+0.015		OK
2	φ110 外径	±0.020	-0.010		OK
3	内孔粗糙度	1.6μm	符合		OK
检验/确认结论	合格		时间		2010-7-2 8:00
班组长	刘东		检验员		王辉

2. 巡回检验

（1）定义：是指在生产现场正常生产过程中，按一定的时间间隔和频次对生产加工工序进行巡回的质量检验活动，如图 6-4 所示。

图 6-4 巡检示例

（2）目的：通过对产品的巡回检验，确认生产过程是否持续处于受控状态，是为了尽早发现过程中不稳定的系统因素，防止产品成批量不合格。

（3）执行者：巡回检验可由生产班组管理人员或检验员来进行。

示例：清洗机出水接头车右端工序，要求首检后每两小时巡检一次，每次一件，检验记录见表 6-5。

表6-5 巡回检验记录单

产品/零件名称		出水接头		图号/编号		AL230-25	
工序号/工序名称		3/车右端外圆、内孔		操作者			
序号	检验项目	要求	检验结果				处理意见
			9:00	11:00	14:00	16:00	
1	M22×1.5	6g/螺纹规止通	√	√	√	√	
2	内孔φ15	+0.050~+0.077	√	√	√	√	
3	内孔粗糙度	1.6μm	√	√	√	√	
4							
	检验员		检02	检02	检02	检02	
备注：							

(4) 实施要求如下。

① 巡回检验不仅要抽检产品，而且必须检查影响产品质量的主要因素，如人员、机器设备、工装夹具、材料、工艺及作业方法、工作环境。

② 巡检以抽查产品质量为主，主要因素检查内容包括：当操作人员有变化时，是否对新操作人员进行教育培训；设备、工装、计量器具是否定期检查、校正、保养，并处于正常状态；物料和零部件的摆放、搬运及拿取方法是否防护得当；不合格品有无明显标识并隔离放置；现场工艺文件是否齐全有效；生产环境是否满足产品生产要求等。

③ 巡检人员应按照检验指导书规定的检验频次和检验内容进行，并做好相应记录。巡检中发现问题应及时指导作业人员或联络现场管理员加以纠正，直至问题得到消除。

3. 在线检验

(1) 定义：是指在流水作业的生产过程中，完成每道或数道工序后所进行的定点质量检验活动。

(2) 目的：通过对关键或重要工序产品进行100%的检验，确保生产过程中关键特性或重要特性处于受控状态。

(3) 执行者：在线检验可由生产部门或品质部门派员进行。

(4) 实施要求如下。

① 在线检验工序设置应考虑以下因素：在全部质量特性重要性分级中，属于关键特性或重要特性形成的工序后；在工艺上有特殊要求，对下道工序的加工、装配有重大影响的项目；内外部质量信息反馈中出现质量问题频繁的薄弱工序。

② 按工艺流程图或控制计划中明确的关键工序或重要工序，设置检验点，编制检验工序作业指导书。

③ 检验工序的人员必须经过专业培训，并考核合格后持证上岗，如图6-5所示。

④ 在线检验的工序所用检测设备应定期做好维护保养工作，确保处于有效状态，必要时应进行运行检查。

⑤ 在线检验过程中，如不合格品率超过目标值时，检验人应报告 QE 工程师，并通知生产线生产，直至问题得到解决。

(a) 发电机的在线检验

(b) 电机定子在线检验

图 6-5　在线检验示例

⑥ 做好检验记录，见表 6-6。

表 6-6　灯具产品在线检验记录单

NO：
产品类型：　　　　　　　　　　　　　　　　　　　　　　　　　　　　　　　　年　月

日期	产品名称及规格	数量	不合格记录数							不合格处理记录	检验员	备注
			A	B	C	D	E	F	合计			
2010-7-1	BH-D-01	200①		正②		T			7	返工合格	03	

检验项目：A. 产品表面无划碰伤、变形、裂纹、杂质等；B. 各零部件完好，装配正确、到位，无松动、脱落等；C. 导线颜色、线径正确；D. 接插件及插接位置正确；E. 试验电压下点亮正常，灯光位置及光色正确，无短路、灯泡不亮；F. 前照灯远光有良好照明，近光明暗截止线清晰平直。

注：①当日检验的总数；②不合格数计数方式。

4. 完工检验

（1）定义：是指对全部加工活动结束后的半成品、零部件所进行的质量检验活动。检验的工作包括验证前面各工序的检验是否已完成，检验结果是否符合要求，并对前面所有的检验结果进行复核和确认。

（2）目的：完工检验的目的是防止不合格的半成品、零部件转序和进一步加工。

（3）执行者：完工检验可以由上道转出工序的检验员或下道接收工序的检验员进行。

（4）实施要求如下。

① 完工检验可能是全数检验，也可以是抽样检验，执行时应按照检验作业指导书、产品图样、抽样方案等相关文件的规定执行，如图 6-6 所示。

(a) 入库前的完工检验　　　　　　　(b) 部装后转序前的完工试验

图 6-6　完工检验示例

② 完工检验时应核对加工件的全部加工程序是否全部完成，有无漏工序或跳工序的现象存在，在批量的完工件中，有无未加工完成或其他零件混入。

③ 核对检验产品的主要质量特性是否真正符合技术规范要求，做好检验记录，见表 6-7。

④ 核对检验产品的外观、搬运及防护质量状况。

表 6-7　零件完工检验测量记录

工序名称				零部件名称				
数量				抽样数			检验依据	
序号	检验项目	标准值	实测结果				合格	不合格
			1#	2#	3#	4#	5#		
实测值	A=		B=				C=	
判定值	AC=		Re=					
结论			检验员				日期	

5. 末件检验

(1) 定义：是指在依靠模具或专用工装模具来进行加工，并主要靠模具、工装来保证产品质量的零件加工场合，在批量加工完成后对加工的最后几件产品进行的质量检验活动。

(2) 目的：一是为下批生产做好生产技术准备，在下批生产准备时，保证能达到上批的生产技术状态；二是通过与首件产品的质量对比，掌握模具等的尺寸变化规律。

(3) 执行者：末件检验由操作者自检执行，或由操作者和检验员共同执行。

(4) 实施要求如下。

① 检验员按规定在检验合格的末件产品上作出检验标识，并一直保留到下批产品开始加工。

② 末件产品如经检不合格，应在下批生产前调整到位。

③ 末件检验应将有关情况记录在"末件检验记录"中，见表6-8。

表6-8 产品末件检验记录单

NO：

产品名称		模具编号		生产日期	
班次		作业员		组长	
序号	检验项目	标准值	实测值	单项判定	
1	外观			是□	否□
2	配合尺寸A			是□	否□
3	配合尺寸B			是□	否□
4	配合尺寸C			是□	否□
5	配合尺寸D			是□	否□

检验结论：
□末件检验合格，可供下批生产
□末件检验不合格，请在下批生产前进行调整，并再确认

检验员： 日期：

五、检验记录的设计和填写

检验记录是证明产品及过程符合规定要求的主要证据。

1. 编制生产过程检验记录的主要依据

（1）产品图纸、样品。
（2）产品、零部件及材料标准。
（3）产品检验规程。
（4）过程检验作业指导书。

2. 生产过程检验记录的内容

（1）检验对象：通常是产品或零部件名称、工序名称、规格型号、图号。
（2）检验项目：又称质量特性，按产品质量要求转化的技术要求规定检验的项目。
（3）检验标准值：规定检验的基准、检验的程序和计算方法。
（4）检验实测值：按规定的程序方法去检验所获得的检验数据。
（5）检验判定：检验所得的数据与标准值要求对比所得到判定的结论。
（6）检验人员及日期：记录有要放行产品的人员及日期。

3. 生产过程检验记录的设计要求

生产过程检验记录的格式，应根据生产组织的不同生产类型、不同产品等具体情况进行设计。

（1）对该生产过程作业控制的所有质量特性(技术质量要求)，应全部逐一列出，不可遗

漏。对质量特性的技术要求的表述要简洁明了、内容具体，便于操作和检验人员对照。

（2）当采用抽样检验时，应能体现相应的抽样检查方案和判定接收准则。

第三单元　不合格品的处置及记录

不合格品是指生产企业采购的原材料（包括零配件、外协件）或生产的半成品、成品，没有满足原材料标准、图纸、工艺文件、技术规范、标准试样、合同合约、产品标准等规定的要求。生产企业为了防止不合格品的入厂、转序和出厂，必须对其进行标记、隔离、记录、评审、处置、再验证等一系列活动。其主要目的是防止不合格品的投产、转序、再加工、交付或进一步销售，并将其影响程度降到最低，最大程度控制质量损失成本。因此，企业不合格品管理不仅是产品质量管理体系的一个重要组成部分，而且也是现场生产管理的一项重要内容。

一、基本概念

1. 不合格

不满足要求。不能满足要求的产品就是不合格品。

2. 纠正

为消除已发现的不合格品所采取的措施。

（1）返工：为使不合格产品符合要求而对其所采取的措施。

（2）降级：为使不合格产品符合不同于原有的要求而对其等级的改变。

（3）返修：为使不合格产品满足预期用途而对其所采取的措施，返修可影响或改变不合格产品的某些部分。

3. 报废

为避免不合格产品原有的预期用途而对其采取的措施。不合格品经确认无法返工和让步接收，或虽可返工但返工费用过大、不经济的均按废品处理。对硬件产品而言，可以回收、销毁。

4. 让步接收

是企业在基本质量保证的状况下，对产品的部分缺陷有限度、有评审的接收。细分为以下几个方面：降级使用、挑选使用、返工使用等等。一般来讲，让步接收是有代价的：降级等于产品差个档次，要降价；挑选要有检验人工费；返工要有返工的费用。一般索赔的费用在合同或质量协议中规定。在台资企业，让步接收又叫"特采"。

5. 三不放过

不合格品管理工作要做到三个"不放过"，即不查清不合格的原因"不放过"；不查清责任者"不放过"；不落实改进的措施"不放过"。

不查清不合格的原因不放过,因为不查清原因,就无法进行预防和纠正,不能防止再现或重复发生。

不查清责任者不放过,这样做,不只是为了惩罚,而主要是为了预防,提醒责任者提高全面素质,改善工作方法和态度,以保证产品质量。

不落实改进的措施不放过。不管是查清不合格的原因,还是查清责任者,其目的都是为了落实改进的措施。

二、不合格品的分级

1. 不合格分级的概念

产品及产品形成过程中涉及许许多多质量特性要求,这些质量特性的重要程度是各不相同的。不合格是质量偏离规定要求的表现,而这种偏离因其质量特性的重要程度不同和偏离规定的程度不同,对产品适用性的影响也就不同。不合格严重性分级,就是将产品质量可能出现的不合格,按其对产品适用性影响的不同进行分级,列出具体的分级表,据此实施管理。

2. 不合格分级的作用

(1) 可以明确检验的重点、更好地把握产品质量的关键和提高检验效率。

(2) 有利于选择更好的验收抽样方案。在使用抽样标准时,对于可接受质量水平 AQL 值的确定以及不合格的判定和处理,都可根据不合格严重性的不同级别做出不同的选择。

(3) 便于综合评价产品质量。通过不合格分级,可以对产品多个质量特性的不合格进行总体评价。使评价工作更加科学、细致,有利于评价相对质量水平,亦为保证和提高产品质量建立激励机制提供评定依据。

(4) 对不合格进行分级并实施管理,对发挥质量综合管理和质量检验职能的有效性都有重要作用。

3. 不合格严重性分级的原则

不合格严重性分级,需要考虑的原则如下。

(1) 所规定的质量特性的重要程度。高等级的质量特性所发生的不合格,其严重性也高。

(2) 对产品适用性的影响程度。不合格严重性分级不能单纯由质量特性的重要程度来决定,还要从使用和安全、经济、对市场占有份额的影响等方面综合考虑产生不合格后产品应如何处理来决定。

(3) 顾客可能反映的不满意强烈程度。顾客不满意的反映越强烈,其严重性也越大。

(4) 不合格的严重性分级除考虑功能性质量特性外,还必须包括外观、包装等非功能性的影响因素。

(5) 不合格对下一作业过程(工序)的影响程度。

4. 不合格严重性分级的级别

目前我国国家标准推荐,将不合格分为 3 个等级。等级划分不宜太细,划分越细,级别之间的差异就越难区分。我国某些行业将不合格分为三级，其代号分别为 A、B、C。不合格分级级别既与质量特性的重要程度有关，又与不合格的严重程度有关。

（1）A 类不合格：最被关注的一种不合格。如产品的极重要的质量特性不符合规定，或产品的质量特性极严重不符合规定。

（2）B 类不合格：关注程度比 A 类稍低的一种类型的不合格。如产品的重要质量特性不符合规定，或产品的质量特性严重不符合规定。

（3）C 类不合格：关注程度低于 A 类和 B 类的一类不合格。如产品的一般质量特性不符合规定，或产品的质量特性轻微不符合规定。

三、不合格品产生的原因及对策

不合格品是企业不愿看到的，但通常又不是很难避免的，因此企业要从不同的方面分析不合格品产生的原因，找出主要影响原因后才可以实施改进措施。

从生产现场的组合因素来讲，不合格品产生的主要因素包括：人、机、料、法、环、测等 6 大因素。人的因素是指人的质量意识、责任感、事业心、文化素质、技术水平、操作熟练程度和组织管理能力；设备和工装的因素是指设备、工艺装备和其他与生产有关的工具质量；材料因素是指原材料、毛坯、零部件、标准件、外构件等质量；方法因素是指生产工艺参数、作业方法和工艺过程线路等情况；环境因素是指空气的温度、湿度、含尘量、噪声、振动、辐射、毒品以及工人劳动环境的文明整洁及美化程度；检测手段是指检验测量的方法和量具以及测试仪器等质量。

不合格品生产并不都是现场产生的，从产品实现的各个环节来看，不合格品产生主要集中在产品开发与设计、生产过程控制、采购等环节。错误的操作方法、不合格的物料及错误的设计都有可能导致不合格品的产生。

仅从制造过程的角度上来分析不合格品产生的原因，可以从下列 5 个方面来着手。

（1）员工不能正确理解和执行作业标准。
（2）员工能力不足。
（3）干部对生产过程的管制能力不足。
（4）过程检验不当。
（5）缺乏品质意识与品质责任。

制造过程中不良的对策，见表 6-9。

表 6-9 制造过程不良对策表

序号	问题点	原因分析	对策建议
1	不会	（1）新进员工或转岗员工 （2）作业技能不足，不胜任 （3）岗前教育训练不足	（1）制定简易实用的作业标准书 （2）更换适合人员 （3）做好员工岗位教育训练
2	不能	（1）缺乏必要的管理工具 （2）使用不当的管理工具 （3）作业指导文件复杂，造成误解 （4）工序缺乏必要的防错措施 （5）劳动强度大造成疏忽	（1）工作流程制度化 （2）作业标准化 （3）作业标准通俗化 （4）提高作业自动化 （5）合理调剂，降低劳动强度

续表

序号	问题点	原因分析	对策建议
3	不当	(1) 采购材料和零配件不良 (2) 上道工序控制不正常 (3) 设备精度和能力问题 (4) 错误生产指令 (5) 工艺技术标准错误 (6) 异常处理方法不当	(1) 防止不良材料投产 (2) 强化工序互检，杜绝不良转序 (3) 实施设备和工装的有效维护保养 (4) 建立工作交接确认机制 (5) 将工艺技术标准确认列入首件确认管理控制内容 (6) 掌握现场问题的正确立场和原则
4	不愿	(1) 管理问题 (2) 组织问题 (3) 缺乏激励机制	(1) 开展品质评比 (2) QCC品管圈活动 (3) 强化现场5S活动 (4) 加强现场基层管理干部的教育训练 (5) 建立适当的绩效管理和考核机制

四、不合格品的标识与隔离

1. 不合格品的标记

凡经检验为不合格品的产品、半成品或零部件，应当根据不合格品的类别，分别涂以不同的颜色或做出特殊的标识。例如，有的企业在废品的致废部位涂上红漆，在返修品上涂以黄漆，在回用品上打上"回用"的印章，以及不同颜色器具、贴标识、挂标牌、划区存放等办法，以示区别，如图6-17所示。

(a) 报废的电机端盖

(b) 铸件点漆标记

(c) 轴承异响的电机

图6-7 不合格品标识

2. 不合格品的隔离

对各种不合格品在涂上（或打上）标记后应立即分区进行隔离存放，通常采用红色箱存放，或划区域标识存放，避免在生产中发生混乱。废品在填写废品单后，应及时放于废品箱或废品库，严加保管和监视，任何人不准乱拿和错用。一旦发现动用废品，以假充真，检验人员有权制止、追查或上报。隔离区的废品应及时清除和处理，在检验人员参与下及时送废品库，由专人负责保管，定期处理销毁。常见的几种隔离方式如图6-8所示。

(a) 不合格品区域隔离　　　　(b) 不合格品盛放器具隔离　　　　(c) 不合格品颜色隔离

图 6-8　不合格品隔离

五、不合格品的评审与处置

1. 不合格品的评审

产品质量有两种判定方法，一种是符合性判定，判定产品是否符合技术标准，做出合格或不合格的结论。检验人员的职责是按产品图样、工艺文件、技术标准或直接按检验作业指导文件检验产品，判定产品的符合性质量，正确做出合格与不合格的结论。

还有一种是"处置方式"判定，即判定产品是否还具有某种使用的价值。不合格品的评审就是指"处置方式"的判定。处置性判定是在经符合性判定为不合格之后对不合格品做出返工、返修、让步、降级改作他用、拒收报废的处置过程。对不合格品的处理意见评审，属于适用性判定范畴。一般不要求检验人员承担处置不合格品的责任和拥有相应的权限。

不合格品的适用性判定是一项技术性很强的工作，应根据产品未满足规定的质量特性重要性，质量特性偏离规定要求的程度和对产品质量影响的程度制定分级处置程序，规定有关评审和处置部门的职责及权限。

大部分军工企业或大型企业设置专业的不合格品评审机构（如委员会），根据不合格的严重程度，分级处理。一般不合格品可由检验部门、技术部门直接按规定程序处理；严重不合格由不合格品评审机构按规定程序处理，必要时组织相关部门专家进行评审后处理。

通常来说，大部分中小企业没有专门的不合格品评审机构，但也是根据不合格的严重程序，分级处理。一般不合格品可由检验部门、责任部门直接按规定程序处理；严重不合格品由技术部门提出处置意见，公司最高管理者根据情况决定处置意见，必要时组织相关部门进行评审后处理。

2. 不合格品的处置

不合格品经评审后，处置意见通常有以下三种方式。

（1）纠正：为消除已发现的不合格所采取的措施，其中主要包括以下几方面。

① 返工：为使不合格产品符合要求而对其所采取的措施，例如：对某机械产品在轴加工中对需与轴承配合的"轴肩"部位，加工结果尺寸偏大超差，轴承装配不进去，则该轴肩部位属不合格产品。针对这样的不合格产品，可采取重新到磨床上加工的措施，使轴肩部位达到公差要求，从而使原不合格的产品可以在采取措施后达到合格要求，这种对不合格品所采取的措施就属于返工。

②返修：为使不合格产品满足预期用途而对其所采取的措施。例如在机械产品轴加工中对需与轴承配合的"轴肩"部位，加工结果尺寸小于公差要求，则此处轴肩与轴承已无法配合完成装配任务。为使该轴肩部位不报废而遭受损失，在尺寸超差不大的情况下，可将此轴肩部位送到电镀车间镀上一层硬铬，然后到磨床上加工到要求的公差范围。此时这一轴肩的公差符合轴承的装配要求，这一根轴可以满足使用要求了。但这一轴肩部位仍属不合格产品，因为这一根轴的轴肩部位已镀上一层硬铬，材质已发生变化，仍属不合格产品。这种对不合格品所采取的措施则属返修。

③降级：为使不合格产品符合不同于原有的要求而对其等级的改变。例如用于制作汽车注塑件模具型芯的材料因材质热处理不当，经过检验不符合规定，但可以符合用作一般试验模具用材料的质量规格。可以将该钢材降级为试验模具材料使用。

(2) 报废：为避免不合格产品原有的预期用途而对其采取的措施。不合格品经确认无法返工和让步接收，或虽可返工但返工费用过大、不经济的均按废品处置。对有形产品而言，可以回收、销毁。

(3) 让步：对使用或放行不符合规定要求的产品的许可。让步接收品是指产品、零部件不合格，但其不符合的项目和指标对产品的性能、寿命、安全性、可靠性、互换性及产品正常使用均无实质性的影响，也不会引起顾客提出申诉、索赔而准予使用和放行的不合格品。让步接收实际上就是在对使用或放行的一定数量不符合规定要求的材料、零部件或成品准予放行的书面认可。

不合格品无论被确定何种处置方式，检验人员都应立即做出标识并及时、分别进行隔离存放，以免发生混淆、误用错装。确定进行返工（或返修）的产品，返工（或返修）后须重新办理交检手续，经检验合格方可转序或入库，经检验确认仍不合格的按不合格品处置程序重新处置。

发现和确认了不合格，除要处置不合格品以外，还要视具体情况采取纠正措施，以防止其再次发生。这里，要明确地区分"纠正"和"纠正措施"。"纠正"是指对不合格品的一种处置方式，它的对象是"不合格品"；而纠正措施是指为消除已发现的不合格品的原因所采取的措施，它处置的对象是造成"不合格的原因"。所以说，"纠正可连同纠正措施一起实施"。二是对降级和让步要加以区分，其中降级是指"为使不合格产品符合不同于原有要求而对其等级的改变"，关键是要降低其等级，而让步则不包含"等级的改变"，直接予以使用或放行。

六、不合格品的记录

对不合格的性质以及随后所采取的任何措施的记录，包括所批准的让步接收记录就是不合格品的记录，其主要目的一是便于对不合格品控制的全程跟踪和以后的品质追溯，其次也为工厂品质改善提供原始资料和数据。

对于不合格品的记录方式可根据不合格品的严重程度以及不合格品发生区域及批量的大小等具体情况来选择。

(1) 一般单个数量不多的不合格品，可通过一段时间的积累逐一进行登记记录，统一进行申报处理。如机械加工过程中发现不合格品及处置记录，可采用报废单、返工单形式体现，见表6-10、表6-11。

表6-10 报废申请单

申请部门			申请人		申请日期		
物料标码	物品名称	报废数量	报废原因		损失计算		
					材料	人工	加工	总计
			□责废 □料费 □其他				
			□责废 □料费 □其他				
			□责废 □料费 □其他				
……			……				
备注:							
填表:		审核:		核准:			

表6-11 返工记录

零件名称	2KW转子	来源/责任者	
不合格原因: 1. 滑环坏4台 2. 对地高压击穿2台 　　　　　　　　　　检验员：刘春荣 2010-7-17			
返工项目: 1. 更换滑环 2. 加垫绝缘纸 　　　　　　　　　　返工者签字：张富云 2010-7-18			
返工实施及结果: 返工后经检验合格，同意入库　　检验员：刘春荣 2010-7-18			

（2）针对一些工序100%进行检验时发现的不合格品及处置记录，可与相应的检验记录相结合。如汽车内饰件注塑不合格品的记录，可采用自主检验报表的形式体现，见表6-12。

（3）针对一般组装车间生产过程中发现的不合格品及处置记录，可与相应的生产记录相结合。如电机总装车间不合格品的记录，可采用车间生产报表的形式体现。

表6-12 车间生产报表记录

车间：　　　班组：　　　　　　　　　　　　　　　年　月　日

序号	产品名称	合格数量	不合格数量	不合格描述	作业人员	处置意见	处置结果
1							
2							
3							
……							
组长：			检验员：		品质主管确认：		

（4）对于不合格性质比较严重，批量性的不合格品现象及其处置记录，应单独形成评审

及处置记录，见表 6-13。

表 6-13 不合格品评审及处置单

编号：×××2805.01-2009
NO：

品名及规格			来源：□进货 □过程 □成品 □储存	
产品数量		不合格性质	□严重(A类) □一般(B类) □轻微(C类)	
不合格情况描述	批次号：		不合格数量：	
		检验员：	日期：	
责任部门			责任人员	
不合格产生原因：				
责任(单位)部门：			日期：	
不合格品处置措施意见： □返工：_____ □降级：_____ □挑选 □让步接收 □报废 □拒收				
品质主管/日期：			批准/日期：	

第四单元 检验和试验设备使用管理

检验和试验设备是指在单独地或连同辅助设备一起用以测量的器具，广泛使用于企业的科研、生产、检验和试验活动中，既包括生产过程中用于工艺参数的监控的仪器、仪表，也包括检验和试验活动中用于产品的质量特性测量的器具和装置，如图 6-9 所示。

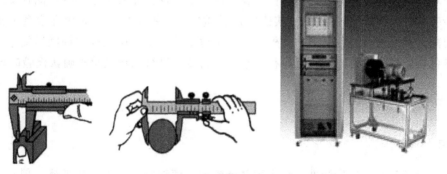

图 6-9 检验和试验设备

在产品的生产过程中，无论是对生产过程中的工艺参数的监控，还是对工序加工产品质量的检验，都可能会使用相应的检验和试验设备。通常来说检验和试验设备是测量系统中一个主体部分，检验和试验设备的准确度，从某种程度上影响着企业的风险和成本，一方面如果检验和试验设备不准，可能导致将合格的产品或受控的过程误判为不合格的产品和异常的过程，为了处理这些不合格或异常要花费不少精力和时间，这就是浪费成本；另一方面检验和试验设备不准，可能导致将不合格的产品和不受控的过程判为合格的产品和正常的过程，工厂把不合格的产品放行出去或让异常的过程持续下去，就是在带着风险运作。所以，检验和试验设备的使用和管理是现代工业企业的六大基础管理之一，应引起工厂企业的广泛重视。

检验和试验设备的管理包括检验和试验设备的申购、验收、检定和校准、使用、防护等内容。

一、基本概念

1. 校准

在规定的条件下，为确定测量仪器所指示的量值或实物量具的赋值与对应的由测量标准所复现值之间关系的一组操作。校准一般不进行结果合格与否的判定。

2. 检定

通过测量和提供客观证据，表明规定的要求已经得到满足的一组确认。检定与测量仪器的管理有关，检定提供了一种方法，用来证明测量仪器的指示值与被测量已知值之间的偏差，并使其始终小于有关测量仪器管理标准、规程所规定的最大允差。根据测量结果做出合格、降级使用、停用、恢复使用等决定。

3. 溯源

通过一条具有规定不确定度的不间断的比较链，使测量结果或测量标准的值能够与规定的参考标准（国家标准或国际标准）联系起来的可能性或过程。

4. 运行检查

定期对检测仪器设备进行的功能性检查，以判断该仪器能否用于进行产品检测和质量判断；当检验/试验仪器设备的好坏直接影响产品质量时，则不仅要求该仪器设备要按有关规定定期校准，确保仪器设备准确。此外，还要求对仪器设备在两次校准期间以简单有效的方法确定设备功能是否正常；需进行运行检查的设备限于进行例行检验和确认检验的设备。

二、检定和校准的区别

1. 目的不同

校准的目的是对照计量标准，评定测量装置的示值误差，确保量值准确，属于自下而上量值溯源的一组操作。这种示值误差的评定应根据组织的校准规程作出相应规定，按校准周期进行，并做好校准记录及校准标识。校准除评定测量装置的示值误差和确定有关计量特性外，校准结果也可以表示为修正值或校准因子，具体指导测量过程的操作。

例如，某机械加工车间使用的卡尺，通过校准发现与计量标准相比较已大出 0.1mm，可将此数据作为修正值，在校准标识和记录中标明已校准的值与标准器相比较大出的 0.1mm 的数值。在使用这一检验和试验设备（卡尺）进行实物测量过程中，减去大出 0.1mm 的修正值，则为实物测量的实测值。只要能达到量值溯源目的，明确了解检验和试验设备的示值误差，即达到了校准的目的。

检定的目的则是对测量装置进行强制性全面评定。这种全面评定属于量值统一的范畴，是自上而下的量值传递过程。检定应评定检验和试验设备是否符合规定要求。这种规定要求就是测量装置检定规程规定的误差范围。通过检定，评定测量装置的误差范围是否在规定的误差范围之内。

2. 对象不同

校准的对象是属于强制性检定之外的测量装置。我国非强制性检定的测量装置，主要指在生产和服务提供过程中大量使用的检验和试验设备，包括进货检验、过程检验和最终产品检验所使用的检验和试验设备等。

检定的对象是我国计量法明确规定的强制检定的测量装置。《中华人民共和国计量法》第九条明确规定："县级以上人民政府计量行政部门对社会公用计量标准器具，部门和企业、事业单位使用的最高计量标准器具，以及用于贸易结算、安全防护、医疗卫生、环境监测方面的列入强检目录的工作检验和试验设备，实行强制检定。未按规定申请检定或者检定不合格的，不得使用。"

值得注意的是，这个《明细目录》第二款明确强调，"本目录内项目，凡用于贸易结算、安全防护、医疗卫生、环境监测的，均实行强制检定。"这就是要求列入 59 种强检目录中的检验和试验设备，只有用于贸易结算等 4 类领域的检验和试验设备，属于强制检定的范围。对于虽列入 59 种检验和试验设备目录，但实际使用不是用于贸易结算等 4 类领域的检验和试验设备，可不属于强制检定的范围。

除此之外的测量装置则属于非强制检定，即为校准的范围。

3. 性质不同

校准不具有强制性，属于组织自愿的溯源行为。这是一种技术活动，可根据组织的实际需要，评定检验和试验设备的示值误差，为检验和试验设备或标准物质定值的过程。组织可以根据实际需要规定校准规范或校准方法，自行规定校准周期、校准标识和记录等。

检定属于强制性的执法行为，属法制计量管理的范畴，其中的检定规程协定周期等全部按法定要求进行。

4. 依据不同

校准的主要依据是组织根据实际需要自行制定的《校准规范》，或参照《检定规程》的要求。在《校准规范》中，组织自行规定校准程序、方法、校准周期、校准记录及标识等方面的要求。因此，《校准规范》属于组织实施校准的指导性文件。

检定的主要依据是《计量检定规程》，这是计量设备检定必须遵守的法定技术文件。其中，通常对计量检测设备的检定周期、计量特性、检定项目、检定条件、检定方法及检定结果等作出规定。计量检定规程可以分为国家计量检定规程、部门计量检定规程和地方计量检定规程3种。这些规程属于计量法规性文件,组织无权制定,必须由经批准的授权计量部门制定。

5. 方式不同

校准的方式可以采用组织自校、外校,或自校加外校相结合的方式进行。组织在具备条件的情况下,可以采用自校方式对检验和试验设备进行校准,从而节省较大费用。组织进行自行校准应注意必要的条件,而不是对检验和试验设备的管理放松要求。例如,必须编制校准规范或程序,规定校准周期,具备必要的校准环境和具备一定素质的计量人员,至少具备高出一个等级的标准检验和试验设备,从而使校准的误差尽可能缩小。在多数测量领域,标准器的测量误差应不超过被确认设备在使用时误差的 1/10 至 1/3。此外,对校准记录和标识也应作出规定。通过以上规定,确保量值准确。

检定必须到有资格的计量部门或法定授权的单位进行。根据我国现状,多数生产企业都不具备检定资格,只有少数大型组织或专业计量检定部门才具备这种资格。

6. 周期不同

校准周期由组织根据使用检验和试验设备的需要自行确定。可以进行定期校准,也可以不定期校准,或在使用前校准。校准周期的确定原则应是在尽可能减少测量设备在使用中的风险的同时,维持最小的校准费用。可以根据检验和试验设备使用的频次或风险程度确定校准的周期。

检定的周期必须按相应《检定规程》的规定进行,企业不能自行确定。检定周期属于强制性约束的内容。

7. 内容不同

校准的内容和项目,只是评定测量装置的示值误差,以确保量值准确。

检定的内容则是对测量装置的全面评定,要求更全面,除了包括校准的全部内容之外,还需要检定有关项目。例如,某种检验和试验设备的检定内容应包括检验和试验设备的技术条件、检定条件、检定项目和检定方法,检定周期及检定结果的处置等内容。

校准的内容可由企业根据需要自行确定。因此,根据实际情况,检定可以取代核准,而校准不能取代检定。

8. 结论不同

校准的结论只是评定测量装置的量值误差,确保量值准确,不要求给出合格或不合格的判定。校准的结果可以给出《校准证书》或《校准报告》。

检定则必须依据《检定规程》规定的量值误差范围,给出测量装置合格与不合格的判定。超出《检定规程》规定的量值误差范围为不合格,在规定的量值误差范围之内则为合格。检定的结果是给出《检定合格证书》。

9. 法律效力不同

校准的结论不具备法律效力,给出的《校准证书》只是标明量值误差,属于一种技术文件。

检定的结论具有法律效力,可作为检验和试验设备或测量装置检定的法定依据,《检定合格证书》属于具有法律效力的技术文件,如图6-10所示。

(a) 检定证书　　　　　　　　　　(b) 校准证书示范

图 6-10　检定和校准证书

三、检验和试验设备的选配

选配检验和试验设备要从测量、技术、经济特性综合考虑。

1. 测量特性

(1) 测量设备应具备预期使用要求的测量特性,包括不确定度、稳定度、量程、分辨力等。

(2) 量值应溯源到国际或国家计量基准,如果没有上述基准,应与国际上承认的其他有关计量标准,如适用的标准物质、共同认可的测量标准或工程标准建立溯源关系。

(3) 接受检定(校准)的方法和对测量对象进行测量的方法要科学、合理、可行、简便。

(4) 具有合理的检定周期(或确认间隔)。

(5) 能对测量结果进行评价。

2. 技术特性

(1) 使用方便,操作简单可靠。

(2) 运输、装卸、组装、安装方便,并易于和检定(或校准)装置连接装配在一起。

(3) 在使用保存期间，易于防护、防损坏、防污染、抗干扰性能良好。
(4) 所需专用辅助设备(安装、读数、记录、电源等)少。
(5) 对环境、操作人员条件要求合适，不苛刻。

3. 经济特性

(1) 测量设备购置费用少。
(2) 操作、维护、保护、检定(或校准)费用少。
(3) 能修理，使用寿命长。
(4) 利用率高。
(5) 使用时所需场地少。

除考虑上述条件外，还要考虑一些综合影响因素，如：测量设备标准化要求、部分类型测量设备没有检定规程、测量和计算自动化趋势、传统习惯影响。

测量设备选配是在综合考虑风险、成本、利益的基础上，对诸多因素进行技术论证、评审和裁决的活动。其中最关键的是测量特性的选择，特别是不确定度，它是保证测量结果准确可靠的首要条件，一般应经计量管理部门进行把关。

四、检验和试验设备的管理

1. 检验和试验设备的分级管理

检验、检测和试验设备实行 A、B、C 三级管理。

1) A 类测量设备

(1) 企业的最高计量标准和用于量值传递的测量设备，经认证授权的社会公用检验和试验设备，列入强制检定目录的工作测量设备。
(2) 企业用于工艺控制、质量检测、能源及经营管理，对计量数据要求高的关键测量设备。
(3) 准确度高和使用频繁而量值可靠性差的测量设备。

一般是强制检定的检验和试验设备，必须按照国家检定规程要求进行强制检定，主要指用于贸易结算、安全防护、医疗卫生、环境监测方面并列入强制检定目录的工作检验和试验设备，如量块、砝码、电子秤、密度计等。

2) B 类测量设备

(1) 对于连续性运转装置上拆卸不便的检验和试验设备，根据有关检定规程，可随设备检修周期同步安排检定周期，但在日常运转中必须严格监督检查。
(2) 对准确度要求较高，但性能稳定，使用不频繁的检验和试验设备检定周期可适当延长。
(3) 通用检验和试验设备专用时，按其实际使用需要，可适当减少检定项目或只做部分项目检定，但检定证书应注明准许使用范围和使用地点，并在检验和试验设备上标贴限用标志。
(4) 暂无检定规程的检验和试验设备，应按 A 级检验和试验设备管理要求执行。

B 类检验和试验设备指非强制检定检验和试验设备，一般用于企业内部控制数据的检验和试验设备，如企业质量分析部门所用天平、温度计、温控仪、卡尺等。

3）C类检验和试验设备

（1）对一些准确度无严格要求、性能不易改变的低值易耗或作为工具使用的检验和试验设备，可实行一次性检定。

（2）非生产关键部位起指示作用、使用频率低，性能稳定、耐用及连续运转设备上固定安装的检验和试验设备，可实行有效期管理，或延长检定周期，一般控制在2～4个周期内。

（3）暂无检定规程的检验和试验设备，按A级检验和试验设备管理要求执行。

（4）用于生产福利方面的检验和试验设备严禁流入生产或其他领域使用。

（5）对于列入C级管理的其余检验和试验设备，应根据计量类别和使用情况进行监督管理。

C类检验和试验设备一般指企业内部质量分析部门所有各类滴管、试管等，是一种比对式的检验和试验设备。

企业可自主决定在本单位检定或送其他检定机构检定、测试，也就是确定了企业可以自行采用量值溯源的方式。企业还可以根据检验和试验设备的使用频率程度、使用场合、性能指标、生产要求高低等情况自主决定检定周期。但自主管理并不是放松管理，要强调科学性、经济性和适应性，保证在用非强检检验和试验设备的量值准确。同时对于企业所有的检验、测量和试验设备要建立台账，统一编号，确保账、卡、物一致。

检验、测量和试验设备台账示范见表6-14。

表6-14 检验与测量设备管理台账

序号	出厂编号	仪器名称	规格型号	制造公司	技术特点		启用日期	报废日期	使用部门	领用人签字
					测量范围	精度				

2. 检验和试验设备的前期管理

需购置检验和试验设备时必须填写"检验和试验设备申购单"，由检验和试验设备管理部门审查其准确度等级、测量范围、稳定性等是否满足预期要求，提出审查意见，分管审批同意后由供应部门采购，新购检验和试验设备必须有CMC标志、合格证等，如图6-11、图6-12所示。办理完验收入库手续后，使用单位（部门）方可领用并登记建账。使用前必须进行校准或检定。

图6-11 CMC标志

图 6-12 量具合格证

3. 检验和试验设备的周期检定和校准

计量管理部门根据"检验和试验设备台账"、"检验和试验设备管理目录"和上次检定日期编制"检验和试验设备年检计划表",每年底对年检计划表进行一次检查,对下一年到期的检验和试验设备填写"检验和试验设备送检通知单",通知使用单位(部门)及时送检或校准。检定结束后,使用单位(部门)保存好检定记录和合格证件,将检定日期、结果报主管部门作为编制周检计划和填写送检通知书的依据。

检验和试验设备年检计划表示范见表 6-15。

表 6-15 检验测量试验设备周期检定(校谁)计划

编号:QG/BH2710.01-2009
NO:

序号	检测试验设备名称	设备编号	有效截止日期	计划校准日期	备注

编制:　　　　　　日期:　　　　　　审核:　　　　　　日期:

4. 检验和试验设备的流转

对企业来说，检验、测量和试验设备的分布都比较分散，管理难度相对较大，要确保账、卡、物一致，就必须十分重视检验和试验设备的流转程序，使之在整个流转过程中处于受控状态。使用前检定；按计划周期检定；长期不用的检验和试验设备办理封存手续；失准检验和试验设备办理停用手续；重新启用办理起用手续；达到报废要求的检验和试验设备办理报废手续。同时要做好检验和试验设备的日常抽查管理工作。

5. 检验和试验设备的标识管理

企业所有的检验、测量和试验设备无论是否在用，均应进行相应的标识。对于检定或校准合格的检验和试验设备贴上"合格证"标识；长期不使用的检验和试验设备办理封存手续后贴"封存"标识；失准的检验和试验设备办理停用手续后贴"停用"标志；已报废的检验和试验设备贴上"报废"标识。

标识注明的内容包括标志、名称、器具编号、有效期和检定证书签发负责人签字，见表6-16。

表6-16 检验和试验设备标志

序号	种类	图示	使用说明
1	《合格证》	合格证	用于表明国家有检定系统、检定规程的计量器具，按周期依法检定合格
2	《准用证》	准用证	用于证明工业生产中一无检定系统、检定规程，二无计量标准的计量器具，经定期检验后准予使用。
3	《限用证》	限用证	用于证明生产中使用的通用计量器具用于一定范围定点的测量，定期检定和校验某一特定的测量范围和测量点时，必须标明限用范围和限用点。
4	《报废》	报废	用于国家规定淘汰、超过检定周期或抽检不合格的计量器具。
5	《封存》	封存	用于生产或流转中暂时不投入使用的计量器具

五、检验和试验设备的使用要求

1. 根据需要对检验和试验设备进行调整

调整是指使检验和试验设备的准确度和其他性能达到规定要求的作业。调整时应遵守检验和试验设备操作规程，防止调整不当而失准。如万用表、游标卡尺等在使用前要进行归零调整或零位核对，如图 6-13 所示。

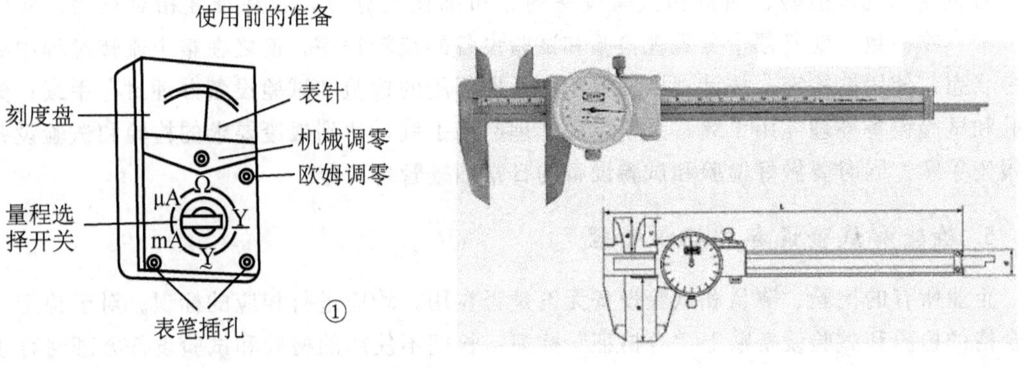

图 6-13 使用前调校

2. 标示检验和试验设备的校准状态

一般在检验和试验设备上贴校准状态标签，让使用者了解检验和试验设备的状态（合格、限制使用、停用等）和有效期限。

因体积小或影响操作等原因而不宜贴标签的检验和试验设备，其校准状态标签可贴在包装盒上或由其使用者妥善保管，但器具上要刻上编号，便于追溯。

3. 防止调整时校准失效

采取措施，防止调整时校准失效。比如，对作业人员进行资格认证，须有资格证方可上岗，同时编制调整作业指导书及对校准点进行铅封等。

4. 加强搬运、维护、储存的防护

在检验和试验设备使用过程中，一定要采取措施，防止检验和试验设备在搬运、维护和储存时损坏或失效，如提供适宜的环境条件、采取防护措施等。

5. 做好检验和试验设备失准时的处理

若发现检验和试验设备偏离校准状态（失准）时，应上报主管，请求对检测结果的有效性进行评价，并对设备和受影响的产品采取相应的措施。

（1）对被检产品，不一定要重新进行检测，但对其有效性一定要评价。

（2）对设备和受影响的产品采取以下措施。

① 追回产品进行重新检测。

② 对设备进行修理并重新校准。

（3）应查明计量仪器失准的原因。应对检定或校准方法、校定、校准周期、计量人员工作责任性及操作熟练度、检验和试验设备的适用性等更新进行评价，根据评价结果再适时采取相应措施。

第五单元 现场质量改进工具运用

一、分层法

1. 分层法的含义及目的

分层法又称为分类法,是质量管理中用来分析影响质量因素的重要方法。所谓分层法,就是把收集来的数据,根据一定的使用目的和要求,按其性质、来源、影响因素等进行分类整理,以便分析质量问题及其影响因素的一种方法。

分层的目的是将杂乱无章的数据和错综复杂的因素系统化和条理化,以便进行比较分析,找出主要的质量原因,并采取相应的技术措施。分层的依据和方法是根据问题的需要自由选择确定的,但应掌握其基本要领。分层时,不能随意地分,而是要根据分层的目的,按照一定的标志加以区分,把性质相同、在同一条件下收集的数据归在一起。分层时,应使同一层内的数据在性质上差异尽可能小,而层与层间的差别尽可能大,这是做好分层的关键所在。

2. 分层原则

在企业质量管理活动中,质量数据分层的标志多种多样,一般按以下原则进行。
(1) 按不同的时间分层,如按不同的日期、班次分层。
(2) 按不同的操作者分层,如按男工、女工、新工人、老工人,男、女不同工龄,操作技术水平高低进行分层。
(3) 按操作方法分层,如按不同的工艺方法、切屑用量、温度、压力等工作条件进行分层。
(4) 按原材料分层,如按不同的进料时间、供料单位及材料成分等分层。
(5) 按使用设备分层,如按不同型号的设备、工夹具、新旧程度分层。
(6) 按检测手段分层,如按不同的测量仪器、测量者分层。
(7) 按产生废品的缺陷项目分层,如按铸件的裂纹、气孔、缩孔、砂眼等缺陷项目分层。
(8) 其他分层,如按不同的工厂、使用单位及使用条件分层。

3. 分层法的应用

分层法广泛应用于各行各业、各种生产类型的企业:分层法可以通过表格来表示,也可以通过图形来表示。

例:表6-17列出了某轧钢厂某月份的生产情况:如果只知道甲乙丙班共轧钢6000吨,其中轧废钢为169吨,仅这个数据,是无法对质量问题进行分析的。如果对废品产生的原因等进行分类,则可看出甲班产生废品的主要原因是"尺寸超差",乙班的主要原因是"轧废",丙班的主要原因是"耳子"。这样就可以针对各自产生废品的原因采取相应的措施。

表6-17 某轧钢厂某月份废品分类

废品数量\废品项目	班次			合计
	甲	乙	丙	
尺寸超差	30	20	15	65
轧废	10	23	10	43
耳子	5	10	20	35
压痕	8	4	8	20
其他	3	1	2	6
合计	56	58	55	169

二、调查表

调查表又叫检查表或统计分析表，是利用统计图表进行数据整理和粗略的原因分析的一种工具，在应用时，可根据调查项目和质量特性采用不同格式。

常用的调查表有缺陷位置检查表、不合格品分项检查表、成品质量调查表等。其特点是把产品可能出现的情况加以分类，并预先列成表格，检验产品时只需要在相应的分类中进行统计，即可对质量数据进行粗略的整理和简单的原因分析。统计分析表反映质量问题简单明了，便于使用，也是使用其他统计分析方法对质量问题进行进一步分析的基础。常用的调查表主要有以下几种。

1. 不良项目统计记录表

为了调查生产中出现的各种不良品，以及各种不良的比率，以便在技术上和管理上采取改进措施，并加以控制，可以采用这种调查表，见表6-18、表6-19。

表6-18 不合格品分项检查统计表

零件名称(代号)	A-05	检查日期	1999年4月3日
工序	最终检查	加工单位	1车间1工段
检查总数	1585	生产批号	99-33-1
检查方式	全数检查	检查者	张三

不合格种类	检查记录	小计
表面缺陷	正正正正正正正一	36
裂纹	正正正正正正	30
加工不良	正一	6
形状不良	正正正	15
其他	正正一	11
总计		98

表6-19 不合格分类统计表

产品序号	规格	总产量	不合格品数	不合格品率	尺寸精度		旋转精度					噪声	灵活性	残磁	游隙	硬度	其他
					外径	内径	内端面摆	内沟侧摆	内径向摆	外沟侧摆	内径向摆						
A		500	19	3.8%	2	1	1	1	3	1		4		3	3		
B		300	10	3.3%	2	2				1		3			2		
C		300	11	3.7%	3	3						2		2	1		

2. 缺陷位置调查表

这种表是记录产品各部位的缺陷情况,并将其发生缺陷的位置标记在产品示意图上,不同的缺陷采用不同的符号或颜色标出,见表6-20。常应用于外观检查,如注塑产品外观、纸箱外观、汽车外表涂装等。

表6-20 不良品分项检查表

型号		检查部位	外表
工序	冰箱组装	检查日期	年 月 日
检查目的	喷漆缺陷	检查件数	500台

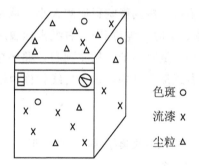

色斑 ○
流漆 ×
尘粒 △

3. 工序质量特性分布调查表

在能够测量产品的尺寸、重量、纯度等计量值数据的工序中,为了掌握这些工序的产品质量状况,可以采用工序质量特性分布调查表,见表6-21。

三、排列图

1. 排列图的概念

排列图又称为主次因素分析图或帕累托图(Pareto)。排列图最早是由意大利经济学家帕累托用来分析社会财富分布状况的。他发现少数人占有社会上的大量财富,而绝大多数人则处于贫苦的状态,这些少数人却左右着国家的经济命脉,即所谓"关键的少数与无关紧要的多数"的关系。后来,美国质量管理专家朱兰博士把它应用于质量管理中,成为常用的工具。它是用来找出影响产品质量主要因素的一种有效工具。

表 6-21 特性值分布调查表

调查人:李×　　　　　　　　调查日期:

按零件实测值分布的调查表　　　　调查数:121　　　　　　调查方式:

频数	1	5	11	20	26	35	25	10	5	5
						正				
					一	正				
					正	正	正			
				正	正	正	正			
			一	正	正	正	正			
			正	正	正	正	正	正		
		正	正	正	正	正	正	正	正	正
		−0.04	−0.03	−0.02	−0.01	0	+0.01	+0.02	+0.03	+0.04

排列图是由两个纵坐标、一个横坐标、几个直方块和一条折线所构成的。排列图的横坐标表示影响产品质量的因素或项目,按其影响程度的大小,从左至右依次排列。排列图的左纵坐标表示频数(如件数、金额、工时、吨位等);右纵坐标表示频率(以百分比表示);直方块的高度表示某个因素影响大小,从高到低,从左到右,顺序排列;折线表示某个影响因素大小的累积百分数,是由左到右逐渐上升的,这条折线就称为帕累托曲线。

2. 排列图的画法

(1) 收集一定期间的数据。本例中收集了某厂 1985 年 4 月~1985 年 6 月曲轴主轴颈车削数据,其加工不合格品数为 260 个。

(2) 将收集的数据进行整理,并填入统计表,见表 6-22。

(3) 计算各类项目的累计频数、频率及累计频率。

如计算序号 2 的累计频数、频率及累计频率,具体方法如下。

$$累计频数 = 序号 1 的频数 + 序号 2 的频数 = 154 + 80 = 234$$

$$频率 = \frac{序号 2 的频数}{不合格品总数} \times 100\% = \frac{80}{260} \times 100\% = 30.8\%$$

$$累计频率 = \frac{序号 2 的累计频数}{不合格品总数} \times 100\% = \frac{234}{260} \times 100\% = 90\%$$

或　　累计频率 = 序号 1 的频率 + 序号 2 的频率 = 59.2% + 30.8% = 90%

(4) 按一定的比例,画出两个纵坐标和一个横坐标。左纵坐标代表频数,右纵坐标代表累计频数。

(5) 按各项目不合格品数的大小,依次在横坐标上画出柱形条。

表 6-22 曲轴主轴颈车削加工不合格品数统计表

序号	项目	不合格品数（频数）	累计不合格品数（累计频数）	频率（%）	累积频率（%）
1	轴颈有刀痕	154	154	59.2	59.2
2	轴向尺寸超差	80	234	30.8	90
3	弯曲	9	243	3.5	93.5
4	轴颈车小	7	250	2.7	96.2
5	开档大	3	253	1.1	97.3
6	其他	7	260	2.7	100
	合计	260			

（6）按右纵坐标的比例，找出各类项目的累计频率点，从原点 0 开始，逐一连接各点，画出帕累托曲线。

（7）在柱形条的上方注明各自的频数，在累积频率点旁注明累积频率值。

（8）在排列图的下方要注明排列图的名称、收集数据的时间、绘图者等。按上述步骤绘制的排列图，如图 6-14 所示。

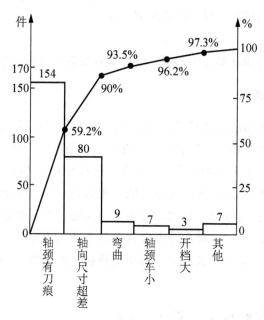

图 6-14 曲轴主轴颈车削加工不合格品排列图

3. 排列图的观察分析

排列图的观察分析，主要是找关键的少数。一般前 2~3 项（累积频率约 80%）为 A 类，是主要问题；累积频率约 80%~90% 为 B 类，是次要项；累积频率约 90%~100% 为 C 类，是一般项。其中，A 类应作为主要分析的对象，对其采取必要的措施，以求解决问题。

4. 绘制排列图应注意的事项

1) 要做好因素的分类

在绘制排列图时，不仅是为了找出某项特定产品的质量问题，而且要在合理分类的基础上，分别找出各类的主要矛盾及其相关关系。

2) 主要因素不能过多

一般找出主要因素以两项为宜，最多不超过三项。当采取措施解决了这些主要因素之后，原先作为次要的因素，则上升为主要因素，可以再通过绘制排列图来分析处理。

3) 数据要充足

为了找到影响产品质量因素的规律，必须收集充足的数据，以便从大量数据中找出统计规律来。当件数不多时，最好做全面分析，必要时也可采用随机抽样分析法。

4) 适当合并一般因素

不太重要的因素可以列出很多项，为简化作图，常将这些因素合并为其他项，放在横坐标的末端。

5) 合理选择计量单位

对于同一项质量问题，由于计量单位不同，主次因素的排列顺序有所不同。哪一种计量单位能更好地反映质量问题的实质，便采用哪一种。

6) 重新绘制排列图

在采取措施之后，为验证其实施效果，还要重新绘制排列图，以便进行比较。

5. 排列图的适用范围

由于排列图法可以指出进行改善工作的重点，因此，不仅适用于各行业、各类型的工业企业的质量改进活动，而且也适用于各种企事业单位以及各方面的工作。只要想进行改善工作，就可以用排列图找出主要影响因素，以便重点进行有成效的改善。

使用排列图法，不仅可以使所分析的问题主次因素分明、系统、形象，而且能逐步培养用数据说话的科学分析的习惯。排列图可根据不同的目的灵活运用，通常应用时主要的形式有：分析主要缺陷形式；分析造成不合格品的主要工序原因；分析产生不合格品的关键工序原因；分析不合格品的主次地位；分析经济损失的主次；用于对比采取措施前后的效果等。

6. 利用 Excel 制作排列图（图 6-15）

（1）先排好序，然后在 Excel 中选择"图表向导"中的"两轴线-柱图"命令。
（2）单击"下一步"按钮，再单击"数据区域"右侧的数据拾取图标。
（3）同时选择"开支项目"、"金额"、"累计百分率"数据，虚线框闪烁。
（4）单击"完成"按钮后再调整外观，标注出 A 类项目。

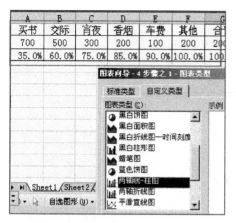

(a) 选择"两轴线-柱图"命令

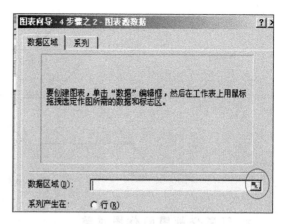

(b) 单击数据舍取图标

(c) 选择数据

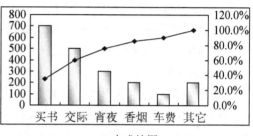

(d) 完成绘图

图 6-15 排列图制作步骤

四、因果分析图法

1. 因果分析图的含义及用途

因果分析图（因果图），有时也叫特性因素图或鱼刺图。它是寻找造成质量问题的原因的一种简明有效的方法。

在进行质量分析时，如果想用直观方法找出属于同一层的有关因素的主次关系，可以用排列图法对它进行分析。但是，若因素在层间还存在着纵向因果关系，这就要求有一种方法能同时整理出这两种关系。因果分析图就可以解决这个问题，它是整理和分析影响质量（结果）的各因素之间的一种工具。因果分析图形象地表示了探讨问题的思维过程，利用它分析问题能取得顺藤摸瓜、步步深入的效果。即利用因果分析图可以首先找出影响质量问题的大原因，然后寻找到大原因背后的中原因，再从中原因找到小原因和更小的原因，最终查明主要的直接原因。这样有条理地逐层分析，可以清楚地看出"原因——结果"、"手段——目标"的关系，使问题的脉络完全显示出来。

因果分析图是整理和分析影响质量问题各因素之间关系的一种常用工具。它是以质量问题的结果作为特性，以产生原因作为因素，在它们之间分层次地用箭头联系起来，表示因果关系的图。因果图的基本格式由特性、原因、枝干三部分构成，如图6-16所示。

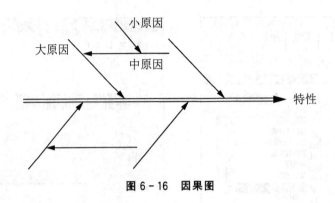

图 6-16　因果图

2. 因果分析图的作图步骤

1) 确定分析对象

把要分析的质量特性问题填入主干线箭头指向的方块中。由于因果图只能用于单一目的分析，所以每一个质量问题要单独进行因果分析。

2) 记录分析意见

列出影响质量的主要因素，通常分为人（Man）、机（Machine）、料（Material）、法（Method）、环（Environment）、测（measurement），即 5M1E。把大家针对质量特性问题所提出的各种原因，用长短不等的箭头线排列在主干线的两侧。属于大原因的，用较长的箭头线指向主干线；属于某大原因内次一级的中原因的，用略短的箭头线指向该大原因的箭头线；属于小原因的箭头线指向与它关联的中原因的箭头线。

3) 绘制正式的因果图，检查有无遗漏

即对检查所分析的种种原因，看有无遗漏，若有遗漏可及时补上。

4) 确定主要原因

针对因果图中所有的末端因素进行论证，从而确定哪些是影响质量问题的主要原因。

5) 记上必要事项

注明绘图者、参加讨论分析人员、时间等可供参考事项。

例：某企业加工的某种产品的某尺寸有明显偏差，其原因可能有设备、人员、工艺方法、原材料等。每一类原因可能又是由若干个因素造成的。与每一因素有关的更深入的考虑因素还可以作为下一级分支。当所有可能的原因都找出来以后，就完成了第一步工作，下一步就是要从其中找出主要原因，如图 6-17 所示。

3. 因果图的应用

因果图这种工具既可以用于产品改进，也可用于管理改善。通常适用于以下几方面。

（1）质量问题分析：如不合格品的分析、重大质量事故的分析等。

（2）管理方法探究：项目调研分析等。

（3）制定作业标准：工序管理特性明细的编制等。

（4）质量控制的导入及训练：如新产品产前指导培训等。

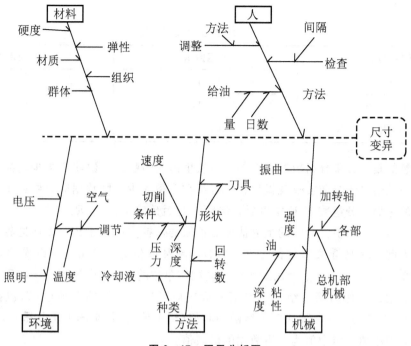

图 6-17　因果分析图

4. 因果分析图作图注意事项

（1）所要分析的质量特性问题，应尽量具体、明确、有针对性。

（2）要集思广益。一般是以召开各种质量分析会形式，共同分析、整理出因果分析图。

（3）原因的分析，应细到能采取具体措施为止。

（4）大原因不一定是主要原因。主要原因可用与会者投票表决的办法确定，一般可以确定 3~5 项。

（5）对关键因素采取措施后，再利用排列图等方法来检查其效果。

五、直方图

直方图又称柱状图，是频数直方图的简称。它是一系列宽度相等、高度不等的矩形表示数据分布的图，矩形的宽度表示数据范围的间隔，矩形的高度表示在给定的间隔内的数据频数，用来显示过程结果在一个连续的数值区域内的分布或分配情况。通过对直方图的分析可判断总体状况是正常还是异常，进而寻找其异常的原因。常用于分析质量原因，测量工序能力，估计工序不合格品率等。

1. 直方图的作图步骤

（1）收集数据。数据个数一般为 50 个以上，最低不少于 30 个。

（2）求极差 R。在原始数据中找出最大值和最小值，计算两者的差就是极差，即

$$R = x_{max} - x_{min}$$

（3）确定分组的组数和组距。一批数据究竟分多少组，通常根据数据个数的多少来决定。

具体方法见表6-23。

表6-23 数据个数与组数

数据个数 n	分组数 K	一般使用 k
50～100	6～10	
100～250	7～12	10
250 以上	10～20	

需要注意的是：如果分组数取得太多，每组里出现的数据个数就会很少，甚至为零，绘制出的直方图就会过于分散或呈现锯齿状；若组数取得太少，则数据会集中在少数组内，而掩盖了数据的差异。分组数 K 确定以后，组距 h 也就确定了，$h=R/k$。

(4) 确定各组界限值。分组的组界值要比抽取的数据多一位小数，以使边界值不致落入两个组内。因此先取测量值单位的 1/2。例如，测量单位为 0.01mm，组界的末位数应取 0.0001mm/2＝0.0005mm。然后用最小值减去测定单位的 1/2，作为第一组的下界值；再将此下界值加上组距，作为第一组的上界值，依次加到最大一组的上界值（即包括最大值为止）。为了计算的需要，往往要决定各组的中心值（组中值）。每组的上下界限值相加除以 2，所得数据即为组中值，组中值为各组数据的代表值。

(5) 制作频数分布表。将测得的原始数据分别归入到相应的组中，统计各组的数据个数，即频数，各组频数填好以后检查一下总数是否与数据总数相符，避免重复或遗漏。

下面结合实例来说明直方图的作图步骤。

例：某厂测量钢板厚度，尺寸按标准要求为 6mm，现从生产的批量中抽取 100 个样品，尺寸见表6-24，试画出直方图。

解：① 收集数据。本例取 100 个数据，即 $n=100$。

② 求极差值。找出数据的最大值与最小值，计算极差 R。本例中：

最大值 $\chi_{max}=6.45$

最小值 $\chi_{min}=5.56$

极差 $R=\chi_{man}-\chi_{min}=6.45-5.56=0.89$

③ 确定分组的组数 K 和组距 h。组数 K 的确定可根据表6-23选择。本例 $K=10$，组距

$$h=\frac{R}{k}=\frac{0.89}{10}\approx 0.09$$

④ 确定各组的界限值。本例中测量单位为 0.01，所以第一组的下界值为：

$$\chi_{min}-\frac{测量单位}{2}=0.56-\frac{0.01}{2}=5.56-0.005=5.555$$

第一组的上界值为：$5.555+0.09=5.645$

第二组的上界值为：$5.645+0.09=5.735$

⑤ 记录数据。记录各组中的数据，整理成频数表（表6-25），并记入：组界值、频数标志、各组频数（f_i）。

表6-24 钢板厚度尺寸数据

组号	尺	寸				组号	尺	寸			
1	5.77	6.27	5.93	6.08	6.03	11	6.12	6.18	6.10	5.95	5.95
2	6.01	6.04	5.88	5.92	6.15	12	5.95	5.94	6.07	6.00	5.75
3	5.71	5.75	5.96	6.19	5.70	13	5.86	5.84	6.08	6.24	5.61
4	6.19	6.11	5.74	5.96	6.17	14	6.13	5.80	5.90	5.96	5.78
5	6.42	6.13	5.71	5.96	5.78	15	5.80	6.14	5.56	6.17	5.97
6	5.92	5.92	5.75	6.05	5.94	16	6.13	5.80	5.90	5.93	5.78
7	5.87	5.63	5.80	6.42	6.32	17	5.86	5.84	6.08	6.24	5.97
8	5.96	6.05	6.25	5.89	5.83	18	5.95	5.94	6.07	6.00	5.85
9	5.96	6.05	6.25	5.89	5.83	19	6.12	6.18	6.10	5.95	5.95
10	5.95	5.94	6.07	6.02	5.75	20	6.03	5.89	5.97	6.05	6.45

表6-25 频数表

组号	组界值	组中值 x_i	频数标志	频数 f_i	变换后组中值 u_i	$f_i u_i$	$f_i u_i^2$
1	5.555～5.645	5.60	丅	2	−4	−8	32
2	5.645～5.735	5.69	下	3	−3	−9	27
3	5.735～5.825	5.78	正正下	13	−2	−26	52
4	5.825～5.915	5.87	正正正	15	−1	−15	15
5	5.915～6.005	5.96	正正正正正一	26	0	0	0
6	6.005～6.095	6.05	正正正	15	1	15	15
7	6.095～6.185	6.14	正正正	15	2	30	60
8	6.185～6.275	6.23	正丅	7	3	21	63
9	6.275～6.365	6.32	丅	2	4	8	32
10	6.365～6.455	6.41	丅	2	5	10	50
			$\sum$	100		26	346
					$\sum/\sum f$	0.26	3.46

⑥ 画直方图。在方格纸上，横坐标取分组的组界值，纵坐标取各组的频数，用直线连成直方块，即成直方图，如图6-18所示。

⑦ 标注。在直方图上，要注明数据数 N 以及平均值 $\bar{x}$ 和标准偏差 s（下面将介绍），要画出规格或公差标准（公差上限用 T_U、下限用 T_L 表示），采集数据的日期和绘图者等可供参考的项目也要注明。

2. 直方图的 Excel 制作

例：某零件尺寸公差范围为 10 ± 0.5mm，抽样如图6-19所示。
(1) 建立 Excel 数据表。
(2) 计算平均值等相关数据，并列表。
(3) Excel 设置：①选择"工具"→"加载宏"→"分析工具库"命令。②选择"工具"→"数据分析"→"直方图"命令。

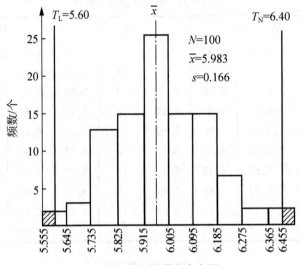

图 6-18 钢板厚度直方图

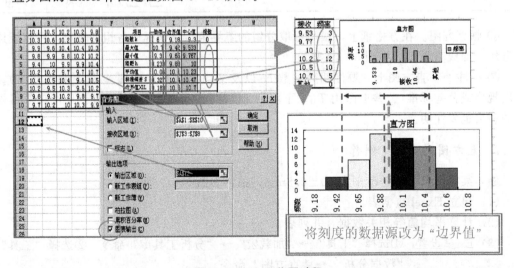

图 6-19 抽样数据

直方图的 Excel 作图过程如图 6-20 所示。

图 6-20 Excel 作图过程

3. 直方图的判断

直方图的观察、判断主要从以下两方面进行。

1) 形状分析

观察直方图的图形形状，看是否属于正常的分布，分析工序是否处于稳定状态，判断产生异常分布的原因。直方图有不同的形状，如图 6-21 所示。

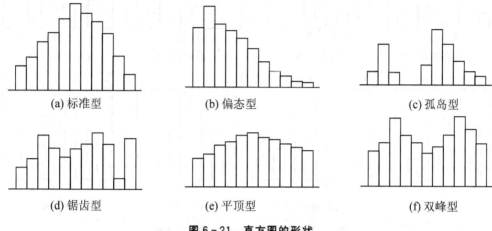

图 6-21　直方图的形状

(1) 标准型(图 6-21(a))。标准型又称对称型。数据的平均值与最大值和最小值的中间值相同或接近，平均值附近的数据频数最多，频数在中间向两边缓慢下降，并且以平均值左右对称。这种形状是最常见的。这时判定工序处于稳定状态。

(2) 偏态型(图 6-21(b))。数据的平均值位于中间值的左侧(或右侧)，从左至右(或从右至左)，数据分布的频数增加后突然减少，形状不对称。一些有形位公差等要求的特性值是偏向型分布，也有的是由于加工习惯而造成的。例如，由于加工者担心产生不合格品，在加工孔时常常偏小，而呈左偏型；加工轴时常常偏大，而呈右偏型。

(3) 孤岛型(图 6-21(c))。在直方图的左边或右边出现孤立的长方形。这是测量有误，或生产中出现异常因素而造成的。如原材料一时的变化、刀具严重磨损或混入不同规格产品等。

(4) 锯齿型(图 6-21(d))。直方图如锯齿一样凹凸不平，大多是由于分组不当或是检测数据不准确而造成的。应查明原因，采取措施，重新作图分析。

(5) 平顶型(图 6-21(e))。直方图没有突出的顶峰。这主要是在生产过程中有缓慢变化的因素影响而造成的，如刀具的磨损、操作者的疲劳等。

(6) 双峰型(图 6-21(f))。靠近直方图中间值的频数较少，两侧各有一个"峰"。当有两种不同的平均值相差大的分布混在一起时，常出现这种形式。这种情况往往是由于把不同材料、不同加工者、不同操作方法、不同设备生产的两批产品混在一起而造成的。

2) 与规格界限比较分析

当工序处于稳定状态(即直方图为标准型)时，还需要进一步将直方图与规格界限(即公差)进行比较，以判断工序满足公差要求的程度。

(1) 理想型(图 6-22(a))。直方图的分布中心 $\bar{x}$ 和公差中心 T_m 近似重合，其分布在公差范围内,且两边有些余量。这种情况,一般来说是很少出现不合格品的。根据概率计算,公差范围 T 大约等于数据标准偏差 s 的 8 倍,这是最理想的情况。

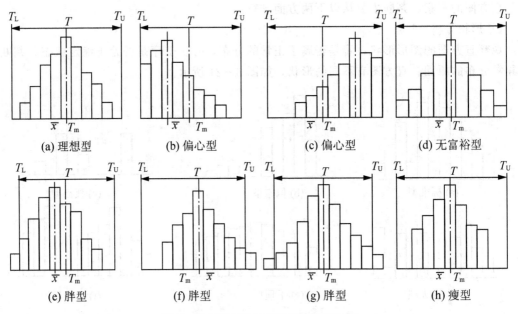

图 6-22 直方图分布与规格界限比较

(2) 偏心型(图 6-22(b)、图 6-22(c))。直方图的分布在公差范围内,但分布中心和公差中心 T_m 有较大偏移。这种情况下,工序如稍有变化,就可能出现不合格品。因此应调整,使分布中心 $\bar{x}$ 和公差中心 T_m 近似重合。

(3) 无富裕型(图 6-22(d))。直方图的分布在公差范围内,两边均没有余地。这种情况下应立即采取措施,设法提高工序能力,缩小标准偏差 s。

(4) 胖型(图 6-22(e)、图 6-22(f)、图 6-22(g))。直方图的分布超过公差范围。图 6-22(e)、图 6-22(f)说明质量分布中心偏离,分散程度也大,这时应缩小分散程度,并把分布中心移到中间来。图 6-22(g)说明加工精度不够,应提高加工精度,缩小标准偏差,也可从公差标准制定的严松程度来考虑。

(5) 瘦型(图 6-22(h))。直方图的分布在公差范围内,且两边有过大的余地。这种情况表明,虽然不会出现不合格品,但很不经济,属于质量过剩。除特殊精密、主要的零件外,一般应适当放宽材料、工具与设备的精度要求,或放宽检验频次以降低鉴别成本。

六、散布图

1. 散布图的定义

所谓散布图就是用来表示两个对应变量之间的关系的。在方格纸上以点来表示两者之间内在关系的,又称相关图。此种散布图可使我们易于了解及掌握成对的两组数据间的关系,通常多用来检定因果图中的特性结果及要因(原因)的关系,也可用来表示特性与特性间的关系。

2. 散布图的应用

（1）散布图可以用来发现两组相关数据之间的关系，并确认两组相关数据之间的预期关系。

（2）分析两组相关数据之间的关系主要是确认其相关性质，即正相关或负相关；相关程度，即强相关或弱相关。点子云的形态可以反映出相关的性质和程度。

（3）两个随机变量之间可能会有函数关系、相关关系和没有关系3种状态。其中函数关系可以看作是强相关的强度达到极限程度时的状态，故称为完全相关。而当弱相关达到极限程度时即为不相关，即两个随机变量之间无关系。6种常见的散布图如图6-23所示。

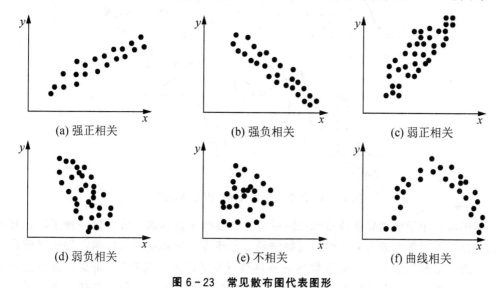

(a) 强正相关　　(b) 强负相关　　(c) 弱正相关

(d) 弱负相关　　(e) 不相关　　(f) 曲线相关

图6-23　常见散布图代表图形

（4）对散布图可以进行定性分析，也可以进行定量分析。

七、控制图

1. 控制图概念

控制图是休哈特（Walter A. She - whart）所创建的过程控制理论（Statistic Process Control，SPC）用于监控过程的工具。控制图应用统计技术对过程中的各个阶段进行监控。常规控制图又称为休哈特控制图。

产生缺陷的原因可分为偶然原因（生产过程中固有的可预测的变化，现在经常称为普遍原因）和异常原因（由特殊的不可预测的原因或事件引起的变化，现在经常称为特殊原因）。据此应该着重研究和消除异常原因，以便改进质量，但不必浪费资源去解决对整个过程和生产质量影响不大的偶然原因。

偶然原因造成随着时间的推移具有稳定的且可重复的分布过程中的许多变差的原因，我们称之为"处于统计控制状态"，或有时简称"受控"。异常原因造成不是始终作用于过程的变差的原因，即当它们出现时将造成（整个）过程的分布改变。由于特殊原因造成的过程分布的改变有些有害，有些有利，有害时应识别出来并消除它，有利时可识别出来并使其成为过程恒定的一部分，如图6-24所示。如果仅存在质量波动的偶然原因，随着时间的推移，过程的输出形成一个稳定的分布并可预测。如果存在质量波动的异常原因，随着时间的推移，过程的输出不稳定。

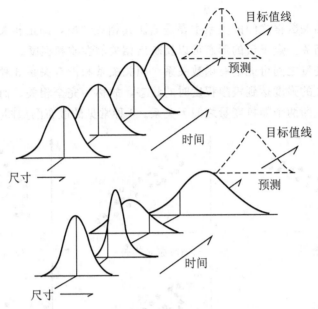

图6-24　质量波动的偶然原因与异常原因

控制图就是用于区别异常或特殊原因所引起的波动和过程固有波动的一种工具，其可以实时监控在生产过程中最容易产生产品缺陷的关键环节。这使得过程控制首先注意到最能够实施"防患于未然"的区域，最终检验员不再是查找缺陷的"警察"，而变为帮助工作人员防止缺陷发生的"同事"。这种方法同样考虑到生产过程的各个方面，包括人力、机器、方法和工作环境。这个方法把防止质量缺陷或不良质量放在首位，以便减少废品和浪费，最终达到生产率和收益的增加。

由于偶然原因与异常原因这两种因素产生的机制性质不同，所以消除的措施也不同，见表6-26。

表6-26　偶然原因与异常原因的比较

项目	偶然原因	异常原因
特点	过程所固有的，难以消除，这种情况大约占现场问题的85%左右	非过程固有的，故不难消除，其占现场问题的15%左右，多出现在早期的过程改进中
对产品的影响	影响总是存在，一定程度上是正常原因	影响不经常存在，但一旦存在，对产品质量将发生显著性的影响
示例	原材料性能、成分的微小差异；机床的轻微振动；刀具承受压力的微小差异；切削量、润滑油、冷却液及周围环境的微小变化；刀具的正常磨损；夹具的微小松动；操作者工作中的微小变化；测试手段的微小误差；检验人员测量读取数值的微小差异	操作者不遵守操作规程；操作规程有重大缺点；工人过度疲劳；原材料规格不符；机床振动较大；刀具过度磨损或损坏，刀具安装和调整不当；夹具严重松动，定位基准发生改变；机床电机运转异常；测量工具未经检定；测试错误，测量读取数值有一种偏向

续表

项目	偶然原因	异常原因
消除	非现场人员所能决定,要涉及人、机、物、法、环等整个系统的改进	现场人员可自行决定所采取的改进方案,不必请示更高级的决策人员
措施	经过深入调查研究,做出全面的可行方案后,经最高决策者做最后决定,称之为系统措施	根据实际情况,现场人员自行决定,称之为局部措施

控制图以预防为主,是一种主动管理方式,生产过程的质量控制的主要目的是保证工序能始终处于受控(In Control)状态,稳定持续地生产合格品。为此,必须及时了解生产过程的质量状态,判断其失控与否。这可以通过了解和控制正态分布的平均值 μ 和标准偏差 σ 两个重要参数实现。通常,在实际中对动态总体(生产过程)进行随机抽样,统计计算所收集的数据得到样本统计量,即样本的平均值 $\bar{x}$ 和样本的标准差 s,用 $\bar{x}$ 和 s 去估计 μ 和 σ,由 μ 和 σ 的变化情况与质量标准规格进行比较,作出生产过程状态的判断,这一过程的依据是数理统计学的统计推断原理。

2. 控制图的原理

1) 正态分布

通过对正态分布各相关范围内的概率计算,得到如图 6-25 所示的重要结论。

(1) 在 $\mu \pm \sigma$ 范围内的概率值为 68.26%。
(2) 在 $\mu \pm 2\sigma$ 范围内的概率值为 95.45%。
(3) 在 $\mu \pm 3\sigma$ 范围内的概率值为 99.73%。
(4) 在 $\mu \pm 4\sigma$ 范围内的概率值为 99.99%。

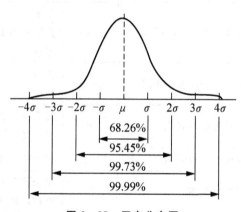

图 6-25 正态分布图

2) 控制图设计原则(图 6-26)

(1) 3σ 原则,以 $\mu \pm 3\sigma$ 为控制图的控制界线时,受控概率达 99.73%,同时还体现在 $\mu + 3\sigma$ 控制界限时,符合最经济的原则。

(2) 控制图以典型分布的分布中心 μ 为控制中心线,符号为 CL(Control Limit)。

(3) 控制图以典型分布的 $\mu + 3\sigma$ 为控制上限,符号为 UCL(Upper Control Limit)。

(4) 控制图以典型分布的 $\mu - 3\sigma$ 为控制下限,符号为 LCL(Lower Control Limit)。

(5) 在控制图中加入 $\mu \pm \sigma$、$\mu \pm \sigma$ 4 条线,将控制图划分为 6 个区域,以利于控制图的分析。

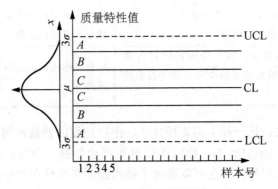

图 6-26 控制图基本图形

3. 常用的控制图

1) 常用的控制图的种类(表 6-27)

表 6-27 常用的控制图的种类

数据	分布		控制图名称	代号	备注
计量值	正态分布		平均值—极差控制图	$\bar{x}-R$	适用范围广,灵敏度高,常用在如尺寸、重量、强度、纯度、收缩率等项目的质量管理上
			平均值—标准偏差控制图	$\bar{x}-s$	作用与尺图相同,但采样数据 $n>10$ 时,用 s 图代替 R 图
			中位值—极差控制图	$\bar{x}-R$	作用与 $\bar{x}-R$ 图相同,用于简便判断,数据直接记入控制图,但精度不是很理想
			单值—移动极差控制图	$\bar{x}-Rs$	作用与 $\bar{x}-R$ 图相同,采样数据均匀,多抽样也无太大意义,但精度不是很理想
计数值	计件值	二项分布	不合格品率控制图	P	用于需要通过不良率、合格率、报废率、交货延迟率等来管理品质
			不合格品数控制图	P_n	用于需要通过不良件数来管理品质
	计点值	泊松分布	缺陷数控制图	C	用于预先确定的单位中统计所有的不良件数,并以此来管理品质
			单位缺陷数控制图	U	用于非固定的试料中统计发生的不良件数,并以此来管理品质

计量值是可以测取确定范围内的任何一个可能的数值,即梯度变化可以被连续测取的数值,如压力、温度、几何尺寸等数值。

计数值是指数值的梯度变化不能以连续方式测量,而只能以个数或百分率来表示的数值。计数值可进一步分为计件值和计点值。计件值是指产品进行按件检查时所产生的属性,如一批产品中的合格数、不良品数等；计点值是指每件产品中品质缺陷的个数，如外观瑕疵点数，功能失效项目数等。

2）各种符号含义

(1) n：采样数量大小，即样本数量，也可指数据量。

(2) k：采样的组数。

(3) X：采样的单位或单位特性值。每一个数值分别用 X_1，X_2，…，X_n 来表示。

(4) $\bar{x}$：采样的平均值。

$$\bar{x} = \frac{x_1 + x_2 + \cdots + x_n}{n} \qquad (6-1)$$

(5) $\bar{\bar{x}}$：采样的总平均值，有时称总平均值。

$$\bar{\bar{x}} = \frac{\bar{x}_1 + \bar{x}_2 + \cdots + \bar{x}_n}{n} \qquad (6-2)$$

(6) R：极差，一组数据中的最大值与最小值的差，即

$$R = \chi_{max} - \chi_{min} \qquad (6-3)$$

(7) $\bar{R}$：R 的平均值，即各组数据极差的平均值。

(8) P：不良率，为采样中的不良数与采样总数的比值。

(9) P_n：不良项目个数，即采样中所有的不良项目数。

(10) S：采样的标准偏差，标准偏差有时称标准差，标准差的平方称方差(S^2)。

$$S = \sqrt{\frac{(x_1 - \bar{x})^2 + (x_2 - \bar{x})^2 + \cdots + (x_n - \bar{x})^2}{n-1}} \qquad (6-4)$$

(11) σ：总体的标准偏差。

3）控制图中 CL、UCL、LCL 的计算（表 6-28）

表 6-28 $\bar{x} - R$ 控制图控制界限的计算

$\bar{x}$ 控制图	R 控制图
UCL = $\bar{\bar{x}} + A_2 \bar{R}$ CL = $\bar{\bar{x}}$ LCL = $\bar{\bar{x}} - A_2 \bar{R}$	UCL = $D_4 \bar{R}$ CL = $\bar{R}$ LCL = $D_3 \bar{R}$

其中 A_2、D_3、D_4 为控制图用系数见表 6-29。

表 6-29 $\bar{x} - R$ 控制图用系数表

n	A_2	B_3	B_4	C_4	D_3	D_4	$M_3 A_2$
2	1.88	0	3.267	0.797	0	3.267	1.88
3	1.023	0	2.568	0.886	0	2.574	1.187
4	0.729	0	2.266	0.921	0	2.282	0.796
5	0.577	0	2.089	0.94	0	2.114	0.691
6	0.483	0.03	1.97	0.951	0	2.004	0.549

续表

n	A_2	B_3	B_4	C_4	D_3	D_4	M_3A_2
7	0.419	0.118	1.882	0.959	0.076	1.924	0.509
8	0.373	0.185	1.815	0.965	0.136	1.864	0.432
9	0.377	0.239	1.761	0.969	0.184	1.816	0.412
10	0.308	0.284	1.716	0.972	0.223	1.777	0.363

4. 控制图的判断准则

1) 控制图判断原理

控制图对过程的判断是以概率事件原理为理论依据的。所谓小概率事件原理，也称为小概率事件不发生原理，即如果事件 A 发生的概率很小（如 1%），现经一次试验，事件 A 居然发生了，就有理由认为事件 A 的发生是异常的。

在统计技术应用中，首先应设置对异常判断的小概率 α（如 0.01、0.05 等）。设置的小概率 α 实际上是判断错误的概率，称为风险度或显著水平。与风险度相对应的是置信度（$1-\alpha$），若小概率 $\alpha=0.01$，则置信度为 $1-\alpha=1-0.01=0.99$。

2) 判稳准则

控制图中的描点在随机排列情况下，符合下列条件之一时即可判稳。

(1) 连续 25 个点中，落在控制界外的点数为 0。

(2) 连续 35 个点中，落在控制界外的点数小于或等于 1。

(3) 连续 100 个点中，落在控制界外的点数小于或等于 2。

3) 判异准则

GB/T 4091—2001《常规控制图》标准规定有 8 种判异准则模式，如图 6-27 所示。

(1) 如产品的关键品质性能、中间特性、对后工序影响巨大的项目。

(2) 一般由质量管理部门的初级管理人员进行测定和控制。

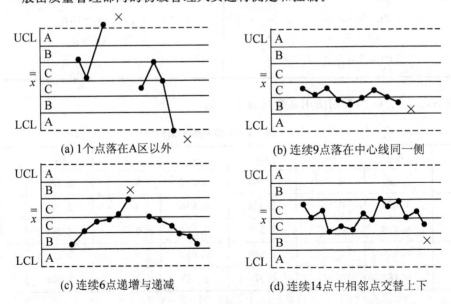

图 6-27 判断异常的检验准则

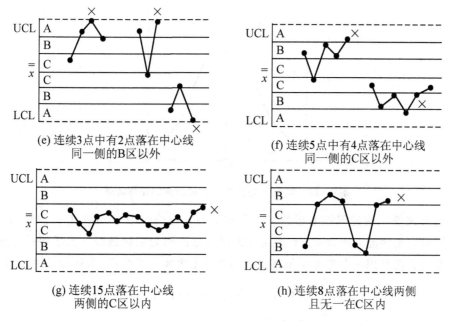

图 6-27 判断异常的检验准则(续)

5. 控制图用途

控制图可以直接控制生产过程，起到预防为主，稳定生产，保证质量的作用。其用途可归纳为以下几方面。

(1) 应用于质量诊断，评估过程(工序)的稳定性，即过程是否处于受控状态。

(2) 应用于质量控制，决定某一过程(工序)何时需要调整，何时需要保持原有状态。

(3) 应用于质量改进，可以用来确认过程是否得到了改进，以及改进到何种程度。

6. 过程能力指数

1) 过程能力

过程能力也叫工序能力，是指受控状态下工序的实际加工能力，用 B 表示。通常 $B = 6\sigma \approx 6S$。6σ 是质量特性值总体分布的 6 倍标准偏差 σ，即 $\mu \pm 3\sigma$，总体分布的另一个特征值是分布中心 μ。

2) 过程能力指数

过程能力指数也称工序能力指数，是指工序质量标准的范围与工序能力的比值，即过程结果满足质量要求的程度，用 C_p 表示。

(1) 无偏离情况的过程能力指数。如图 6-28 所示是一种比较理想的情况，双向公差要求时，实际分布中心(μ)与公差中心(M)重合，其过程能力指数的表达式为

$$C_p = \frac{T}{B} = \frac{T}{6S} = \frac{T_U - T_L}{6S} \qquad (6-5)$$

式中，T——公差范围，即产品设计所规定的质量标准；

T_U——公差上限；

T_L——公差下限。

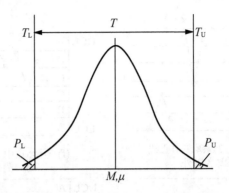

图 6-28 均值 μ 与公差中心 M 重合的理想状态

（2）有偏离情况的过程能力指数。当分布中心 μ 与公差中心 M 离心一段距离 ε 后，如图 6-29 所示，工序能力指数 C_p 不能反映这时的生产能力实际情况。为了保持这道工序原来的加工能力，必须用一个考虑了偏离量 ε 的新的工序能力指数 C_{pk} 来评价工序能力。

$$C_{pk}=C_p\times(1-k)=\frac{T_U-T_L}{6S}\times(1-k)=\frac{T-2\varepsilon}{6S} \tag{6-6}$$

式中，C_{pk}——考虑偏离度的工序能力指数；

ε——平均值的偏离量（简称偏离量），$\varepsilon=|M-\mu|$；

k——平均偏离度（简称偏离度），它是平均值偏离量 ε 与公差的一半的比值，即偏度或偏离度 $k=\varepsilon/(T/2)$，当 $k>0$ 时，认为 $C_{pk}=0$。

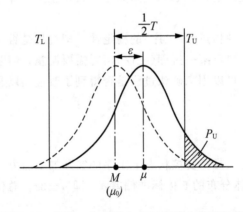

图 6-29 均值 μ 与公差中心 M 不重合的理想状态

在上述过程能力指数中，T 反映了对产品的技术要求，也即客户要求，而 6σ 则反映了加工质量或过程质量，也即质量控制范围，工序能力指数 C_p 将 6σ 与 T 进行了比较，反映了过程质量满足产品技术要求的程度，即组织产品的控制范围满足顾客要求的程度；k 则反映了过程质量分布中心不符合标准要求中心的偏离程度。

3）过程（工序）能力指数的评定及应用

过程能力指数的评定是对过程能力能够满足质量标准的程度作出判断。其目的是对过程（工序）进行预防性处置，以确保生产过程的质量水平。理想的过程能力既要满足质量要求，又要符合经济性原则，见表 6-30。

表6-30　过程能力指数评定标准

$C_p(C_{pk})$	$C_p>1.67$	$1.67≥C_p>1.33$	$1.33≥C_p>1.00$	$1.00>C_p>0.67$	$C_p≤0.67$
等级	特级	一级	二级	三级	四级
评价	能力过高	能力充分	能力尚可	能力不充分	能力不足

对不同过程能力状态，应在过程中采取不同的措施：对于特级（$C_p>1.67$），应放宽对尺寸的范围，降低设备和工装的精度要求；对于一级（$1.67≥C_p>1.33$），应适当降低对原材料的要求，改全数检验为抽样检验，或减少抽样检验的频次等；对于二级（$1.33≥C_p>1.00$），必须采取控制手段对过程实施监控，以便及时发现异常波动；对于三级（$1.00≥C_p>0.67$），应该分析工序能力不足的原因，采取措施加以改进，实施全数检验或增加检验频次；对于四级（$C_p≤0.67$），一般应立即停产整顿，找出原因，采取措施，改进工艺，提高工序能力。提高过程能力，能够大幅度降低不合格品率，提高产品质量，有效地减少资源浪费，提高企业的经济效益和社会效益。

7. 控制图实例

某厂生产零件，其厚度尺寸为 $6±0.4$ mm，采用 $\bar{x}-R$ 控制图对生产过程进行控制。现决定每隔一小时抽取样本5个，即 $n=5$，共取20组，共100个数据，记入控制图表（表6-31）。

表6-31　零件厚度数据（6±0.4mm）

组号	x_1	x_2	x_3	x_4	x_5	$\bar{x}$	$\bar{R}$
1	5.77	6.27	5.93	6.08	6.03	6.016	0.50
2	6.01	6.04	5.88	5.92	6.15	6.000	0.27
3	5.71	5.75	5.96	6.19	5.70	5.862	0.49
4	6.19	6.11	5.74	5.96	6.17	6.034	0.45
5	6.42	6.13	5.71	5.96	5.78	6.000	0.71
6	5.92	5.92	5.75	6.05	5.94	5.916	0.30
7	5.87	5.63	5.80	6.12	6.32	5.948	0.69
8	5.89	5.91	6.00	6.21	6.08	6.018	0.32
9	5.96	6.05	6.25	5.89	5.83	5.996	0.42
10	5.95	5.94	6.07	6.02	5.75	5.946	0.32
11	6.12	6.18	6.10	5.95	5.95	6.060	0.23
12	5.95	5.94	6.07	6.00	5.75	5.942	0.32
13	5.86	5.84	6.08	6.24	5.61	5.926	0.63
14	6.13	5.80	5.90	5.93	5.8	5.908	0.35
15	5.80	6.14	5.56	6.17	5.97	5.928	0.61
16	6.13	5.80	5.90	5.93	5.78	5.908	0.35
17	5.86	5.84	6.08	6.24	5.97	5.998	0.40
18	5.95	5.94	6.07	6.00	5.85	5.962	0.22

续表

组 号	x_1	x_2	x_3	x_4	x_5	$\bar{x}$	$\bar{R}$
19	6.12	6.18	6.10	5.95	5.95	6.060	0.23
20	6.03	5.89	5.97	6.05	6.45	6.078	0.56
合计						119.506	8.37
平均						$\bar{\bar{x}}=5.975$	$\bar{R}=0.419$

作图步骤如下。

(1) 确定控制对象，采集数据。

样本数据20组，总样本数100，每组样本量$n=5$(通常取4～5个)。

(2) 计算控制图表中的$\bar{x}$、R。

因为 $\bar{x}=\dfrac{x_1+x_2+\cdots+x_n}{n}$，$R=\chi_{\max}-\chi_{\min}$，则第一组的$\bar{x}$、$R$为

$$\bar{x}=\dfrac{5.77+6.27+5.93+6.08+6.03}{5}=6.016$$

$$R=6.27-5.77=0.5$$

其余计算以此类推。

(3) 计算$\bar{\bar{x}}$、$\bar{R}$。

因为
$$\bar{\bar{x}}=\dfrac{\bar{x}_1+\bar{x}_2+\cdots+\bar{x}_n}{k},\quad \bar{R}=\dfrac{R_1+R_2+\cdots+R_i}{k}$$

对于本例
$$\bar{\bar{x}}=\dfrac{6.016+6.000+\cdots+6.078}{20}=5.975$$

$$\bar{R}=\dfrac{0.50+0.27+\cdots+0.56}{20}=0.419$$

(4) 计算$\bar{x}$图和R图的控制界线。

$\bar{x}$图：上控制界限 $UCL=\bar{\bar{x}}+A_2\bar{R}$

中心线 $CL=\bar{\bar{x}}$

下控制界限 $LCL=\bar{\bar{x}}-A_2\bar{R}$

查表6-28，得到$A_2=0.577$，$D_4=2.114$，$D_3=0$，则

$UCL=\bar{\bar{x}}+A_2\bar{R}=5.975+0.577\times0.419=6.217$

$CL=\bar{\bar{x}}=5.975$

$LCL=\bar{\bar{x}}-A_2\bar{R}=5.975-0.577\times0.419=5.733$

R图：上控制界限 $UCL=D_4\bar{R}=2.114\times0.419=0.866$

中心线 $CL=\bar{R}=0.419$。

下控制界限 $LCL=D_3\bar{R}$，即不考虑。

(5) 画中心线和上下控制界限线。

(6) 打点，连线，如图6-30所示。

(7) 记入有关事项。在控制图上，应记载零件名称、零件编码、工序名称、工序号、质量特性、测量单位、标准要求、使用设备、操作者、记录者、检验者等。

(8) 分析处理。对控制图进行分析，得出分析结论，建议采取的措施等。

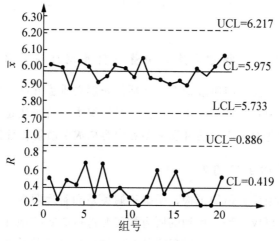

图 6-30 $\bar{x}-R$ 控制图

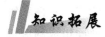

质量管理体系

建立质量管理体系是全面质量管理的基本要求。推行全面质量管理，必须建立一个完善的、高效的质量管理体系。为指导企业搞好质量管理、建立健全质量管理体系，ISO 发布了一系列与质量管理体系有关的国际标准，即 ISO9000 系列标准。ISO9000 系列标准作为质量管理领域重要的国际化标准，它的出现是现代化大生产和先进质量管理发展的客观需要和必然结果。它也是随着工业企业生产技术和经营管理的现代化逐步发展起来。通过它的推广应用，有利于进一步推动工业企业生产技术和质量管理工作的深化和发展，并使贸易交往中有一个共同的语言。ISO9000 系列标准对如何在一个企业建立健全质量管理体系做了全面阐述，详尽规定了与产品寿命周期内所有阶段和活动有关的质量管理体系要素。任何一个希望建立和实施质量管理体系的组织，都应参照 ISO9000 系列标准，针对各自企业和产品的实际情况，选出适用的、需要加以控制的要素，建立其质量管理体系，指导开展质量控制、质量保证和质量改进活动。依据 ISO9000 系列标准建立企业的质量管理体系，已成为国际化的趋势和企业进入国际市场的必然选择。

一、质量管理体系概念

ISO9000 将质量管理体系（Quality Management System）定义为："在质量方面指挥和控制组织的管理体系"。

1. 质量管理体系由质量管理体系要素组成

对于一个企业，其质量管理体系是企业中所有与质量有关的要素即质量管理体系要素，如各类质量管理（质量计划、质量控制和质量改进）活动及内容、为实施质量管理所建立的组织机构、面向质量形成过程和质量管理活动的各种作业程序以及对质量形成过程中所需的种种资源的管理活动和程序等，为确保产品质量满足顾客需要这一共同目的而构成的企业质量管理工作的整体。

2. 实施质量管理，必须首先建立质量方针并制订质量目标

对于任何一个组织，要实施质量管理，必须首先建立质量方针，制订质量目标，并且要在质量方针的指导下，为着所制订的质量目标，对组织中所有与质量有关的活动和工作内容进行有效管理。所有这些面向质量的管理活动和内容构成了质量管理体系的基本要素。

3. 质量管理体系的主要内容

实施质量管理，必须设置组织机构，明确隶属关系和管理职责，以理顺从事各种质量活动的渠道；必须对产品形成过程要用到的所有的资源进行有效控制和科学管理，为形成高质量的产品提供积极支持；而且，要通过程序的制定给出从事各种质量活动的工作方式，使各项质量活动有章可依、有法可循，从而经济、有效、协调地进行。组织机构的设置及其管理职责、资源管理活动及内容、产品寿命周期各环节的质量活动，以及制定出的工作程序和管理模式、形成的质量文件，都是质量管理体系的主要内容的基本要素，它们共同组成的有机整体就是企业的质量管理体系。

除此之外，为实现质量的持续改进和不断提高，应对各项与质量有关的活动和行为进行监测、控制和分析，以确保其符合性和实现改进。组织对其质量管理体系的内部审核(测量、监控和分析活动等)是这方面的典型例子。任何组织都应定期对其质量管理体系进行内部审核和评审，以查明各项质量活动是否按规定程序进行及其有效性。一旦发现问题，及时纠正和改进，使体系得以不断改进和完善，以适应外部环境的变化。

4. 产品质量形成全过程的管理

质量管理体系通常紧紧围绕着产品质量形成的全过程，涉及产品寿命周期(质量环)的全部阶段，从最初的识别市场需要到最终满足要求的所有过程。遗漏或忽视任一环节的质量活动，都将会影响质量目标的达到，因此，质量管理体系要对影响质量的各个环节(包括直接因素和间接因素)都进行考虑，从组织结构、管理职责、产品的形成过程和资源等方面，对如何确保产品质量作出规定，并形成文件，即质量管理体系文件，以规范企业的质量管理工作。

5. 一个组织通常只应有一个质量管理体系

一个企业往往要生产多个品种和规格的产品，这些产品的生产过程是大致相同的。质量管理体系的基本组成即组织结构和管理职责、资源以及通用性管理和技术程序，对各种产品基本上一致，不同的只是专用的技术、管理文件和相应的作业活动。因此，质量管理体系是为实施质量管理而建立的有机整体，它应覆盖企业所生产的各种产品，而不是按产品建立质量管理体系。不然，在描述质量管理体系时就会有大量的重复现象，出现许多不必要的体系文件，造成浪费。原则上，一个企业只有一个质量管理体系。企业的质量管理体系就像一个大型乐队，在乐队指挥的统一领导下，各方面协调配合，演奏出各种美妙动听的乐曲。改变乐曲时变动的只是乐谱和相应人员的动作。

二、质量管理体系的目标和任务

1. 质量管理体系的目标

企业建立健全质量管理体系，其根本目的是确保产品质量，使顾客满意。为此，企业必须确立质量方针，提出具体的质量目标，并对影响产品质量和实现企业质量目标的主导因素——技术、管理和人员进行有效的控制，以预防、减少和消除质量缺陷，用最为经济的手段为用户提供满意的产品。为了取得成功，必须使其产品符合以下要求：

（1）满足恰当的规定需要、用途或目的。
（2）满足顾客的期望。
（3）符合适用的标准和规范。
（4）符合社会要求，包括法律、准则、规章、条例以及其他考虑事项所规定的义务。
（5）反映环境需求。
（6）以有竞争力的价格及时提供。
（7）经济的提供。

以上这些目标归纳起来，无非就是两条：即质量好、成本低。只有实现这样的目的，企业才能在激烈的竞争中立于不败之地，并求得生存和发展。而要做到这一点，必须建立企业的质量管理体系。建立健全质量管理体系是组织必须采取的一项战略决策。

2. 质量管理体系的任务

围绕产品质量形成的全过程，通过对实施质量管理所需要的组织管理、资源、过程和程序的积极而有效的运作，把质量环的各个阶段的工作过程加以有效控制，这是质量管理体系的最主要任务。

通过质量管理体系的建立和运行，开展企业内部质量管理活动，确保产品质量，使顾客满意；通过质量管理体系的第三方认证和注册，向顾客和社会展示企业具有的保证产品质量的能力。

3. 建立并实施质量管理体系的意义

建立质量管理体系既是顾客的需要，也是组织的需要。一个组织的质量管理体系有两个相互关联的方面的作用：一是组织的需要和利益；二是顾客的需要和期望。就组织而言，需要通过质量管理体系的建立和运行，以适宜的成本来达到和保证所期望的质量。就顾客而言，需要供方(组织)具备交付所期望产品质量的能力并能够证明这一点，为此，组织需要建立健全质量管理体系，并通过第三方的认证，来向顾客展示组织具备这种质量保证的能力。质量管理体系的建立和有效动作是组织质量保证的重要依据。

完善的质量管理体系是在考虑组织和顾客双方利益、成本和风险的基础上实现质量最佳化，利益、成本和风险等因素对组织和顾客都具有重大意义。从利益角度出发，顾客考虑的是减少费用、改进适用性、提高满意程度和增加信任，而供方所考虑的是提高利润和市场占有率；在成本方面，顾客要考虑安全性、购置费、运行费、保养费、停机损失和修理费以及可能的处置费用等，供方则要考虑由于各种原因造成的返工、返修、更换、重新加工、生产损失、担保和现场修理等发生的费用；对于风险问题，顾客要考虑人身健康和安全，对产品不满意、可用性、市场索赔和丧失信任等风险，而供方必须考虑有缺陷的产品可能导致的形象或信誉损失，市场丧失、意见、索赔、产品责任、人力和财力资源的浪费等风险。

上述问题不仅是建立健全质量管理体系应考虑的问题，而且也只有通过建立健全质量管理体系并使之有效运行，才能最佳化解决，使组织和顾客双方均得到最大的好处。正如ISO9004-1：1994标准所指出的那样："应设计出有效的质量管理体系，以满足顾客的需要和期望并保护组织的利益。完善的质量管理体系是在考虑利益、成本和风险的基础上使质量最佳化以及对质量加以控制的有价值的管理资源。"

三、质量管理体系的标准和要求

1. ISO9000族标准产生的社会背景和基础

ISO9000族标准是指"由国际标准化组织（International Organization for Standardization，ISO）质量管理和质量保证技术委员会（ISO/TC 176）制定的所有国际标准"。

20世纪70年代以来，质量成为企业竞争力的主要要素。随着全球经济的一体化和日益开放的世界市场的发展，质量更是企业进入国际市场的通行证。为了适应国际贸易及经济合作和交往的需要，世界各主要工业发达国家都对质量体系制定出了各种国家标准和多国标准。这些不同的标准尽管在总的方面由于质量管理的客观要求而具有共同点，但在细节上还存在许多的不一致和差异，不能在国际贸易中得到广泛应用，却反而导致了贸易交往中的障碍。企业为了获得市场，往往不得不付出巨大的努力去满足形形色色的质量体系要求。而且在不同的标准中，工商贸易中所用的名词术语也不一致、常引起混乱和不便。因此，人们迫切需要有统一的国际通用的质量管理标准来消除这种分散的各自为政的状态。

1987年3月，国际标准化组织质量管理和质量保证技术委员会（ISO/TC 176）经过近10年的努力，在总结各国质量保证经验的基础上，制定并正式发布了ISO9000、ISO9001、ISO9002和ISO9004等国际标准。在这之前的1986年5月，发布了ISO8402《质量术语》国际标准。

我国于1988年8月开始，等效采用了国际标准ISO9000系列，即GB/T 10300。后来，随着发展外向型经济的需要，于1993年1月开始由等效采用改为等同采用这个标准，即GB/T 19000—ISO9000，并推行质量认证制度。自此以后，许多大企业和知名企业都大力贯彻ISO9000系列国际标准，并通过权威认证机构对质量体系进行认证，以良好的信誉进入了国际市场。ISO9000系列国际标准同样对我国的经济发展产生了积极的和重大的影响。

由此可见，ISO9000族标准产生的社会背景和基础如下。

（1）优胜劣汰的市场经济是产生ISO9000族标准的社会基础。

（2）消除国际贸易中的质量体系注册/认证等方面的技术壁垒，促进国际贸易顺利发展是ISO9000族标准产生的经济基础，这是产生ISO9000族标准的直接原因。

（3）高科技产品的需求，是ISO9000族标准产生的技术基础。

（4）世界各国制定与颁布的质量责任、法令、法律、法规，把质量保证体系的建立与实施作为强制性的社会要求，这是ISO9000族标准产生的法律基础。

(5) 各国消费者权益保护运动的广泛深入开展,成为 ISO9000 族标准产生和发展的群众基础。

(6) ISO9000 族标准来源于 40 年代的美国军工行业标准,经过半个世纪的实践,逐步发展成国家标准,最后成为国际标准,这是 ISO9000 族标准产生和发展必不可少的实践基础。

2. ISO9000 族标准的发展沿革

自 1986—1987 年,国际标准化组织首次发布了 ISO9000 族标准开始,至今已经过了下列 4 个阶段。

(1) 第一版:20 世纪 80 年代的 ISO9000 族标准,即 1987 版。

(2) 第二版:20 世纪 90 年代的 ISO9000 族标准,即 1994 版。是对第一版 ISO9000 族标准的局部修改,并补充制定一些 ISO10000 系列标准,对质量体系的一些要素活动做出具体的规定。

(3) 第三版:21 世纪的 ISO9000 族标准,即 2000 版。采用过程方法,对质量管理体系的要求作出具体规定。

(4) 第四版:2008 年 11 月正式生效,即 2008 版。是对第三版 ISO9001 标准的局部修改。

3. 质量管理体系的要求

1) 管理职责

管理职责作为质量管理体系的一大要素,对一个组织其组织机构的设置、领导者的职责和权限、质量方针和质量目标的制定以及如何有效地在一个组织实施质量管理进行了规定。目的是通过组织机构的合理设置、领导者职责和权限的有效分配和控制、制定切实可行的质量方针和目标,并在方针和目标的指导下开展各项质量管理活动,以及通过质量管理的科学化、规范化,使组织的质量管理达到要求并获得持续改进。

制定质量方针,确定质量目标,并积极进行质量的策划,是管理职责的基本内容。管理职责还涉及文件和质量记录的有效控制。对质量管理体系进行评审,以确保质量管理体系的适宜性、充分性和有效性是管理职责的另一项必不可少的内容。通常,管理职责的实施和运作通过组织机构的设置和运作来实现。

组织机构的设置,应根据产品的特点、生产规模、工艺性质等方面的因素,并考虑质量职能的实施和监督两个方面。建立强有力的质量管理和质量检验部门,以负责质量活动的计划、组织、协调、指导、监督和检查,是质量管理体系组织机构中的重要方面,应予以足够的重视,并使其能独立、客观地行使职权。

职责和权限是质量管理体系结构中的重要组成部分,以落实各级职能部门和各类人员的质量职能为中心任务。显然,组织的最高管理者要对产品质量全面负责,各职能部门和各类人员的质量责任也要落实。在落实质量责任时,首先确定组织所有与质量有关的活动,然后,通过协调把这些质量活动的责任落实到各职能部门,并明确规定领导和各职能部门的质量责任。各职能部门再通过制定岗位责任制和各项质量活动的控制程序(标准、制度、规程),明确规定从事各项质量活动人员的责任和权限,以及各项活动之间的关系。

2) 资源管理

产品的形成过程是利用资源实施增值转换的过程。离开资源，不能形成产品，资源是产品形成的必要条件。对于一个组织，资源通常指以下几方面的内容。

(1) 一定素质的人员。

(2) 基础设施，如制造型企业中那些具有特定能力的加工和检测设备等。

(3) 工作环境。

(4) 信息资源。

(5) 一个组织长期建立起来的合作伙伴，包括供方和合作者。

(6) 财力和其他自然资源。

资源的优劣程度以及资源管理水平的高低，对产品质量的形成有着十分密切的关系。为了实施质量方针并达到质量目标，组织的领导应保证必需的各类资源，并实施积极、高效的资源管理。资源管理是质量管理体系的主要内容。

3) 产品的实现

"产品是过程的结果"（ISO9000：2008—3.4.2）。没有过程，就没有产品。产品实现过程的任何一个阶段和环节，都对产品的质量产生着直接的和至关重要的影响，必须对直接影响产品质量的产品实现过程进行策划和控制。

过程通常用活动流程来表示，并分解为一系列子过程或活动。这些子过程或活动间的相互影响是错综复杂的，它们形成了一个过程网络。为了确保所有的子过程或活动都为着一个共同的目标，即组织的质量目标，作为一个有效的整体运行，组织应分析各子过程的相互联系，对形成产品的这一过程网络进行策划、优化、控制和管理。

过程的基本概念包含三个要素：输入、活动和输出。这种概念对实施产品实现过程的管理提供了有效的帮助，也为实施产品实现过程的管理指明了方向。产品实现过程的管理应从确定输入、明确资源和活动并实现预期的输出出发，通过对产品实现所需过程的识别，对产品实现过程的期望输出、过程的步骤、活动、流程、控制方法、培训需求、设备、方法、信息、材料和其他资源等进行策划、运作、控制和优化改进。也就是说，为实施质量的持续改进和追求卓越，应对过程识别、确认、测量和审核，并在此基础上，实施过程的分析与改进，达到过程持续改进的目的。

产品整个实现过程，从市场调研开始到售后技术服务为止，整体上分为以下四大类子过程。

(1) 与顾客或其他相关方有关的过程，如市场调查和客户的参与过程等。

(2) 设计和/或开发。

(3) 采购。

(4) 生产和服务的运作，如产品的搬运、包装、储存、防护和交付过程等。

不同类别的子过程，过程管理方法和策略也不尽相同，应针对不同的子过程、子子过程，实施有的放矢的过程管理。

4) 测量、分析和改进

质量改进是全面质量管理的精髓。为了做好质量改进工作，组织首先应对产品质量、过程能力、质量管理体系以及顾客的满意度等进行测量和评价，并依据测量结果分析产品质量、过程能力、组织的质量管理水平等的演变趋势和变化情况，同时，对演变趋势和变化的原因进行识别和确定。在分析和识别演变趋势和变化时，要用到数据分析统计技术。组织应对统计技术的应用进行监控。

最终目的不是寻找和发现演变趋势和变化原因，而是优化和改进。也就是说，发现问题是为了纠正问题和实施改进。为了对过程进行改进，组织应鼓励使用具有创造性的革新方法。组织也应对改进措施的实施进行策划并提供充分的资源。

测量、分析和改进不单是产品的测量、分析和改进，也包括产品实现过程的测量、分析和改进，质量管理体系业绩的测量、分析和改进，以及顾客或其他相关方满意度的测量、分析和改进。内部审核、自我评价、不合格控制、纠正和预防措施等内容都是测量、分析和改进这一大类质量管理体系要素的主要内容。

4. 质量管理体系的作用

质量管理体系就是要通过一定的组织机构、规章制度和工作程序，把质量管理活动加以系统化、标准化、制度化。它对企业有效地实施质量管理工作具有以下的重要作用。

（1）通过明确各部门的职责、权限，可以提高有组织的质量保证活动的效率，提高管理水平，有利于实现企业赢得市场、扩大市场的生产经营目标。

（2）建立质量管理体系可对产品或服务的技术规范提供补充。当企业的组织体系不够完善时，反映质量特性和质量水平的技术规范往往不能保证产品或服务的质量满足顾客的要求，建立和完善质量管理体系能有力地对规范进行补充，为达到应有的质量要求提供切实的保证。

（3）通过建立质量管理体系，能向顾客提供质量体系文件和质量记录，证实企业具有保证产品质量的能力，建立起相互信任的合作关系。

总之，建立有效的质量管理体系，能从组织上、制度上保证企业长期、稳定地生产高质量的产品，并能向顾客证实自己具有保证产品质量的能力。

思考练习

（1）质量的含义是什么？
（2）产品质量对国民经济有何重要意义？
（3）质量管理发展的各个阶段各有什么特点？
（4）全面质量管理的含义是什么？它有什么特点？
（5）全面质量管理的基本思想是什么？
（6）什么是 PDCA 循环？它有何特点？
（7）为什么说检验具有质量预防功能？举例说明。
（8）检验规程的主要内容是什么？
（9）首检、巡检、完工检的时机是什么？
（10）检验记录完整性是指什么？
（11）什么是不合格品？不合格品产生的原因是什么？
（12）如何发现不合格品？
（13）不合格品隔离措施有哪些？
（14）不合格品的处置方式有哪几种？

(15) 如何设计不合格品相关记录表单？记录的内容有哪些？
(16) 为什么要对不合格品进行评审？
(17) 什么是检定？什么是校准？差别在哪？为什么要进行周期检定或校准？
(18) 为什么在用的检验测量设备需要标识？如何标识？
(19) 根据表6-32的数据，完成以下工作。
① 设计一份车间质量统计调查表。
② 绘制一份高箱盖加工不良排列图，并进行分析。
③ 到生产现场调查分析质量问题的主要原因，绘制因果图。

表6-32 不良项目数据表

不良项目	φ30 外径超差	表面划伤	表面粗糙度不良	长度21.3超差	φ26.6超差	其他	合计
数量	70	30	20	50	10	10	200

第七章 生产设备管理

学习目标

完成本章学习，你应该能够：

- 知道生产现场设备管理的内容、作用
- 掌握设备现场安装验收和维修验收的内容和步骤，能设计和使用相关记录表
- 掌握设备日常点检的内容和作用，初步学会根据不同设备确定日常点检内容，设计记录表，初步学会使用表单
- 掌握设备完好性检查的内容和要求，初步学会根据不同设备确定检查内容，会设计检查表，初步学会现场设备完好性检查步骤、方法
- 熟悉设备维修的组织、管理方法
- 初步熟悉设备操作规程的编制

案例导入

××模具公司是一家专业设计制造汽车注塑模具的国家高新技术企业。2011年底公司花5000余万元，对主要生产加工设备进行了技术改选。先后引进了德国德马吉五轴数控加工中心、意大利飞迪亚3+2数控加工中心、日本大畏、牧野数控加工中心数台，立志成为国内制造设备先进、制造水平一流的现代化模具制造工厂。公司高层确定了"一年一个样，三年大变样，五年创一流"的宏伟目标，当年从公司招聘了近100位大专以上的管理和技术骨干以及车间操作人员，车间大部分管理人员和操作人员是新手，工作激情高涨，但对于这些先进设备的使用和维护管理缺乏系统的了解，甚至对操作和保养的要求不是十分熟悉。

3个月下来，先进和高速加工设备的引进，并没有真正给工厂带来生产效率的高速增长和产品加工质量的高速提高，反而带来的是整个工厂的设备维修费用和生产成本的高速增长，设备稼动时间的高速下滑。

生产设备是生产力的重要组成部分和基本要素之一，是企业从事生产经营的重要工具和手段，是企业生存与发展的重要物质财富，生产设备无论从企业资产的占有率上，还是从管理工作的内容上都占据相当大的比重和十分重要的位置，管好用好生产设备，提高设备管理水平对促进企业发展与进步有着十分重要的意义。在企业的生产经营活动中，生产设备管理的主要任务是为企业提供优良的设备和经济的运行成本，使企业的生产经营活动建立在最佳的物质技术基础之上，保证生产经营顺利进行，以确保企业提高产品质量，提高生产效率，降低生产成本，进行安全生产，从而使企业获得最高经济效益。

工作情境描述

模具企业是典型的单件生产的机械加工企业，大部分机加工设备都采用的是数控加工中心，机加工车间是生产设备的主要使用部门，主要负责生产设备的日常使用以及日常维护和保养。设备部是生产设备现场管理的归口部门，主要工作包括参与设备操作规程的编制、设备现场安装验收、设备日常保养策划、车间设备日常保养检查、车间设备完好性检查、设备维修组织和验收等工作。

车间最近新到一批数控加工中心，要求完成设备安装调试验收、操作规程编制、日常点检卡设计、维修记录设计、完好性检查内容设计，并实施管理，记录结果。

学习任务

以实训车间机械加工设备为管理对象，独立完成以下学习任务。

（1）查阅设备说明书等相关资料，了解设备性能、结构、润滑点、验收标准等，确定设备安装验收内容，设计设备验收记录，并模拟验收过程，记录验收结果。

（2）根据设备使用说明书及上网收集到的相关资料，编制设备操作规程、设备预防性维修计划。

（3）根据以上资料，确定设备日常点检内容，设计记录表，确定验证内容，并进行模拟检查，记录结果。

（4）确定设备完好性检查内容，设计记录表，并模拟填写检查记录。

（5）根据给定的故障及修理内容，填写设备维修记录。

基础知识

第一单元 设备前期管理

设备前期管理主要包括设备的申购、选型、采购、开箱检查、安装和调试、验收与移交等使用的前期工作。

一、设备的申购

设备的申购由设备使用部门根据需求向生产设备主管部门提出添置设备申请。生产设备主管部门接到申请后，进行需求分析，组织设备调配。

确实需要购买的，设备管理部门与使用部门共同磋商，确定所购设备满足目前使用要求应具备的加工范围、使用和配置要求，并填写"设备购置申请单"（表7-1），报公司高层领导批准后，转技术部门进行选型。

二、设备选型

设备的选型可根据设备的购置金额大小来决定选型方法。例如，对采购金额在人民币5

万元以下的设备，由技术部门根据目前生产产品和待开发产品生产加工工艺的实际需要，拟定设备型号；而对采购金额在人民币5万元以上的设备，技术部门遵循生产上适用、技术上先进和经济上合理的选型原则，安排人员采用多次筛选法进行设备选型。

1. 设备选型应考虑的因素

（1）设备的生产效率。
（2）设备的工作精度能够稳定地满足工艺和产品设计的要求。
（3）设备的可靠性、适应性、维修性及标准化、节能程度。
（4）企业设备的相互关联性和成套性。
（5）制造厂的产品质量、交货期、价格及使用状况。
（6）劳动保护、技术安全与环保的要求，必须符合国家有关的政策、法令和法规。
（7）精、大、稀设备还要考虑设备投资的技术经济效果。

表7-1 设备购置申请单

表号：　　　　　　　　　　　　　　　　　　　　　　　　　　　　年　月　日

设备名称		型号/规格	
数量		制造商	
申请部门		申请人	
购置理由	（　）提高制造能力（　）提高品质水平（　）提高生产效率（　）改善生产环境（　）优化工艺线路（　）其他		
预定完成时间			
投资效果			
技术条件要求说明			
预计费用			
设备部门意见		签字：　　　年　月　日	
工艺部门意见		签字：　　　年　月　日	
技术部门意见		签字：　　　年　月　日	
财务部意见		签字：　　　年　月　日	
总经理审批意见		签字：　　　年　月　日	

注：此表申请部门、设备管理部门、技术部门、财务部门各一份

2. 多次筛选的方法

（1）第一次预选：工艺人员广泛收集设备市场货源情报，对展销会上收集到的情报、报刊广告及网络信息等分类汇总，从中预选出一些可供选择的机型和厂家。

（2）第二次细选：工艺人员对预选出的机型和厂家进行调查联系和询问，详细了解产品的各种技术参数、性能，使用单位对其产品的反映和评价，并对货源、供货时间及价格等情况进行调查分析、比较，从中选出不少于3个满足技术、质量要求的机型和厂家，并形成"经济技术调研报告"，转采购部门。

采购精、大、稀设备时，技术部门组织人员到制造厂或设备的使用厂实地观察和了解，并进行必要的加工和产品切削试验，针对设备的结构、精度及性能改善的可能性同生产厂家进行商谈，并作详细记录，签订技术质量协议。采购部门组织技术部门和设备管理部门对技术部门调研的精、大、稀设备结果共同评价（必要时还应通过技术经济可行性分析评价），选出最理想的机型和厂家，最后由公司高层领导决策批准。

三、设备的采购

（1）采购部门收到经总裁批转的设备购置申请单后，收集各种报价和供货信息，并进行评价选择，与供应商签订订货合同或订货协议，经部门负责人审批后，实施采购。

（2）采购部门收到经公司高层领导批转的经济技术可行性报告后，与细选的供应商按质量、数量和交货期的要求，向供应商进行询价、报价、磋商、谈判，达成一致意见后，与最终确定的供应商签定供货合同，双方盖章生效。合同中应注明所购设备的名称、规格型号、数量、单价、供货时间，以及可能发生的各种变动因素，技术质量协议应作为合同附件。

（3）在设备供货过程中，采购员应保持与供应商的有效沟通，确保设备按质、按量、如期到达，一旦发现异常，立即汇报，以便采取纠正预防措施。

四、新设备的开箱检查

新设备到货后，采购部门负责按采购文件进行开箱检查，并填写"设备开箱检查记录表"，见表7-2。

（1）一般设备由采购部门会同质量管理部进行开箱检查。

（2）精、大、稀设备由采购部门组织质量管理部、技术部门和设备管理部门共同开箱检查清点。

（3）开箱检查合格后，采购部门将新设备的经济技术调研报告、设备购置合同（副本）、设备开箱检查记录表、设备合格证、装箱单、随机文件等技术资料随设备一起移交给设备管理部门。对开箱检查中发现的问题，采购部门应及时向公司高层领导反映，向发货单位和运输部门提出查询，并采取必要的补救措施。

表7-2 设备开箱检验记录表

表号： 年 月 日

设备名称	×××模具有限公司		产品合同号	
规格型号	THJ2000/0.5-ZJW(XXX)		出厂编号	Z11-W-2608
装箱单号		检验数量	出厂日期	2011.8.25
检查内容及规范标准要求				检查结果
包装情况	零部件应按类别及装箱单完好地装入箱内，并应垫平、卡紧、固定，精密加工、表面装饰的部件应防止相对移动。包装及密封应完好，规格应符合设计要求，附件、备件齐全，外观完好。设备、材料、零部件无损伤、锈蚀及其他异常情况			符合要求

续表

检查内容及规范标准要求		检查结果
随机文件	①文件目录；②装箱清单；③产品合格证；④有关图纸；⑤使用维护说明书；⑥电气原理图、接线图及其符号说明；⑦安装图；⑧安装（调试）说明书；⑨易损件目录。	符合要求
机械部件	①产品名称、型号；②出厂编号；③标准编号；④质量等级标志；⑤厂名、商标；⑥出厂日期	符合要求
电气部件	电动机、控制柜等各种电气部件应装入防潮箱内，必须存放室内。控制柜标牌应标明：型号，规格，制造厂名称及其识别标志或商标	符合要求
进口设备	应有进口货物报关单、商检合格证书以及国际标准化组织认证的产品证书、产品检验标准和有关资料。产品各部件的标志、标识、须知、说明等，均应清晰、易懂、耐用，并使用中文说明书等文件	符合要求
处理意见		
签字栏	供应单位： 供货人： 　　　　　　　　2011年9月15日	收货单位： 验收人： 　　　　　　　　2011年9月15日

注：本表由收货单位填写，收货单位、供应商各保存一份。

五、设备安装

1. 安装前的准备工作

（1）了解设备的重量、体积，确定运送的途径及吊卸就位的条件。
（2）了解设备的工作条件，如有特殊要求，则须按规定进行。
（3）相关人员培训工作，如果需要出外学习或需对安装人员进行培训，则应及时请示上级领导并与有关部门、单位或制造厂家联系。

2. 安装

1) 设备的安装
（1）设备的安装应严格按照设备原设计的安装标准进行。
（2）每台设备在安装前，应将本设备随机带来的使用说明书、总安装图、附件清单等技术资料、附件、工具清点造册。
（3）设备安装时应及时与维修工、本设备预定操作者联系，共同研究制造厂家提供的使用说明书、总安装图及各部件安装图，详细研究安装工作。如需制造厂家对设备安装给予指导或直接由厂家安装，则应做好安装前的各项准备工作，以保证安装工作的顺利进行。
（4）安装应达到"平、稳、正、全、牢、灵、通"。
① 平。设备底座与基准面、设备的导轨面、其他测量平面与设备基准面不平度必须达到设备安装要求的标准。
② 稳。设备与基础、设备各部件之间的连接要稳固，试车时不能出现移动、摆动、跳动和颤动等现象。

③ 正。设备各测量部位与基准面、基准线或各测量部位之间的形位公差及其他配合尺寸，应严格按原设计中所规定的安装标准安装。

④ 全。设备安装时应配齐所有的零件、附件、仪表、工具等。

⑤ 牢。设备的所有连接部位或需紧固部位，都应严格按安装标准均匀地紧固牢实，防止各连接部位的松动，密封部位的渗漏。

⑥ 灵。设备上所有的控制、调整、测量用的开关、仪表、阀门及其他设施，都应该保持灵活好用，安全可靠。

⑦ 通。设备所有的油、水、电、汽线路设施，都应通畅无阻，操作控制灵活自如。

六、调试、验收与移交

(1) 设备的调试和验收是设备安装完毕到投产前的一项重要工作，它直接关系到设备能否投产，能否发挥设备的效率。设备验收由安装单位与使用单位或专门验收部门共同进行。

设备调试和验收一般分以下5步进行。

① 由安装单位将该设备的所有技术资料、图纸、随机附件、工具交验清点，与说明书项目相符后交付使用单位。

② 由安装单位向接受单位（或专职验收人员）交清安装情况、出现的问题或其他遗留问题及处理的办法，以便双方依据一定的程序（如合同书、协议书等）商量解决办法。

③ 双方共同验收设备安装情况，首先可按巡回检查路线逐项逐点检查验收，然后可重点检查关键部位的安装是否符合设备验收标准。

④ 试运行时，检查各安装部位，看是否有因超差而出现的松动、摆动和跳动现象。设备试车工作包括：清洗、检查、调整、试运转、生产试验等。

⑤ 设备安装、调试结束后，由设备管理部门和使用单位共同验收，并填写"设备安装验收移交书"，见表7-3，一式两份，一份设备管理部门自留存档，一份交财务部门，财务部门凭设备安装验收移交书办理结账手续。至此安装单位与使用单位交验完毕。如在验收中确有安装质量问题，依据程序或临时协商，采取补救措施或其他处理办法，直到双方确认可以交验为止。

(2) 设备安装调试验收合格后，移交给设备使用部门，并建立设备技术管理档案，设备技术档案的内容可分为单机档案与技术文件。

① 单机档案的内容。

a. 设备的合格证、装箱单。

b. 设备随机附件、工具、备件清单。

c. 设备安装验收移交书。

② 技术文件的内容。

a. 安装、使用说明书。

b. 设备结构及易损件图纸。

c. 制造厂的技术检验试件。

表 7-3　设备安装验收移交单

表号：　　　　　　　　　　　　　　　　　　　　　　　　　　　　　　年　月　日

设备编号		设备名称		型号规格		出厂日期	
制造国别		制造厂名		出厂编号		制造日期	
资金来源	更新改造（　）基建（　） 发展基金（　）技措（　）			外型尺寸(mm) 长 ×宽 ×高	重量(kg)	安装日期	
						始用日期	

	附属设备			附机电动机					
名称	型号规格	数量	型号	功率	用途	型号	功率	用途	

检验或试车记录： 　　　　　　　检验人　月　日	验收记录	① 设备精度检验单　　份 ② 切削试车记录单　　份 ③ 其他

设备价值	出厂价	运杂费	包装费	管理费用	安装成本	其他	合计	预计使用年限	年折旧率

移交部门	使用部门	管理部门	安技部门	财务部门	企业设备主管批示	备注

一式四份：移交部门、使用部门、管理部门、财务部门各一份。

第二单元　生产设备使用管理

为了保证设备的正常运转，提高工人的操作技术水平，防止设备的非正常损坏，必须对设备的使用进行管理。

一、定人、定机和凭证操作制度

1. 定人、定机的规定

严格实行定人、定机和凭证使用设备，不允许无证人员单独使用设备。定机的机种型号应根据工人的技术水平和工作责任心，并经考试合格后确定。原则上既要管好、用好设备，又要不束缚生产力。

主要生产设备的操作工作由车间提出定人、定机名单，经考试合格，设备管理部门同意后执行。精、大、稀设备和有关设备的操作者经考试合格后，设备管理部门同意并经企业有关部门合同审查后，报分管领导批准后执行。定人、定机名单保持相对稳定，有变动时，按规定呈报审批，批准后方能变更。原则上，每个操作工人每班只能操作一台设备，多人操作的设备，必须由值班机长负责。

为了保证设备的合理使用，有的企业实行了"三定制度"（即：设备定号、管理定户、保管定人）。这三定中，设备定号、保管定人易于理解，管理定户就是以班组为单位，把全班组的设备编为一个"户"，班组长就是"户主"，要求"户主"对小组全部设备的保管、使用和维护保养负全面责任。

2. 操作证的签发

学徒工（或实习生）必须经过技术理论学习和一定时期的师傅在现场指导下的操作实习后，师傅认为该学徒工（或实习生）已懂得正确使用设备和维护保养设备时，可进行理论及操作考试，合格后由设备管理部门签发操作证，方能单独操作设备。

对于工龄长且长期操作设备，并会调整、维护保养的工人，如果其文化水平低，可免笔试而进行口试及实际操作考试，合格后签发操作证。

公用设备的使用者，应熟悉设备结构、性能，车间必须明确使用小组或指定专人保管，并将名单报送设备管理部门备案。

二、交接班制

连续生产的设备或不允许中途停机者，可在运行中交班，交班人须把设备运行中发现的问题，详细记录在"交接班记录簿"上，并主动向接班人介绍设备运行情况，双方当面检查，交接完毕在记录簿上签字。如不能当面交接班，交班人可做好日常维护工作，使设备处于安全状态，填好交班记录交有关负责人签字代接，接班人如发现设备异常现象，记录不清、情况不明和设备未按规定维护时可拒绝接班。如因交接不清设备在接班后发生问题，由接班人负责。

企业在用的每台设备，均须建立交接班管理记录，如"交接班记录簿"，对于交接班管理记录，一律不准撕毁、涂改。设备管理部门应及时收集"交接班记录簿"，从中分析设备现状，采取措施改进维修工作。设备管理部门和车间负责人应注意抽查交接班制度的执行情况。

三、设备使用管理的"三好"、"四会"和"五项纪律"

1. "三好"要求

（1）管好设备。设备操作者要有强烈的责任感，自觉遵守定人、定机制度和凭证使用设备，管好工具、附件，不损坏、不丢失、放置整齐。

（2）用好设备。设备不带病运转，不超负荷使用，不大机小用，精机粗用。遵守操作规程和维护保养规程，细心爱护设备，防止事故发生。

（3）修好设备。按计划检修时间停机修理。设备使用者参加设备的二级保养和大修完工后的验收试车工作。

2. "四会"要求

（1）会使用。熟悉设备结构、技术性能和操作方法，懂得加工工艺。会合理选择切削用量，正确地使用设备。

（2）会保养。会按润滑图表的规定加油、换油，保持油路畅通无阻。会按规定进行一级保养，保持设备内外清洁，做到无油垢、无脏物，漆见本色铁见光。

（3）会检查。会检查与加工工艺有关的精度检验项目，并能进行适当调整。会检查安全防护和保险装置。

（4）会排除故障。能通过不正常的声音、温度和运转情况，发现设备的异常状态，并能判定异常状态的部位和原因，及时采取措施排除故障。

3. 使用设备的"五项纪律"

（1）凭证使用设备，遵守安全使用规程。
（2）保持设备清洁，并按规定加油。
（3）遵守设备的交接班制度。
（4）管好工具、附件，不得遗失。
（5）发现异常，立即停车。

四、设备操作规程和使用规程

（1）设备操作规程是操作人员正确掌握操作技能的技术性规范，是指导工人正确使用和操作设备的基本文件之一。设备操作规程应力求内容简明、实用，其内容是根据设备的结构和运行特点，以及安全运行等要求，对操作人员在其全部操作过程中必须遵守的事项。一般包括以下几方面。

① 操作设备前对现场清理和设备状态检查的内容和要求。
② 操作设备必须使用的工作器具。
③ 设备运行的主要工艺参数。
④ 常见故障的原因及排除方法。
⑤ 开车的操作程序和注意事项。
⑥ 润滑的方式和要求。
⑦ 点检、维护的具体要求。
⑧ 停车的程序和注意事项。
⑨ 安全防护装置的使用和调整要求。
⑩ 交、接班的具体工作和记录内容。

普通车床操作规程（示范）

1. 开车前的检查
（1）根据机床润滑图表加注合适的润滑油脂。
（2）检查各部电气设施、手柄、传动部位、防护、限位装置是否齐全、可靠、灵活。
（3）各档应在零位，皮带松紧应符合要求。
（4）床面不准直接存放金属物件，以免损坏床面。

（5）被加工的工件无泥砂，防止泥砂掉入拖板内磨坏导轨。

（6）未夹工件前必须进行空车试运转，确认一切正常后，方能装上工件。

2．操作程序

（1）上好工件，先起动润滑油泵，使油压达到机床的规定，方可开动。

（2）调整交换齿轮架、调挂轮时，必须切断电源，调好后所有螺栓必须紧固，扳手应及时取下，并脱开工件试运转。

（3）装卸工件后，应立即取下卡盘扳手和工件的浮动物件。

（4）机床的尾架、摇柄等按加工需要调整到适当位置，并紧固或夹紧。

（5）工件、刀具、夹具必须装卡牢固，浮动刀具必须将引刀部份伸入工件，方可启动机床。

（6）使用中心架或跟刀架时，必须调好中心，并有良好的润滑和支承触面。

（7）加工长料时，主轴后面伸出的部份不宜过大，若过长应装上托料架，并挂危险标记。

（8）进刀时，刀要缓慢接近工件，避免碰击；拖板来回的速度要均匀。换刀时，刀具与工件必须保持适当距离。

（9）切削车刀必须紧固，车刀伸出长段一般不超过刀厚度的2.5倍。

（10）加工偏心件时，必须有适当的配重，使卡盘重心平衡，车速要适当。

（11）卡盘卡超出机身以外的工件，必须有防护措施。

（12）对刀调整必须缓慢，当刀尖离工件加工部位40～60mm时，应改用手动或工作进给，不准快速进给直接吃刀。

（13）用锉刀打光工件时，应将刀架退至安全位置，操作者应面向卡盘，右手在前，左手在后。表面有键槽、方孔的工件禁止用锉刀加工。

（14）用砂布打光工件的同时，操作者按上述规定的姿势，两手拉着砂布两头进行打光。禁止用手指夹持砂布打磨内孔。

（15）自动走刀时，应将小刀架调到与底座平齐，以防底座碰到卡盘。

（16）切断大、重工件或材料时，应留有足够的加工余量。

3．停车操作

（1）切断电源，卸下工件。

（2）各部手柄打倒零位，清点工器具、打扫清洁。

（3）检查各部保护装置的情况。

4．运行中的注意事项

（1）严禁非工作人员操作机床。

（2）严禁运行中手摸刀具，机床的运转部位或转动工作。

（3）不准使用紧急停车，如遇紧急情况用该按钮停车后，应按机床的启动前规定，重新检查一遍。

（4）不许脚踏车床的导轨面、丝杆、光杆等，除规定外不准用脚代替手操作手柄。

（5）内壁具有砂眼、缩孔或有键槽的零件，不准用三角刮刀刮削内孔。

（6）气动或液压卡盘的压缩空气或液体的压力必须达到规定值，方可使用。

（7）车削细长工件，在床头前两面伸出长度超过直径4倍以上时，应按工艺规定用顶尖。中心架或跟刀架支扶在床头后面伸出时，应加防护装置和警告标志。

（8）切削脆性金属或切屑易飞溅时（包括盘削），应加防护挡板，操作人要戴防护眼镜。

（2）设备使用规程是根据设备特性和结构特点，对使用设备做出的规定。其内容一般包括以下几方面。

① 设备使用的工作范围和工艺要求。
② 使用者应具备的基本素质和技能。
③ 使用者的岗位责任。
④ 使用者必须遵守的各种制度，如定人定机、凭证操作、交接班、维护保养、事故报告等。
⑤ 使用者必备的规程，如操作规程、维护规程等。
⑥ 使用者必须掌握的技术标准，如润滑卡、点检和定检卡等。
⑦ 操作或检查必备的工器具。
⑧ 使用者应遵守的纪律和安全注意事项。
⑨ 对使用者检查、考核的内容和标准。

普通车床使用规程（示范）

一、设备性能

(1) 最大回转直径(车床)：400mm	(2) 最大回转直径(刀架)：210mm
(3) 最大加工长度：1400mm	(4) 主轴孔径：38mm
(5) 主轴转速(正转)：19～1000rad/min	(6) 主轴转速(反转)：30～1270rad/min
(7) 主电机功率：5.5kW	(8) 主电机转速：1440rad/min

二、操作前检查确认
(1) 操作人员必须持有操作牌才能上岗操作。
(2) 检查确认光杆、丝杆、操作手柄联接销牢固可靠，各道导面无损坏，安全设施完好。
(3) 检查确认挂轮正确完好，皮带轮牢靠，皮带松紧适度。
(4) 检查确认电气系统及照明完好齐全，无漏电现象。
(5) 启动机床空运转，确认润滑冷却系统畅通，起动、倒车、停车灵敏可靠，刀架行走平稳，各齿轮箱无异常声响。

三、操作程序
准确地将工件刀具及工夹具在机床上装夹牢固，起动机床后即可生产操作。

四、运转中异常状态的紧急处理
运转中如发现异常现象及声响，轴承部位温度过高时，应立即停车，切断电源，请维修人员检查处理。

五、运转中应注意的事项
(1) 随时注意工件、刀具及工夹具的牢靠程度，卡爪滑丝不得使用。
(2) 不得用手、棉纱破布触摸擦拭运转中的工件和零部件。
(3) 机床道轨面上严禁放置工具及其他杂物，并严禁撞击和敲打。
(4) 严禁在运转中变换速度和测量工件。
(5) 机床速度必须根据工件的大小、长短和材质来确定，不得任意高速运行，各种操作不得用力过猛。

第三单元　生产设备的维护保养管理

一、设备维护保养

设备维护保养的内容是保持设备清洁、整齐、润滑良好、安全运行,包括及时紧固松动的紧固件,调整活动部分的间隙等。实践证明,设备的寿命在很大程度上决定于维护保养的好坏。维护保养依工作量大小和难易程度分为日常保养、一级保养、二级保养、三级保养等。

1. 日常保养

日常保养又称例行保养,其主要内容是:进行清洁、润滑、紧固易松动的零件,检查零件、部件的完整。这类保养的项目和部位较少,大多数在设备的外部。设备的日常保养,也称例行保养。

日常保养又可归纳为"清洁、润滑、调整、紧固、防腐"10个字,即通常所说的"十字作业"法。

(1) 清洁:设备的内外要清洁,各润滑面,如导轨、丝杆、光杆等处无油污,无碰伤,各部位不漏油、漏水、漏汽(气),切屑、垃圾打扫干净。

(2) 润滑:设备的润滑面、润滑点按时加油、换油,油质符合要求,油壶、油杯、油枪齐全,油毡、油线清洁,油窗、油标醒目,油路畅通。

(3) 调整:设备各运动部位、配合部位经常调整,使设备各零件、部位之间配合合理,不松不旷,符合设备原来规定的配合精度和安装标准。

(4) 紧固:设备中需要紧固连接的部位经常检查,发现松动,及时扭紧,确保设备安全运行。

(5) 防腐:设备外部及内部与各种化学介质接触的部位,应经常进行防腐处理,如除锈、喷漆等,以提高设备的抗腐蚀能力,提高设备的使用寿命。

2. 一级保养

一级保养是以生产工人为主,对设备表面进行彻底清扫。一般不进行拆卸解体,以疏通油路、清洗各油孔、毡垫,去活动面毛刺,调整间隙为主,达到脱黄袍、清内脏,漆见本色铁见光,油路通、油窗亮,操作灵活、运转安全、正常的目的。主要工作内容如下。

(1) 擦洗设备外观部分。

① 外观无黄袍、无油垢、物见本色,外观件齐全、无破损。

② 导轨、齿条、光杠、丝杠无黑油及锈蚀现象,磨去研伤毛刺。

(2) 清洗、疏通润滑冷却系统、管路,包括油孔、油杯、油线、油毡过滤装置。

① 油窗清晰明亮,油标醒目,加油到位,油质符合要求。

② 油箱、油池、过滤装置内外清洁,无积垢和杂质。

③ 油线齐全,油毡不老化,润滑油路畅通,无漏油、漏水现象。
④ 油枪、油壶清洁好用,油嘴、油杯齐全,手拉泵、油泵好用。
⑤ 拆下各部防护罩,检查润滑情况,擦洗导轨、光杠、丝杠。
(3) 检查调整各部铁屑、压板、间隙,各部位固定螺钉、螺帽、各手柄灵活好用。
① 各部斜铁、压板、滑动面间隙调整到 0.04mm 以内,移动件移动自如。
② 各部位固定螺钉、螺帽无松动缺失。
(4) 检查各安全装置。
① 各限位开关、指示灯、信号、安全防护装置齐全可靠。
② 各电器装置绝缘良好,安装可靠接地,安全照明。
(5) 检查电器各部达到要求。
① 电箱内外清洁,无灰尘、杂物,箱门无破损。
② 电器原件紧固好用,线路整齐,线号清晰齐全。
③ 电机清洁无油垢、灰尘、风扇、外罩齐全好用。
④ 蛇皮管无脱落、断裂、油垢,防水弯头齐全。
(6) 清扫工作地周围。
① 设备周围无铁屑杂物。
② 机床附件、工具、卡具合理摆放,清洁定位。

车床一级保养内容及要求见表 7-4。

表 7-4 车床一级保养内容及要求

序号	保养部位	保养内容及要求
1	外表	(1) 清洗机床外表及各罩盖,保持内外清洁,无锈蚀,无黄袍 (2) 清洗各丝杠、光杠和操作手杆 (3) 检查并修补螺钉、手球、手柄、油杯等
2	床头箱	(1) 检查主轴并帽、螺丝有无松动,定位螺丝调整适当 (2) 调整摩擦片间隙及制动器
3	刀架及溜板	(1) 清洗刀架,调整中小拖板斜铁间隙至 0.02—0.06mm 之间 (2) 清洗各油孔、毡垫 (3) 调节横向丝杠间隙,刻度盘空转量允许 1/20
4	挂轮箱	(1) 各部位清洁。毛线、毡垫及黄油杯等均应无铁屑及其他杂物 (2) 检查和调整齿轮啮合间隙在 0.25—0.4mm 之间 (3) 轴套无晃动现象
5	尾座	拆洗尾座,去除套筒外表及锥孔毛刺,保持内外清洁
6	润滑及冷却	(1) 清洗过滤器、冷却泵、冷却槽 (2) 油路畅通,油孔、油线、油毡清洁无铁屑 (3) 检查油质,保持良好,油杯齐全,油窗明亮
7	电器	(1) 清理积油及灰尘 (2) 由电工检查各电器接触点,接线要牢固

3. 二级保养

二级保养是指按计划对设备进行局部拆卸和检查、清洗规定的部位，疏通油路、管道，更换或清洗油线、油毡、滤油器，调整设备各部位配合间隙，紧固设备各个部位的维护保养活动。主要内容包括内部清洁、润滑、局部解体检查和调整。

（1）除上面执行一级保养内容外，根据设备情况进行部分或全部零部件拆卸、检查和保养。

（2）对已破坏的精度，应按完好标准或根据生产工艺要求进行修复。

（3）根据实际情况，更换或修复磨损零件，给下次二级保养或大修提出备品配件并测绘易换件图纸。

（4）彻底清洗油箱，换油，换水。

（5）对电气箱、配电盘级操作控制部位等进行全面检修、清扫，达到整洁、灵敏、安全、可靠的效果。

车床二级保养内容及要求见表7-5。

表7-5 车床二级保养内容及要求

序号	保养部位	保养内容及要求
1		完成一级保养内容，符合一级保养规定
2	主轴变速箱	检查、调整离合器及利车带，松紧合适
3	挂轮机构	（1）分解挂轮，清洗齿轮、轴、轴套，清洁、无毛刺 （2）调整丝杠、丝母及楔铁间隙，确保间隙适宜
4	中拖板及小刀架	（1）分解、清洗中拖板及小刀架，清洁 （2）操纵手柄放置空位，各移动部件放置在合理位置，严格遵守 （3）切断电源，严格遵守
5	尾座	分解、清洗套筒、丝杠及丝母，清洁，无毛刺
6	润滑与冷却装置	（1）检查、清洗滤油器、分油器及加油点，清洁无污，油路畅通，无泄漏 （2）检查油量，不缺油 （3）按润滑图表规定加注润滑油，润滑良好 （4）检查、调整油压，符合要求 （5）清洗冷却系、冷却箱，必要时更换冷却液，清洁，无泄漏
7	整机及外观	（1）清洗防尘毛毡，清除导轨毛刺清洁，表面光滑 （2）清理机床周围环境，全面擦洗机床表面及死角，亮丽见漆

4. 三级保养

三级保养主要是对设备主体部分进行解体检查和调整工作，必要时对达到规定磨损限度的零件加以更换，清洗、换油，检查修理电气部分，局部恢复精度，满足加工零件的最低要求。以维修工为主，列入设备的检修计划。车床三级保养内容及要求见表7-6。

表 7-6 车床三级保养内容及要求

序号	保养部位	保养内容及要求
1		完成二级保养内容，符合二级保养规定
2	主轴变速箱	(1) 清洗主轴变速箱，清洁无污 (2) 分解离合器，修换摩擦片，组装、调整，正反转动无迟缓现象，运转30分钟温度不超过60℃变速齐全，肯定小于30mm，允许错位 2～3mm；齿宽大于30mm，允许错位 3～5mm (3) 检修传动系统，调整齿轮啮合位置，可靠、适宜 (4) 调整主轴及其他传动轴的轴承间隙，清除主轴的推孔及定位面毛刺，用手转动主轴无明显松紧现象，锥孔表面光滑 (5) 调整传动皮带，检修刹车装置，可靠、适宜
3	走刀箱及挂轮机构	(1) 拆卸、清洗走刀箱及挂轮，更换磨损件，清洁无污 (2) 检查、调整传动件配合间隙，可调齿轮的啮合间隙为 0.1～0.2mm。变速可靠，手柄无明显跳动
4	溜板箱、拖板及刀架	(1) 卸下溜板箱及拖板，分解、清洗中拖板及小刀架，清洁无油污 (2) 调整丝杠、丝母、开合螺母的配合间隙，丝杠反向间隙符合完好标准要求，丝杠的蹿动不大于 0.02mm (3) 修刮滑动面，调整压板、楔铁的配合间隙，配合间隙不大于 0.04mm
5	导轨及尾座	检修滑动面的拉伤、研伤、碰伤部位，无毛刺，采取防止损伤扩大的措施
6	润滑与冷却装置	(1) 检查、检修滤油器、油池、油标、油杯、油泵、分油器、油路等，清洁、完整，油标清晰，油路畅通，无泄漏 (2) 检修冷却泵及阀门，完好无泄漏 (3) 校验压力表合格并有校验标记 (4) 检查油质，不变质
7	整机及外观	(1) 清理机床周围环境，附件、零件摆放整齐、清洁，符合定置要求 (2) 检查各类标牌，齐全、清晰 (3) 试车：从低速到高速运转，主轴高速运转不少于30分钟，变速齐全、灵活，运转正常。温度、噪音符合标准要求
8	精度	主要几何精度符合机床所要求达到的精度标准

二、设备检查

设备检查，是指对设备的运行情况、工作精度、磨损或腐蚀程度进行测量和校验。通过检查全面掌握机器设备的技术状况和磨损情况，及时查明和消除设备的隐患，有目的地做好修理前的准备工作，以提高修理质量，缩短修理时间。检查按时间间隔分为日常检查和定期检查。

1. 设备的日常检查

日常检查由设备操作人员执行，同日常保养结合起来，目的是及时发现不正常的技术状况，进行必要的维护保养工作。设备的日常点检要求和方法如下。

(1) 设备的日常点检，是按照规定的检查点和检查标准，对设备有无异常状态及其外观进行检查，早期发现故障。

(2) 点检由设备的操作者负责。维修人员巡回检查中发现的问题应及时解决。

(3) 日常点检要使用点检卡。点检卡由设备管理部门统一制订。检查项目一般是针对设备影响产品产量、质量和关系到设备正常运行的主要部位。

(4) 在点检中发现问题，需视其严重程度，采取不同的途径解决，这些途径如下。

① 一般简单调整、修理可以解决的，由操作工自行解决。

② 通过维修工的巡回检查向生产班组及时反映情况，沟通生产与维修的联系，由专业维修工及时排除检查中发现的难度较大的故障隐患。

③ 经车间技术员鉴定，对维修工作量较大、暂不影响设备使用的故障隐患，安排计划检修，予以排除。

数控加工中心日常保养点检表示范见表7-7。

表7-7 数控加工中心日常保养点检表示范
年　月设备检查、维护记录表

表格编号

设备名称	型号	出厂编号	购置日期	自编号	检查、维护记录																												
					1	2	3	4	5	6	7	8	9	10	11	12	13	14	15	16	17	18	19	20	21	22	23	24	25	26	27	28	29	30	31
立式加工中心																																			
操作工＿＿＿＿负责设备点检工作：																																	
检查系统有无报警信息，如有，需排险后方可正常生产				开机后																															
检查电箱冷却风扇或空调工作是否正常				开机后																															
检查各水、油、气路有无泄漏				开机后																															
检查集中润滑油泵油位，不足时加注68#导轨油				8小时																															
检查气动系统压力（一般应大于0.6MPa）				8小时																															
检查压缩空气三点组合，添加汽轮机油或主轴油；及时排水				8小时																															
检查各运动部件有无异常声音、振动及发热现象				8小时																															
检查冷却液液位，不足时添加				8小时																															
清除刀库内铁屑等异物				每周																															
更换冷却液				变脏变味时																															
检查、添加日内瓦轮沟槽部润滑油				每月	预计＿＿日进行，实际维护日期：																												

续表

操作工_____负责下述各项工作。并检查督促操作工进行的设备保养、维护工作：		
检查液压平衡系统压力（z轴位于参考点时）应不低于4MPa	每月	预计____日进行，实际维护日期：
检查传动皮带张紧情况，皮带表面有无损伤	每月	预计____日进行，实际维护日期：
更换丝杆支撑轴承润滑油	每2年	预计____日进行，实际维护日期：
故障维修记录		

注：1. 机床加工能力参数——各轴行程 x640×y400×z500；工作台面 750×360。

2. 每天分早、中、晚班时，相应人员进行维护后均应在相应格内打"√"，即一个格内最多前打3个"√"。

2. 定期检查

设备的定期检查是指维修工人执照计划和规定的检查间隔周期，根据检查标准作业人的感官和检测仪器对设备状态进行的比较全面的检查和测定。作为一项保障设备技术状态的基础性工作，它可以用于周期性的定期预防性维修，特别适用于精密、大型的关键设备和重点设备的预防性维修，也可以用于设备技术状态监测的维修，对某些特种设备如动力、发生设备、起重设备、锅炉及压力容器、高压电器设备等更是不可缺少的保障。

设备的定期检查包括设备性能检查、精度检查和可靠性检查。设备定期性能检查是针对主要生产设备，包括重点设备、关键设备、质控点设备的性能测定，检查性能和主要精度有无异常情况，以便及时采取措施消除隐患，保持设备的规定性能。

设备定期的精度检查是针对重点设备中的精度、大型、稀有及关键设备的几何精度、运转精度进行检查，同时根据定期检查标准的规定和生产、质量的需要，对设备的安装精度进行检查和调整，做好记录并计算设备的精度指数，以了解设备精度劣化速度，掌握设备在运动状态下某些精度性能变化的规律。CNC车床点检表见表7-8。设备保养计划表见表7-9。设备维护保养记录表见表7-10。

表7-8 CNC车床点检表

表号：

序号	日保养内容	1	2	3	4	5	6	7	8	9	10	11	12	13	14	15	16	17	18	19	20	21	22	23	24	25	26	27	28	29	30	31
1	防护单位齐全牢固																															
2	散热扇运转正常																															
3	机器运转部位正常，无异常声音																															
4	开关动作正常，灵活，急停按钮安全有效																															
5	检查油位，油压正常，无泄漏																															

续表

序号	日保养内容	1	2	3	4	5	6	7	8	9	10	11	12	13	14	15	16	17	18	19	20	21	22	23	24	25	26	27	28	29	30	31
6	机台表面干净无灰尘,内部无积屑																															
7	各导轨面润滑良好,无拉伤																															
8	主轴卡盘加润滑脂,夹紧力正常																															
9	冷却水位正常,水路畅通,无泄漏																															
	点检人																															

	周保养内容	一周	二周	三周	四周	五周		月保养项目			
1	检查切削液浓度,Ph值,无异味(浓度6%～9%,PH值8～9)						1	检查油污分离机,并清洁过滤网	1	检查夹具,更换紧固螺丝	
2	清洁各处散热扇的过滤网						2	检测切削水,清洗水槽	2	清洗各个电机风扇,用气枪吹干	
3	检查油泵是否过热						3		3	检查主轴同步带松紧度并清洁油污	
4	尾座导轨清洁,注防锈油						4		4	更换油雾风离机过滤网	
	点检责任人							点检责任人		点检责任人	
	主管确认							主管确认		主管确认	

备注: 1. 记录符号 V:良好 X:暂时使用 R:维修中 2. 每日08:30前完成日保养,周(月、季)保养在其最后一工作日下班前完成 3. 若有异常发生,则应立即申请维护并注明于点检表内 4. 月末最后一工作日领取下月点检表并于次月第一个工作日将上月点检交于设备维修部门	油品更换记录	油品	更稳周期	加注时间
		导轨润滑油(Mobil NO.2)	油箱少于1/3时添加	
		主轴冷却油(Mobil NO.3)	半年	单位主管确认
		液压油(Mobil VG32)	半年	

表 7-9 ××公司2011设备保养计划表

年度:2011年　　　　责任部门:生产技术部　　　　表号:QR 6.3-02

设备编号	设备名称	设备型号	保养内容	保养时间	备注
CX-001	立式台铣床	FX5045	(1) 清洁,设备内外整洁,各滑动面、丝杠、齿条、齿轮箱、油孔等处无油污,各部位不漏油、不漏气	每月中旬	
			(2) 润滑,按时加油或换油,检查油压是否正常,油标明亮,油路畅通,清洁滤网	每月中旬	
			(3) 检查机械部分运转是否灵活,紧固螺钉是否松动,旋转部分的磨损程度	每月中旬	
			(4) 对设备进行全面检查,是否需要除锈补漆,包括电气系统线路是否破损,有无漏电	季末	

续表

设备编号	设备名称	设备型号	保养内容	保养时间	备注
CX—002	卧式铣镗床	TPX6111	(1) 清洁,设备内外整洁,各滑动面、丝杠、齿条、齿轮箱、油孔等处无油污,各部位不漏油、不漏气	每月中旬	
			(2) 润滑,按时加油或换油,检查油压是否正常,油标明亮,油路畅通,清洁滤网	每月中旬	
			(3) 检查机械部分运转是否灵活,紧固螺钉是否松动,旋转部分的磨损程度	每月中旬	
			(4) 对设备进行全面检查,是否需要除锈补漆,包括电气系统线路是否破损,有无漏电	季末	
CX—003	数控车床	CAK5085NJ	(1) 清洁、设备内外整洁,各滑动门齿条、齿轮、油孔等处无油污,各部位不漏油漏电	每月中旬	
			(2) 防护装置齐全、有效,机械运转灵活,无固定螺丝松动现象	每月中旬	
			(3) 润滑,按时加油或换油,检查油压是否正常,油标明亮,油路畅通	每月中旬	
			(4) 对设备进行全面检查,是否需要除锈补漆,包括电气系统线路是否破损,有无漏电	季末	
CX—004	普通车床	CD615A	(1) 清洁,设备内外整洁,各滑动面、丝杠、齿条、齿轮箱、油孔等处无油污,各部位不漏油、不漏气	每月中旬	
			(2) 润滑,按时加油或换油,检查油压是否正常,油标明亮,油路畅通,清洁滤网	每月中旬	
			(3) 检查机械部分运转是否灵活,紧固螺钉是否松动,旋转部分的磨损程度	每月中旬	
			(4) 对设备进行全面检查,是否需要除锈补漆,包括电气系统线路是否破损,有无漏电	季末	
CX—005	龙门铣床	X2012C	(1) 清洁,设备内外整洁,各滑动面、丝杠、齿条、齿轮箱、油孔等处无油污,各部位不漏油、不漏气	每月中旬	
			(2) 润滑,按时加油或换油,检查油压是否正常,油标明亮,油路畅通,清洁滤网	每月中旬	
			(3) 检查机械部分运转是否灵活,紧固螺钉是否松动,旋转部分的磨损程度	每月中旬	
			(4) 对设备进行全面检查,是否需要除锈补漆,包括电气系统线路是否破损,有无漏电	季末	

编制: 核准:

表 7-10 设备维护保养记录表

编号：　　　　　　　　　　　　　　　　　　　　　　　　　　　　填表日期：

设 备 名 称		规 格 型 号	
使 用 部 门		当班操作员	
设备维护保养内容			
项目	气 动 部 分	电 动 部 分	机械及传动部分	其他
清洁内容				
部件检查情况				
加润滑油情况				
零件更换情况				
维护保养结果确认				

维护保养员：　　　　　　　　　　　　　　部门负责人：

三、设备修理

设备修理，是指修复由于日常的或不正常的原因而造成的设备损坏和精度劣化。通过修理更换磨损、老化、腐蚀的零部件，可以使设备性能得到恢复。设备的修理和维护保养是设备维修的不同方面，二者由于工作内容与作用的区别是不能相互替代的，应把二者同时做好，以便相互配合、相互补充。

1. 设备修理的种类

根据修理范围的大小、修理间隔期长短、修理费用多少,设备修理可分为小修理、中修理和大修理三类。

(1) 小修理。小修理通常只需修复、更换部分磨损较快和使用期限等于或小于修理间隔期的零件,调整设备的局部结构,以保证设备能正常运转到计划修理时间。小修理的特点是:修理次数多,工作量小,每次修理时间短,修理费用计入生产费用。小修理一般在生产现场由车间专职维修工人执行。

(2) 中修理。中修理是对设备进行部分解体、修理或更换部分主要零件与基准件,或修理使用期限等于或小于修理间隔期的零件;同时要检查整个机械系统,紧固所有机件,消除扩大的间隙,校正设备的基准,以保证机器设备能恢复和达到应有的标准和技术要求。中修理的特点是:修理次数较多,工作量不是很大,每次修理时间较短,修理费用计入生产费用。中修理的大部分项目由车间的专职维修工在生产车间现场进行,个别要求高的项目可由机修车间承担,修理后要组织检查验收并办理送修和承修单位交接手续。

(3) 大修理。大修理是指通过更换,恢复其主要零部件,恢复设备原有精度、性能和生产效率而进行的全面修理。大修理的特点是:修理次数少,工作量大,每次修理时间较长,修理费用由大修理基金支付。设备大修后,质量管理部门和设备管理部门应组织使用和承修单位有关人员共同检查验收,合格后送修单位与承修单位办理交接手续。

2. 设备修理的方法

常用的设备修理的方法主要有以下一些。

(1) 标准修理法,又称强制修理法,是指根据设备零件的使用寿命,预先编制具体的修理计划,明确规定设备的修理日期、类别和内容。设备运转到规定的期限,不管其技术状况好坏,任务轻重,都必须按照规定的作业范围和要求进行修理。此方法有利于做好修理前准备工作,有效保证设备的正常运转,但有时会造成过度修理,增加了修理费用。

(2) 定期修理法,是指根据零件的使用寿命、生产类型、工件条件和有关定额资料,事先规定出各类计划修理的固定顺序、计划修理间隔期及其修理工作量。在修理前通常根据设备状态来确定修理内容。此方法有利于做好修理前准备工作,有利于采用先进修理技术,减少修理费用。

(3) 检查后修理法,是指根据设备零部件的磨损资料,事先只规定检查次数和时间,而每次修理的具体期限、类别和内容均由检查后的结果来决定。这种方法简单易行,但由于修理计划性较差,检查时有可能由于对设备状况的主观判断误差引起零件的过度磨损或故障。

3. 设备维修的基本流程

设备需要维修时,通常由设备使用部门提出维修申请,并说明基本故障情况,报设备维修部门(人员)。维修前维修人员应详细调查设备故障现状,仔细分析故障产生的原因,并采取针对性维修措施。经设备维修部门修理后,由报修人员对维修结果进行确认。设备报修单见表7-11。

表 7-11 设备报修单

报修部门：数控铣车间		报修级别：特急□ 紧急□ 一般□	
设备名称		设备编号	
设备厂家		型号规格	
故障情形描述			
报修人：		报修时间：	
维修工程师填写：			
故障判断			
故障原因分析			
维修对策			
承诺完毕时间		报修部门意见	

维修费用清单								
更换配件型号	更换配件名称	包装规格	单位	数量	单价	维修费	总金额	备注（若属外修请注明维修单位）

维修工程师：		日期：	
修理结果确认		报修人：	

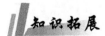

TPM 全面生产维护

（1）什么是 TPM？TPM（Total Productive Maintenance）是"全员生产维修"的意思，这是日本人在 20 世纪 70 年代提出的，是一种全员参与的生产维修方式，其重点就在"生产维修"及"全员参与"上。通过建立一个全系统员工参与的生产维修活动，使设备性能达到最优。

(2) TPM 的组成部分。TPM 有以下两个组成部分。

① 全面预防性维护。

② 全面预测性维护。

预防性维护是基于时间和使用计划的设备维护方法，维护行动在计划的时间或使用间隔内实施，以防止机器故障的发生。

预测性维护是基于状态的设备维护方法。维护行动在有明显的信号时或采用诊断技术实施，以防故障发生。

(3) TPM 的特点。TPM 的特点就是三个"全"，即全效率、全系统和全员参加。全效率：指设备寿命周期费用评价和设备综合效率。全系统：指生产维修系统的各个方法都要包括在内，即 PM、MP、CM、BM 等都要包含。全员参加：指设备的计划、使用、维修等所有部门都要参加，尤其注重的是操作者的自主小组活动。

(4) TPM 的目标。TPM 的目标可以概括为四个"零"，即停机为零、废品为零、事故为零、速度损失为零。停机为零：指计划外的设备停机时间为零。计划外的停机对生产造成冲击相当大，使整个生产品配发生困难，造成资源闲置等浪费。计划时间要有一个合理值，不能为了满足非计划停机为零而使计划停机时间值达到很高。废品为零：指由设备原因造成的废品为零。"完美的质量需要完善的机器"，机器是保证产品质量的关键，而人是保证机器好坏的关键。事故为零：指设备运行过程中事故为零。设备事故的危害非常大，不但会影响生产，还可能会造成人身伤害，严重的可能会"机毁人亡"。速度损失为零：指设备速度降低造成的产量损失为零。由于设备保养不好，设备精度降低而不能按高速度使用设备，等于降低了设备性能。

(5) 推行 TPM 的要素。推行 TPM 要从三大要素上下功夫，这三大要素是：①提高工作技能：不管是操作工，还是设备工程师，都要努力提高工作技能，没有好的工作技能，全员参与将是一句空话。②改进精神面貌：精神面貌好，才能形成好的团队，共同促进，共同提高。③改善操作环境：通过 5S 等活动，使操作环境良好，一方面可以提高工作兴趣及效率，另一方面可以避免一些不必要的设备事故。现场整洁，物料、工具等分门别类摆放，也可使设置调整时间缩短。

思考练习

(1) 如何进行设备的验收？具体的验收内容是什么？

(2) 什么是"三定"要求，如何执行？

(3) 设备操作规程的主要内容是什么？

(4) 设备的日常保养、一级保养、二级保养、三级保养的内容是什么？谁负责？

(5) 设备的维修的流程和记录有哪些规定？

(6) 如何开展设备的检查工作？

(7) 设备的维修有哪几类？各有什么区别？

(8) 什么是 TPM？特点是什么？

第八章　现场生产安全管理

学习目标

完成本章学习，你应该能够：

- 知道生产现场安全管理的内容、作用
- 掌握日常安全教育、新员工"三级"安全教育和特种作业人员安全的内容和方法
- 掌握安全事故的预防技能和方法
- 掌握安全生产检查的要求，初步学会现场安全生产检查的组织，会设计安全生产检查记录表
- 熟悉常见的安全防护管理要求
- 初步熟悉安全生产事故的处理

案例导入

浙江某公司是一家专业从事各类喷漆枪、吹尘枪、油枪、研磨机、气钻、气铲等气动工具制造的民营企业。公司厂区占地面积 80 多亩，现有员工 800 多人，主要生产流程包括剪切、冲压、数控加工、热处理调质、喷涂、组装等工序。

今年开年后公司业务量发展迅速，生产规模不断扩大，扩建了 4 个机加工车间，并且增加了一个注塑车间，作业人员也猛然增加了 50%。可是，年后经常会有工人手指夹伤、腿脚失滑摔伤、身体被工件划伤等安全事故发生，严重影响正常生产秩序，威胁员工身体健康和家庭幸福。最近，更可怕的是由于注塑车间员工私自吸烟，引起火灾，把注塑车间连同原料仓库及几个车间一同化为了灰烬，幸好当地消防官兵扑救得时，及时控制住了火势的蔓延，没有造成人员伤亡，但直接经济损失高达 2000 多万元，生产因此而中断，大量的顾客的订单延误不能及时交付而取消。

任务情境描述

搞好安全生产工作，切实保障人民群众的生命财产安全，体现了最广大人民的根本利益，反映了先进生产力的发展要求和先进文化的前进方向。做好安全生产工作是全面建设小康社会、统筹经济社会全面发展的重要内容，是实施可持续发展战略的组成部分，是企业生存发展的基本要求。

安全生产是个人、家庭、企业和国家的基本需要。安全是人的基本需要之一。人人都希望自己健康、长寿。随着生产力的不断发展和生活水平的日益提高，人们对健康的投资也越

现场生产安全管理 第八章

来越大。既然如此重视健康,那么保障自己在劳动中的安全,就应该成为每个员工的自觉行动。

学习任务

以机加工车间为管理对象,独立完成以下学习任务。
(1) 查阅相关安全生产相关法律法规、设备说明书等资料,了解安全生产的基本要求。
(2) 实地调查实训基地或车间的安全生产现状,识别安全因素。根据实际调查情况,提出安全防范措施建议,并提供书面调查报告。
(3) 根据以上资料,确定安全检查内容,设计安全检查表。

基础知识

第一单元 安全生产管理概述

搞好安全生产管理,是全面落实科学发展观的必然要求,是建设和谐社会的迫切需要,是各级政府和生产经营单位做好安全生产工作的基础。安全生产管理不仅具有一般管理的规律和特点,还有自身的特殊范畴和方法。

一、安全生产管理发展历史

安全生产管理随着安全科学技术和管理科学的发展而发展,系统安全工程原理和方法的出现,使安全生产管理的内容、方法、原理都有了很大的拓展。

人类要生存、要发展,就需要认识自然、改造自然,通过生产活动和科学研究,掌握自然变化规律。科学技术的不断进步,生产力的不断发展,使人类生活越来越丰富,但也产生了威胁人类安全与健康的安全问题。

我国早在公元前 8 世纪,周朝人所著《周易》一书中就有"水火相忌"、"水在火上既济"的记载,说明了用水灭火的道理。自秦人开始兴修水利以来,其后几乎我国历朝历代都设有专门管理水利的机构。到北宋时代,消防组织已相当严密。据《东京梦华录》一书记载,当时的首都汴京消防组织相当完善,消防管理机构不仅有地方政府,而且由军队担负值勤任务。

18 世纪中叶,蒸汽机的发明引起了工业革命,大规模的机器化生产开始出现,工人们在极其恶劣的作业环境中从事超过 10 小时的劳动,工人的安全和健康时刻受到机器的威胁,伤亡事故和职业病不断出现。为了确保生产过程中工人的安全与健康,人们采用了很多种手段改善作业环境,一些学者也开始研究劳动安全卫生问题。安全生产管理的内容和范畴有了很大发展。

20 世纪初,现代工业兴起并快速发展,重大生产事故和环境污染相继发生,造成了大量的人员伤亡和巨大的财产损失,给社会带来了极大危害,使人们不得不在一些企业设置专职安全人员从事安全管理工作,一些企业主不得不花费一定的资金和时间对工人进行安全教育。到了 20 世纪 30 年代,很多国家设立了安全生产管理的政府机构,发布了劳动安全卫生的法律法规，逐步建立了较完善的安全教育、管理、技术体系，初具现代安全生产管理雏形。

进入20世纪50年代，经济的快速增长，使人们的生活水平迅速提高，创造就业机会、改进工作条件、公平分配国民生产总值等问题，引起了越来越多经济学家、管理学家、安全工程专家和政治家的注意。工人强烈要求不仅要有工作机会，还要有安全与健康的工作环境。一些工业化国家，进一步加强了安全生产法律法规体系建设，在安全生产方面投入大量的资金进行科学研究，产生了一些安全生产管理原理、事故致因理论和事故预防原理等风险管理理论，以系统安全理论为核心的现代安全管理方法、模式、思想、理论基本形成。

到20世纪末，随着现代制造业和航空航天技术的飞速发展，人们对职业安全卫生问题的认识也发生了很大变化，安全生产成本、环境成本等成为产品成本的重要组成部分，职业安全卫生问题成为非官方贸易壁垒的利器。在这种背景下，"持续改进"、"以人为本"的健康安全管理理念逐渐被企业管理者所接受，以职业健康安全管理体系为代表的企业安全生产风险管理思想开始形成，现代安全生产管理的内容更加丰富，现代安全生产管理理论、方法、模式及相应的标准、规范更加成熟。

现代安全生产管理理论、方法、模式是20世纪50年代进入我国的。在20世纪六七十年代，我国开始吸收并研究事故致因理论、事故预防理论和现代安全生产管理思想。20世纪八九十年代，开始研究企业安全生产风险评价、危险源辨识和监控，一些企业管理者开始尝试安全生产风险管理。20世纪末，我国几乎与世界工业化国家同步研究并推行了职业健康安全管理体系。进入新世纪以来，我国有些学者提出了系统化的企业安全生产风险管理理论雏形，认为企业安全生产管理是风险管理，管理的内容包括危险源辨识、风险评价、危险预警与监测管理、事故预防与风险控制管理及应急管理等。该理论将现代风险管理完全融入到了安全生产管理之中。

二、安全生产管理基本概念

1. 安全生产

安全生产是为了使生产过程在符合物质条件和工作秩序下进行的，防止发生人身伤亡和财产损失等生产事故，消除或控制危险、有害因素，保障人身安全与健康、设备和设施免受损坏、环境免遭破坏的总称。

2. 安全生产管理

安全生产管理就是针对人们在生产过程中的安全问题，运用有效的资源，发挥人们的智慧，通过人们的努力，进行有关决策、计划、组织和控制等活动，实现生产过程中人与机器设备、物料、环境的和谐，达到安全生产的目标。

3. 安全生产管理的目标

安全生产管理的目标是减少和控制危害，减少和控制事故，尽量避免生产过程中由于事故所造成的人身伤害、财产损失、环境污染以及其他损失。安全生产管理包括安全生产法制管理、行政管理、监督检查、工艺技术管理、设备设施管理、作业环境和条件管理等。

4. 安全生产管理的基本对象

安全生产管理的基本对象是企业的员工，涉及到企业中的所有人员、设备设施、物料、环境、财务、信息等各个方面。

5. 安全生产管理的内容

安全生产管理的内容包括：安全生产管理机构和安全生产管理人员、安全生产责任制、安全生产管理规章制度、安全生产策划、安全培训教育、安全生产档案等。

6. 事故

在生产过程中，事故是指造成人员死亡、伤害、职业病、财产损失或其他损失的意外事件。从这个解释可以看出，事故是意外事件，是人们不希望发生的；同时该事件产生了违背人们意愿的后果。如果事件的后果是人员死亡、受伤或身体的损害就称为人员伤亡事故，如果没有造成人员伤亡就是非人员伤亡事故。

事故的分类方法有很多种，我国在工伤事故统计中，按照《企业职工伤亡事故分类标准》(GB6441—1986)将企业工伤事故分为 20 类，分别为物体打击、车辆伤害、机械伤害、起重伤害、触电、淹溺、灼烫、火灾、高处坠落、坍塌、冒顶片帮、透水、放炮、瓦斯爆炸、火药爆炸、锅炉爆炸、容器爆炸、其他爆炸、中毒和窒息及其他伤害等。

7. 事故隐患

事故隐患泛指生产系统中可导致事故发生的人的不安全行为、物的不安全状态和管理上的缺陷。在生产过程中，凭着对事故发生与预防规律的认识，为了预防事故的发生，可制订生产过程中物的状态、人的行为和环境条件的标准、规章、规定、规程等，如果生产过程中物的状态、人的行为和环境条件不能满足这些标准、规章、规定、规程等，就可能发生事故。

事故隐患分类非常复杂，它与事故分类有密切关系，但又不同于事故分类。本着尽量避免交叉的原则，综合事故性质分类和行业分类，考虑事故起因，可将事故隐患归纳为 21 类，即火灾、爆炸、中毒和窒息、水害、坍塌、滑坡、泄漏、腐蚀、触电、坠落、机械伤害、煤与瓦斯伤害、公路设施伤害、公路车辆伤害、铁路设施伤害、铁路车辆伤害、水上运输伤害、港口码头伤害、空中运输伤害、航空港伤害和其他类隐患等。

8. 危险

危险是指系统中存在导致发生不期望后果的可能性超过了人们的承受程度。从危险的概念可以看出，危险是人们对事物的具体认识，必须指明具体对象，如危险环境、危险条件、危险状态、危险物质、危险场所、危险人员、危险因素等。

一般用危险度来表示危险的程度。在安全生产管理中，危险度由生产系统中事故发生的可能性与严重性给出，即 $R=f(F,C)$，式中 R 表示危险度；F 表示发生事故的可能性；C 表示发生事故的严重性。

9. 危险源

从安全生产角度解释，危险源是指可能造成人员伤害、疾病、财产损失、作业环境破坏或其他损失的根源或状态。

从这个意义上讲，危险源可以是一次事故、一种环境、一种状态的载体，也可以是可能产生不期望后果的人或物。液化石油气在生产、储存、运输和使用过程中，可能发生泄漏，引起中毒、火灾或爆炸事故，因此充装了液化石油气的储罐是危险源；原油储罐的呼吸阀已经损坏，当储罐储存了原油后，有可能因呼吸阀损坏而发生事故，因此损坏的原油储罐呼吸阀是危险源。

为了对危险源进行分级管理，防止重大事故发生，提出了重大危险源的概念。广义上说，可能导致重大事故发生的危险源就是重大危险源。

三、安全生产管理原理与原则

安全生产管理作为管理的主要组成部分，遵循管理的普遍规律，既服从管理的基本原理与原则，又有其特殊的原理与原则。

事故发生有其自身的发展规律和特点，只有掌握了事故发生的规律，才能保证安全生产系统处于安全状态。前人站在不同角度，对事故进行研究，给出了很多事故致因理论，下面简要介绍几种。

1. 事故频发倾向理论

1919年，英国的格林伍德（Green Wood）和伍兹（Woods）把许多伤亡事故发生次数按照泊松分布、偏倚分布和非均等分布进行统计分析后发现，当发生事故的概率不存在个体差异时，一定时间内事故发生的次数服从泊松分布。一些工人由于精神或心理方面的问题，如果在生产操作过程中发生过一次事故，当再继续操作时，就有重复发生第二次、第三次事故的倾向，事故发生的次数服从偏倚分布。当工厂中存在许多特别容易发生事故的人员时，发生事故次数的人数服从非均等分布。

在此研究基础上，1939年法默（Farmer）和查姆勃（Chamber）等人提出了事故频发倾向理论。事故频发倾向是指个别容易发生事故的稳定的个人内在倾向。事故频发倾向者的存在是工业事故发生的主要原因，即少数具有事故频发倾向的工人是事故频发倾向者，他们的存在是工业事故发生的原因。如果企业中减少了事故频发倾向者，就可以减少工业事故。

2. 海因里希因果连锁理论

1931年，美国的海因里希（Heinrich）在《工业事故预防》一书中，阐述了工业安全理论。该书的主要内容之一就是论述了事故发生的因果连锁理论，后人称其为海因里希因果连锁理论。

海因里希把工业伤害事故的发生发展过程描述为具有一定因果关系事件的连锁，即人员伤亡的发生是事故的结果，事故的发生原因是人的不安全行为或物的不安全状态，人的不安全行为或物的不安全状态是由于人的缺点造成的，人的缺点是由于不良环境诱发或者是由先天的遗传因素造成的。

3. 能量意外释放理论

1961年，吉布森(Gibson)提出了事故是一种不正常的或不希望的能量释放，各种形式的能量是构成伤害的直接原因。因此，应该通过控制能量或控制作为能量达及人体媒介的能量载体来预防伤害事故。

1966年，在吉布森研究的基础上，哈登(Harden)完善了能量意外释放理论，提出"人受伤害的原因只能是某种能量的转移"，并提出了能量逆流于人体造成伤害的分类方法，将伤害分为两类：第一类伤害是由于施加了局部或全身性损伤阈值的能量引起的；第二类伤害是由影响了局部或全身性能量交换引起的，主要指中毒窒息和冻伤。哈登认为，在一定条件下，某种形式的能量能否产生造成人员伤亡事故的伤害取决于能量大小、接触能量时间长短和频率以及力的集中程度。根据能量意外释放理论，可以利用各种屏蔽来防止意外的能量转移，从而防止事故的发生。

4. 系统安全理论

在20世纪50年代至60年代美国研制洲际导弹的过程中，系统安全理论应运而生。系统安全理论包括很多区别于传统安全理论的创新概念。

(1) 在事故致因理论方面，改变了人们只注重操作人员的不安全行为，而忽略硬件故障在事故致因中的作用的传统观念，开始考虑如何通过改善物的系统可靠性来提高复杂系统的安全性，从而避免事故。

(2) 没有任何一种事物是绝对安全的，任何事物中都潜伏着危险因素。通常所说的安全或危险只不过是一种主观的判断。

(3) 不可能根除一切危险源，可以减少现有危险源的危险性。要减少总的危险性而不是只消除几种选定的风险。

(4) 由于人的认识能力有限，有时不能完全认识危险源及其风险，即使认识了现有的危险源，随着生产技术的发展，新技术、新工艺、新材料和新能源的出现，又会产生新的危险源。安全工作的目标就是控制危险源，努力把事故发生概率降到最低，即使万一发生事故，也可以把伤害和损失控制在较轻的程度上。

5. 安全生产管理原理

安全生产管理原理是从生产管理的共性出发，对生产管理中安全工作的实质内容进行科学分析、综合、抽象与概括所得出的安全生产管理规律。它包括以下原理。

1) 系统原理

系统原理是现代管理学的一个最基本原理。它是指人们在从事管理工作时，运用系统理论、观点和方法，对管理活动进行充分的系统分析，以达到管理的优化目标，即用系统论的观点、理论和方法来认识和处理管理中出现的问题。

所谓系统是由相互作用和相互依赖的若干部分组成的有机整体。任何管理对象都可以作为一个系统。系统可以分为若干个子系统，子系统可以分为若干个要素，即系统是由要素组成的。按照系统的观点，管理系统具有6个特征，即集合性、相关性、目的性、整体性、层次性和适应性。

安全生产管理系统是生产管理的一个子系统，包括各级安全管理人员、安全防护设备与设施、安全管理规章制度、安全生产操作规范和规程以及安全生产管理信息等。安全贯穿于生产活动的方方面面，安全生产管理是全方位、全天候且涉及全体人员的管理。

运用系统原理的几大原则如下。

（1）动态相关性原则。动态相关性原则告诉我们，构成管理系统的各要素是运动和发展的，它们相互联系又相互制约。显然，如果管理系统的各要素都处于静止状态，就不会发生事故。

（2）整分合原则。高效的现代安全生产管理必须在整体规划下明确分工，在分工基础上有效综合，这就是整分合原则。运用该原则，要求企业管理者在制订整体目标和进行宏观决策时，必须将安全生产纳入其中，在考虑资金、人员和体系时，都必须将安全生产作为一项重要内容考虑。

（3）反馈原则。反馈是控制过程中对控制机构的反作用。成功、高效的管理，离不开灵活、准确、快速的反馈。企业生产的内部条件和外部环境在不断变化，所以必须及时捕获、反馈各种安全生产信息，以便及时采取行动。

（4）封闭原则。在任何一个管理系统内部，管理手段、管理过程等必须构成一个连续封闭的回路，才能形成有效的管理活动，这就是封闭原则。封闭原则告诉我们，在企业安全生产中，各管理机构之间、各种管理制度和方法之间，必须具有紧密的联系，形成相互制约的回路，安全生产管理才能有效。

2）人本原理

人本原理认为，在管理中必须把人的因素放在首位，体现以人为本的指导思想。以人为本有两层含义：一是一切管理活动都是以人为本展开的，人既是管理的主体，又是管理的客体，每个人都处在一定的管理层面上，离开人就无所谓管理；二是管理活动中，作为管理对象的要素和管理系统各环节，都需要人掌管、运作、推动和实施。

运用人本原理的几大原则如下。

（1）动力原则。推动管理活动的基本力量是人，管理必须有能够激发人的工作能力的动力，这就是动力原则。对于管理系统，有三种动力，即物质动力、精神动力和信息动力。

（2）能级原则。现代管理认为，单位和个人都具有一定的能量，并且可以按照能量的大小顺序排列，形成管理的能级，就像原子中电子的能级一样。在管理系统中，建立一套合理能级，根据单位和个人能量的大小安排其工作，发挥不同能级的能量，保证结构的稳定性和管理的有效性，这就是能级原则。

（3）激励原则。管理中的激励就是利用某种外部诱因的刺激，调动人的积极性和创造性。以科学的手段，激发人的内在潜力，使其充分发挥积极性、主动性和创造性，这就是激励原则。人的工作动力来源于内在动力、外部压力和工作吸引力。

3）预防原理

预防原理认为，安全生产管理工作应该做到预防为主，通过有效的管理和技术手段，减少和防止人的不安全行为和物的不安全状态。在可能发生人身伤害、设备或设施损坏和环境破坏的场合，事先采取措施，防止事故发生。

运用预防原理的几大原则如下。

（1）偶然损失原则。事故后果以及后果的严重程度，都是随机的、难以预测的。反复发生的同类事故，并不一定产生完全相同的后果，这就是事故损失的偶然性。偶然损失原则告诉我们，无论事故损失的大小，都必须做好预防工作。

（2）因果关系原则。事故的发生是许多因素互为因果连续发生的最终结果，只要诱发事故的因素存在，发生事故是必然的，只是时间或迟或早而已，这就是因果关系原则。

（3）3E原则。造成人的不安全行为和物的不安全状态的原因可归结为四个方面，即技术原因、教育原因、身体和态度原因以及管理原因。针对这四方面的原因，可以采取3种防止对策，即工程技术（Engineering）对策、教育（Education）对策和法制（Enforcement）对策，即所谓3E原则。

（4）本质安全化原则。本质安全化原则是指从一开始和从本质上实现安全化，从根本上消除事故发生的可能性，从而达到预防事故发生的目的。本质安全化原则不仅可以应用于设备、设施，还可以应用于建设项目。

4）强制原理

强制原理是指采取强制管理的手段控制人的意愿和行为，使个人的活动、行为等受到安全生产管理要求的约束，从而实现有效的安全生产管理。所谓强制就是绝对服从，不必经被管理者同意便可采取控制行动。

运用强制原理的两大原则如下。

（1）安全第一原则。安全第一原则就是要求在进行生产和其他工作时把安全工作放在一切工作的首要位置，当生产和其他工作与安全发生矛盾时，要以安全为主，生产和其他工作要服从于安全。

（2）监督原则。监督原则是指在安全工作中，为了使安全生产法律法规得到落实，必须设立安全生产监督管理部门，对企业生产中的守法和执法情况进行监督。

第二单元 安全生产教育与训练

一、经常性安全教育

安全教育培训，必须做到经常化、制度化，警钟常鸣。要使广大职工真正重视和实现安全生产，必须结合生产实际，根据接受教育对象不同特点，多层次、多渠道和多种方法进行经常性安全教育。

（1）经常性的安全教育内容如下。

① 上级的劳动保护、安全生产法规及有关的文件、指示。

② 各部门、各责任人的安全生产责任。

③ 遵守各项安全操作规程的要求。

④ 事故案例及教训等。

（2）采用新技术、新工艺、新设备、新材料和调换工作岗位时，要对操作人员进行新技术操作和新岗位的安全教育，未经教育不得上岗操作。

（3）班组应每周安排一次安全活动，利用班前班后进行，其内容如下。

① 学习党、国家和公司随时下达的安全生产规定和文件。

② 回顾上周安全生产情况，提出下周安全生产要求。

③ 分析班组安全思想动态及现场安全生产形势。

（4）适时安全教育，根据自身的生产经营的特点进行"五抓紧"的安全教育。

① 生产突击赶任务，往往不注意安全，要抓紧教育。

② 重大生产任务接近收尾时，容易忽视安全，要抓紧教育。

③ 工作条件好时，容易麻痹，要抓紧教育。

④ 季节气候变化，外界不安全因素多，要抓紧教育。

⑤ 节假日前后，思想不稳定，要抓紧教育，使之做到警钟常鸣。

（5）纠正违章教育。对由于违反安全规章制度而导致重大险情或已遂事故的职工，进行违章纠正教育。教育内容为：违反规章条文危害，使教育者充分认识自己的过失，吸取教训。对情节严重的违章事件，除教育责任人外，还应通过适当的形式现身说法，扩大教育面。

（6）安全部门召开安全例会；施工或检修作业前进行安全技术交底；安全部门的人员经常到施工现场、岗位进行巡回检查，督促安全规章制度的贯彻执行；组织专题安全技术讲座；利用班前班后会议进行安全技术知识教育；另外，安全部门还可以利用广播、黑板报、现场会议等形式进行经常性的安全教育。

日常安全教育记录见表 8-1。

表 8-1 日常安全教育记录

编号：_____

教育培训日期		主讲人	
教育培训主题			
安全教育内容摘要			

	姓名	岗位	姓名	岗位	姓名	岗位
受训人员签到						

二、三级安全教育

三级安全教育是指对新招收的职工、新调入的职工、来厂实习的学生或其他人员所进行的厂级安全教育、车间安全教育、班组安全教育。进行三级安全教育内容既要全面，又要突出重点，讲授要深入浅出，最好边讲解，边参观。每经过一级教育，均应进行考试，以便员工加深印象。

1. 厂级安全教育的主要内容

（1）讲解劳动保护的意义、任务、内容和其重要性，使新入厂的职工树立起"安全第一"和"安全生产，人人有责"的思想。

（2）介绍企业的安全概况，包括企业安全工作发展史、企业生产特点、工厂设备分布情况（重点介绍接近要害部位、特殊设备的注意事项）、工厂安全生产的组织机构、工厂的主要安全生产规章制度（如安全生产责任制、安全生产奖惩条例、厂区交通运输安全管理制度、防护用品管理制度以及防火制度等等）。

（3）介绍国务院颁发的《全国职工守则》和企业职工奖惩条例以及企业内设置的各种警告标志和信号装置等。

（4）介绍企业典型事故案例和教训，抢险、救灾、救人常识以及工伤事故报告程序等。

厂级安全教育一般由企业安技部门负责进行，时间为4～16小时。讲解应和看图片、参观劳动保护教育结合起来，并应发一本浅显易懂的规定手册。

2. 车间安全教育的主要内容

（1）介绍车间的概况，如车间生产的产品、工艺流程及其特点，车间人员结构、安全生产组织状况及活动情况，车间危险区域、有毒有害工种情况，车间劳动保护方面的规章制度和对劳动保护用品的穿戴要求和注意事项，车间事故多发部位、原因、特殊规定和安全要求，车间常见事故和对典型事故案例的剖析，车间安全生产中的好人好事，车间文明生产方面的具体做法和要求。

（2）根据车间的特点介绍安全技术基础知识，如冷加工车间的特点是金属切削机床多、电气设备多、起重设备多、运输车辆多、各种油类多、生产人员多和生产场地比较拥挤等，机床旋转速度快、力矩大，要教育工人遵守劳动纪律，穿戴好防护用品，小心衣服、发辫被卷进机器，手被旋转的刀具擦伤。要告诉工人在装夹、检查、拆卸、搬运工件特别是大件时，要防止碰伤、压伤、割伤；调整工夹刀具、测量工件、加油以及调整机床速度均须停车进行；擦车时要切断电源，并悬挂警告牌，清扫铁屑时不能用手拉，要用钩子钩；工作场地应保持整洁，道路畅通；装砂轮要恰当，附件要符合要求规格，砂轮表面和托架之间的空隙不可过大，操作时不要用力过猛，站立的位置应与砂轮保持一定的距离和角度，并戴好防护眼镜；加工超长、超高产品，应有安全防护措施等。其他如铸造、锻造和热处理车间、锅炉房、变配电站、危险品仓库、油库等，均应根据各自的特点，对新工人进行安全技术知识教育。

（3）介绍车间防火知识，包括防火的方针，车间易燃易爆品的情况，防火的要害部位及防火的特殊需要，消防用品放置地点、灭火器的性能、使用方法，车间消防组织情况，遇到火险如何处理等。

（4）组织新工人学习安全生产文件和安全操作规程制度，并应教育新工人尊敬师傅，听从指挥，安全生产。

车间安全教育由车间主任或安技人员负责，授课时间一般需要 4～8 小时。

3. 班组安全教育的主要内容

（1）本班组的生产特点、作业环境、危险区域、设备状况、消防设施等。重点介绍高温、高压、易燃易爆、有毒有害、腐蚀、高空作业等可能导致发生事故的危险因素，交待本班组容易出事故的部位和典型事故案例的剖析。

（2）讲解本工种的安全操作规程和岗位责任，重点讲解思想上应时刻重视安全生产，自觉遵守安全操作规程，不违章作业；爱护和正确使用机器设备和工具；介绍各种安全活动以及作业环境的安全检查和交接班制度。告诉新工人出了事故或发现了事故隐患，应及时报告领导，采取措施。

（3）讲解如何正确使用、爱护劳动保护用品和文明生产的要求。要强调机床转动时不准戴手套操作，高速切削要戴保护眼镜，女工进入车间戴好工帽，进入施工现场和登高作业，必须戴好安全帽、系好安全带，工作场地要整洁，道路要畅通，物件堆放要整齐等。

（4）实行安全操作示范。组织重视安全、技术熟练、富有经验的老工人进行安全操作示范，边示范、边讲解，重点讲解安全操作要领，说明怎样操作是危险的，怎样操作是安全的，不遵守操作规程将会造成的严重后果。

班组安全教育由班组长或安全员负责，授课时间为 2～8 小时。

三级安全教育记录卡见表 8-2。

表 8-2 三级安全教育记录卡

姓名：_____　　　　　　　　　身份证号码：_____

部门及工种：_____　建卡日期：_____　编号：_____

	三级安全教育内容		受教育人
一级教育	进行安全基本知识、法规、法制教育，主要内容如下 （1）当前国家的安全生产方针、政策 （2）安全生产法规、标准和法制观念 （3）本单位生产过程及安全规章制度，安全纪律 （4）本单位安全生产形势及历史上发生的重大事故及应吸取的教训 （5）发生事故后如何抢救伤员、排险、保护现场和及时进行报告	教育人部门	签名 年　月　日
		教育人签名	
二级教育	进行现场规章制度和遵章守纪教育，主要内容如下 （1）生产作业特点及现场的主要危险源分布 （2）本车间安全生产规章制度、本车间安全常规知识、注意事项 （3）本工种的安全操作技术规程 （4）高处作业、机械设备、电气安全基础知识 （5）防火、防毒、防尘、防爆知识及紧急情况安全处置和安全疏散知识 （6）防护用品发放标准及防护用品、用具使用的基本知识	教育人岗位	签名 年　月　日
		教育人签名	

续表

	三级安全教育内容		受教育人
三级教育	进行本工种岗位安全操作及班组安全制度、纪律教育，主要内容如下 (1) 本班组作业特点及安全操作规程 (2) 班组安全活动制度及纪律 (3) 爱护和正确使用安全防护装置(设施)及个人劳动防护用品 (4) 本岗位易发生事故的不安全因素及防范对策 (5) 本岗位的作业环境及使用机械设备、工具的安全要求	教育人班组	签名
		教育人签名	
		年　月　日	

上岗安全培训教育见表8-3。

表8-3　上岗安全培训记录

日期	培训内容	培训时间	工种	培训单位	受教育人

安全教育考核成绩记录见表8-4。

表8-4　安全教育考核成绩记录

日期	成绩		负责人	日期	成绩		负责人
	应知	应会			应知	应会	

三、特种作业人员安全教育

1. 特种作业的定义

根据国家安全生产监督管理局相关文件规定，特种作业是指容易发生人员伤亡事故，对操作者本人、他人及周围设施的安全可能造成重大危害的作业。直接从事特种作业的人员称为特种作业人员。

2. 特种作业及人员范围

(1) 电作作业。含发电工、送电工、变电工、配电工，电气设备的安装工、运行工、检修(维修)工、试验工，矿山井下电钳工。

（2）金属焊接、切割作业。含焊接工、切割工。

（3）起重机械（含电梯）作业。含起重机械（含电梯）司机、司索工、信号指挥工、安装与维修工。

（4）企业内机动车辆驾驶。含在企业内码头、货场等生产作业区域和施工现场行驶的各类机动车辆的驾驶人员。

（5）登高架设作业。含2米以上登高架设工、拆除工、维修工，高层建（构）物表面清洗工。

（6）锅炉作业（含水质化验）。含承压锅炉的操作工、锅炉水质化验工。

（7）压力容器作业。含压力容器罐装工、检验工、运输押运工、大型空气压缩机操作工。

（8）制冷作业。含制冷设备安装工、操作工、维修工。

（9）爆破作业。含地面工程爆破、井下爆破工。

（10）矿山通风作业。含主扇风机操作工、瓦斯抽放工、通风安全监测工、测风测尘工。

（11）矿山排水作业。含矿井主排水泵工、尾矿坝作业工。

（12）矿山安全检查作业。含安全检查工、瓦斯检验工、电器设备防爆检查工。

（13）矿山提升运输作业。含提升机操作工、（上、下山）绞车操作工、固定胶带输送机操作工、信号工、拥罐（把钩）工。

（14）采掘（剥）作业。含采煤机司机、掘进机司机、耙岩机司机、凿岩机司机。

（15）矿山救护作业。

（16）危险物品作业。含危险化学品、民用爆炸品、放射性物品的操作工、运输押运工、储存保管员。

（17）经国家安全生产监督管理局批准的其他作业。

3. 特种作业人员应具备的条件

根据国家相关法律法规的规定，特种作业人员应当符合下列条件。

（1）年龄条件。特种作业人员要求年满18周岁，且不超过国家法定退休年龄，即女50岁、男60岁。

（2）身体条件。身体健康，无妨碍从事特种作业人员作业的病症和生理缺陷。患有器质性心脏病、癫痫病、美尼尔氏症、眩晕症、癔病、震颤麻痹症、精神病、痴呆症的人员不得从事特种作业。

（3）文化程度。特种作业人员必须具有初中及以上文化程度。其中，危险化学品特种作业人员应当具备高中或者相当于高中及以上文化程度。

（4）技术要求。特种作业人员应取得从事相应工种的技术等级证书。

报考技术等级证书，一般到当地的县级劳动和社会保障局（劳动局有专门管劳动技能鉴定的地方或培训科）报名，并择期进行考试，考试内容分笔试和实际操作两部分。

技术等级分5级，包括初级、中级、高级、技师和高级技师。一般应先从初级证书考起，通常在从业7年后可报考中级资格。具有中级工资格并且连续从事本工种工作8年以上，或者接受过正规的高级工培训、连续从事本工种工作4年以上的，可报考高级工。

（5）安全操作技术方面。特种作业人员必须经专门的安全技术培训并考核合格，取得《中华人民共和国特种作业操作证》后，才能上岗作业。

已经取得职业高中、技工学校及中专以上学历的毕业生从事与其所学专业相应的特种作业，持学历证明经考核发证机关同意，可以免予相关专业的培训。

4. 特种作业人员的培训方式

特种作业人员的培训方式可以分上岗培训、在岗培训和继续培训。

（1）上岗培训。特种作业人员必须按照国家有关规定经过专门的安全作业培训，并取得特种作业操作资格证书后，方可上岗作业。专门的安全作业培训，是指由有关主管部门组织的专门针对特种作业人员的培训，也就是特种作业人员在独立上岗作业前，必须进行与本工种相适应的、专门的安全技术理论学习和实际操作训练。经培训考核合格，取得特种作业操作资格证书后，才能上岗作业。

（2）在岗培训。所有取得操作证的特种作业人员，在生产中要加强安全监督和实施管理措施，并定期检查作业人员的操作技能，根据生产需要进行相应在岗培训。

（3）继续教育。特种作业人员，在操作证申请复审或者延期复审前，应当参加必要的安全培训并考试合格。安全培训时间不少于 8 个学时，主要培训法律法规标准、事故案例和有关新工艺、新技术、新装备等知识。

特种作业人员安全教育培训记录见表 8-5。

表 8-5 （特种）作业人员安全教育培训记录（电焊工）

表号：×××

时间		地点	办公室
主持人		讲授人	
培训工种		所在单位	

培训内容：
（1）学习"安全生产管理条例"×××省"安全生产管理办法"和"电焊工安全技术操作规程"
（2）学习生产现场的安全生产纪律规范和劳动纪律
（3）对以往生产现场因违章作业而造成的各类安全生产事故案例进行分析以吸取教训，警钟常鸣
（4）学习"十不烧"的全部内容
（5）学习电焊工所使用的工具性能、特点以及使用方法和注意事项
（6）讨论研究作业当中应注意的安全事项
① 作业时必须正确佩戴和使用劳动防护用品
② 作业前应对现场周边的作业环境进行认真仔细的检查，如防火状况、临边防护状况、高处焊接作业下方的安全状况等确认安全后开始焊接作业
③ 作业前应对所使用的工具特别是氧气瓶、乙炔瓶焊枪以及电焊机等状况进行安全检查，确认安全可靠后方可施焊作业
④ 作业前应对电源线路漏电保护器进行检查，灵敏可靠后作业
⑤ 作业当中应注意氧气瓶、乙炔瓶之间的安全距离
⑥ 五级以上大风或雷雨等恶劣天气，应停止室外作业
⑦ 动火前应向公司或上级有关部门进行动火审批工作

受教育人签字：

第三单元　安全事故预防

一、构成事故的基本要素

通过大量事故分析可以看出，各种事故都有共性，一个特定的事故都是由人、物和环境这 3 个基本要素构成的。

1. 人

各种事故的发生，在很大程度上与人有关，如人的行为会构成物的不安全状态，会造成管理上的缺陷，会形成事故隐患或触发隐患。所以说人的不安全行为是发生事故的主观因素。

2. 物

物是指发生事故时所涉及的物质，除包括生产过程中的原料、燃料、产品、机械设备、工具附件外，还包括其他非生产性物质。物质的固有属性及其具有的潜在破坏能量构成了危险因素，或者说各种储存能量的物质处于不安全状态之中。物的不安全状态是发生事故的客观因素。

3. 环境

环境可分为社会环境、自然环境和生产环境。任何一个事故发生，总是与环境有关，不可能与世隔绝，环境受管理条件影响并决定着人的因素和物的因素。

二、事故预防的措施

事故预防的措施一般有 3 类，即工程技术措施、教育措施和管理措施。

（1）工程技术措施。工程技术措施是指对设备、设施、工艺、操作等，从安全角度考虑计划、设计、检查和保养的措施。对新设备、新装置从设计阶段开始，充分考虑安全问题。

（2）教育措施。教育措施是指通过不同形式和途径的安全教育，使员工掌握安全方面应有的知识和操作方法，使安全寓于生产之中。安全教育不仅仅是为了学习安全知识，更重要的是要会引用安全知识。

（3）管理措施。管理措施是指由国家机关、企业单位组织、制订有关安全规程、规范和安全标准，要求其共同遵守。

管理措施应包括贯彻实施有关法令、标准、规范，制订安全操作规程，组织安全监察，实行岗位责任制、交接班制度以及各种安全制度，如挂牌操作、动火作业监督等多方面的内容。

三、安全意识强化

1. 强化现场管理，促进现代安全生产

（1）应把安全工作摆在首位。
（2）狠抓管理职能转变，从体制上落实安全。
（3）严格管理，从制度上保证安全。
（4）狠抓薄弱环节，从措施上保证安全。

2. 加强安全教育和安全培训，增强员工的安全意识

新进人员要进行安全知识教育，出了事故组织安全分析会，每周有一次安全学习，每天都要进行安全宣传广播，定期进行安全检查等。

3. 积极推广和采用先进的现代安全技术

（1）认真编制现代安全技术措施和现代安全技术发展规划，并确保其得到贯彻实施。
（2）逐步改善企业劳动条件，从根本上解决员工的安全和健康问题。

4. 完善安全规则，实现安全工作日常化

（1）完善现代安全技术规程和实施细则，保证上级有关安全法令、决定、文件得以实施。
（2）安全工作日常化、全员化，形成全员安全监督网。

5. 按照国家有关规定进行事故报告

按照"事故原因分析不清不放过，事故责任者和员工没有受过教育不放过，没有防范措施不放过"的原则，严肃查处事故。

6. 文明生产

在安全与生产发生矛盾时，生产服从安全，按科学规律组织生产。

四、预知危险训练

1. 危险预知训练要求

在无灾害运动中实施的预知危险训练，是一种生产现场作业人员的协调配合活动，须做到"全部、又快、又正确"，防止发生认为事故的训练。对危险而言是个别训练，与此同时也可以认为是作业人员的配合训练。

2. 预知危险训练的程序

（1）共同分析讨论。同工作场所人员一起共同分析讨论，用图表描绘工作场所和作业中"存在什么隐患"。在讨论时应按下表所列步骤来进行。

(2) 工具准备。插图、模型图纸、红黑万能笔(有黑板更好)。

(3) 编小组。以实践技术为基础，通常以 5～6 人为一组。

(4) 任务分担。决定会议的主持人或记录员。根据实际需要，决定发言者、报告者、评论者等(会议主持者可以兼记录员)。

(5) 时间分配和项目数。每个步骤需多长时间，预先决定每个步骤的项目，并通知成员。四个步骤通常需要 10～20 分钟。

(6) 训练意义的说明。在开始进行训练前，对为什么要进行训练作一简单说明。

(7) 角色扮演。为了与实际相一致，以主持者为中心的全体人员进行角色扮演模拟排练。

3. 实际训练前应做的准备事项

在开始实际技术训练之前，先放映对实际技术进行解说的幻灯片或电影(15 分钟以内)，然后说明施行实际技术的方法，再开展实际活动。所谓"百闻不如一见"，所以电影教材是不可缺少的。

五、操作者认为失误预防

1. 操作者认为失误产生的原因

(1) 注意力不集中。

(2) 疲惫。

(3) 未注意到重要的迹象。

(4) 操作者安装了不准确的控制器。

(5) 在不准确的时刻开启控制器。

(6) 识读仪表错误。

(7) 错误使用控制器。

(8) 因振动等干扰而心情不畅。

(9) 未在仪表出错时及时采取行动。

(10) 未按规定的程序进行操作。

(11) 因干扰未能正确理解指导。

2. 操作者人为失误预防措施

(1) 预防注意力不集中：在重要位置安装引起注意的设备、提供愉快的工作环境以及在各步骤之间避免中断等。

(2) 预防疲惫：采取排除或减少难受的姿势、集中注意的连续时间及过重的心理负担等措施。

(3) 通过听觉或视觉的手段帮助操作者注意某些问题以避免漏掉某些重要迹象。同时，通过使用某些特定的控制设备可以避免某些不准确的控制所造成的问题。

(4) 为了避免在不正确的时刻开启控制器，在某些关键序列的交界处提供补救性措施。同时，应保证功能控制器安放在适当的位置，以便于使用。

（5）为预防误读仪表，有必要根除清晰度方面的问题以及视读者移动身体的要求和仪表位置不当等。

（6）使用噪音消减设备及振动隔离器可有效克服因噪音和振动造成的操作者失误。

（7）综合使用各种手段保证各仪器发挥适当功能并提供一定的测验及标准程序，诸如未对出错仪表作出及时反应等人为失误便可克服。

（8）避免太久、太慢或太快等程序的出现，便可以预防未能按规定程序进行操作的失误。

（9）因干扰问题不能正确理解指导时，可以通过隔离操作者和噪音等排除干扰源便可克服这种人为失误。

第四单元　安　全　检　查

安全检查是工厂安全生产的一项基本制度，是安全管理的重要内容之一，主要包括对安全事项、安全制度、安全纪律及安全隐患的检查。

一、安全检查的内容

1. 查思想

查思想及查各级管理者、员工对安全生产的认识是否正确，安全责任心是否很强，有无忽视安全的思想和行为，即查全体员工的安全意识和安全生产素质。

2. 查制度

查制度即检查企业安全生产规章制度是否健全，在生产活动是否得到了贯彻执行，有无违章作业和违章指挥现象。安全生产规章制度主要包括以下内容。

（1）安全组织和机构的设置与安全人员的配备。
（2）安全生产责任制。
（3）安全奖罚制度。
（4）安全检查与隐患整改制度。
（5）安全教育制度。
（6）安全技术措施计划的实施与管理制度。
（7）工伤事故调查及统计报告制度。
（8）尘毒作业、职业病、职业禁忌症、特种作业管理制度。
（9）保健、防护用品的发放管理制度。
（10）各工种安全技术操作规程及员工安全守则。

3. 查纪律

查纪律即查劳动纪律的执行情况，查安全生产责任制的落实情况。

4. 查管理者

查管理者即检查企业安全生产挂历情况。

(1) 检查企业各级管理者是否把安全工作摆在重要议事日程。

(2) 是否树立了"安全第一，预防为主"的原则。

(3) 是否坚持了"管生产必须管安全"的原则。

(4) 在工作中是否执行了"五同时"和"三同时"的原则。

(5) 安全机构是否健全，安全管理是否发挥作用。

5. 查隐患

查隐患即深入生产现场，检查企业的设备、设施、安全卫生措施、生产环境条件，以及人的不安全行为。

(1) 对随时有可能造成伤亡事故的重大隐患，检查人员有权下令停工，并同时报告有关领导，待隐患排除后，经检查人员签证确认方可复工。

(2) 对违章作业行为，检查人员有权制止和处理。

6. 查安全设施

查安全设施即检查如接地、避雷、防火、防爆等设施的灵敏程度是否合乎标准要求。

二、安全检查的方式

安全检查的方式主要有经常性检查、定期检查、专业检查和全员性安全检查4种。

1. 经常性检查

经常性检查是指安全技术人员和车间、班组管理人员对安全生产的日查、周查和月查。

(1) 巡逻检查。主要指安全专业人员和管理人员对生产现场进行的巡视监督检查。

(2) 岗位检查。操作人员对操作岗位的作业环境、施工、生产条件、机器设备、安全防护设施及措施等进行检查确认。

(3) 相互检查。作业人员相互监督，对不安全行为、个人防护用品的佩戴等检查。

(4) 重点检查。企业安全部门应组织对企业内部的重点岗位、关键设备设施等进行经常检查（日、周、月检查）。

2. 定期检查

定期检查是企业或主管部门组织的，按规定日程和规定的周期进行的全面安全检查。定期检查包括以下几个方面的检查方式。

(1) 安全生产大检查。由国家或当地劳动部门和产业主管部门联合组织的定期的普遍检查称为安全生产大检查。

(2) 行为检查。由企业主管部门组织的企业之间的相互检查，这种检查一般为每年一次。

(3) 企业内定期检查。大型企业的厂、矿、公司每半年组织一次检查；二级厂、矿、公司每季度组织一次检查。可采用企业内部相互检查的形式。

(4) 季节性定期检查。如雨季进行防洪、防建筑物倒塌、防雷电检查；冬季进行防寒、防冻、防火、防滑等检查；夏季进行防暑降温、防灼烫等检查；台风季节进行防台风检查；节假日进行设备检修安全检查，防火防爆措施和治安保卫措施的检查。

3. 专业检查

专业检查是根据企业特点，组织有关专业技术人员和管理人员，有计划、有重点地对某项专业范围的设备、操作、管理进行检查。

4. 全员性安全检查

全员性安全检查即发动全体员工普遍进行安全检查，并结合检查对员工进行安全意识、安全知识、安全技术的教育，这种检查可采取个人和个人之间、班组与班组之间相互检查等综合方式进行。

三、安全检查的准备和实施

1. 安全检查的准备

为使安全检查达到预期效果，必须做好充分准备，即思想和业务上的准备。

(1) 思想上的准备，主要是发动群众，开展群众性的自检自查。通过自检，尽早发现危险隐患，形成自检自改、边查边改的局面。

(2) 业务上的准备，主要内容如下。

① 确定检查目的、步骤、方法，建立检查组织，抽调检查人员，安排检查日程。

② 针对检查的项目内容，有针对性地学习相关法规、政策、技术、业务知识，提高检查人员的法规、标准和政策水平。

③ 分析过去几年(一般是近5~10年)所发生的各种事故(含无伤害的险肇事故、损失较小的事故)的资料，并根据实际需要准备一些表格、卡片，记载曾发生的事故的次数、部门、类型、伤害性质、伤害程度以及发生事故的主要原因和采取的防护防范措施等，以提示检查人员注意。

④ 准备齐全各项事先拟定的安全检查表，以便逐项检查，做好记录，防止遗漏要检查的项目内容。从实际出发，分清主次，力求检查取得实效，便于对一个单位或部门的安全工作进行评价。

2. 安全检查表的应用

安全检查表可以根据生产系统、车间、工段编写，也可以按专题编写。其内容既要系统全面，又要简单明了、切实可行。一般来说，安全检查表的基本内容涉及人、机、环境、管理4个方面，并且必须包括以下六个方面的基本内容。

(1) 总体要求。包括建厂条件、工厂设备布置、平面布置、建筑标准、交通、道路等。

(2) 生产工艺。包括原材料、燃料、生产过程、工艺流程、物料输送及储存等。

（3）机械设备。包括机械设备的安全状态、可靠性、防护装置、保安设备、检控仪表等。

（4）操作管理。包括管理体制、规章制度、安全教育及培训、人的行为等。

（5）人机工程。包括工作环境、工业卫生、人机配合等。

（6）防灾措施。包括急救、消防、安全出口、事故处理计划等。

为了使安全检查表在内容上能结合实际、突出重点、简明易行、符合安全要求，进行编制时应考虑如下四点。

（1）组成由安全专业人员、生产技术人员、有经验的岗位操作工人参加的三结合编制团队，集中讨论、集思广益、共同编写。

（2）以国家、部门、行业、企业所颁发的有关安全法令、规章、制度、规程以及标准、手册等作为依据。例如，编制生产装置的检查表，要以该产品的设计规范为依据，对检查中设计的控制指标应规定安全的临界值等。

（3）依据科学技术的发展和实践经验的总结，列举所有存在于系统中的不安全因素。

（4）收集同类或类似系统的安全生产事故教训和安全科学技术的情报，了解多方面的信息，掌握安全动态。

3. 安全检查的实施

安全检查常用的方法如下。

1）全面检查

根据需要，对被检查系统或地区进行全面安全检查。检查内容可侧重于某一方面，也可根据检查对象的安全状态进行全方位检查。

2）分组检查

覆盖面大的地区性检查，可以按区域，也可以按危险性质进行分组检查，以提高检查效率。

3）重点检查

根据危险特征和危险发展趋势对重大危险源、重点隐患、重要场所进行专门检查。可以采取分类管理的办法，确定重点，集中力量控制和解决突出的安全问题。

4）重复检查

对于危险特征突出的重大危险源、隐患和重要场所的安全，由于其危险影响面大，作为重点检查对象，可以通过重复检查，防止隐患遗漏。重复检查也可以在一次检查结束后，在特定时间内返回再进行检查，以核查检查效果，即所谓"杀回马枪"。

5）抽查

因检查人员和时间要求限制，对危险类型相似的检查对象，可以采取抽查的办法进行检查。抽查可以根据所掌握的安全信息，确定重点，也可以随机抽查。

进行各种安全检查时，除查看系统管理和运行状态，重点要现场查证各种记录。检查时可以运用安全检查表逐项对照检查，以提高检查的针对性和有效性。检查结束后进行总结，将检查情况向被检查单位通报，并及时收集归纳各种检查材料和检查记录，以形成完整的检查资料归档。

四、安全检查的处理

安全检查应做好详细的检查记录，记录检查的结果和存在的问题，按企业规定的职责分级落实整改措施，限期解决，并定期复查。

（1）对不能及时整改的隐患，要采取临时安全措施，提出整改方案报请上级主管部门核准。

（2）不论哪种方式的检查，都应写出小结，提出分析、评价和处理意见。

（3）对安全生产情况好的部门，应提出奖励，对安全生产情况差的部门，应提出批评和建议，要总结经验，吸取教训，达到检查的目的。

机械制造场所安全检查表见表8-6。

表8-6 机械制造场所安全检查表

序号	检查项目	检查内容提示	检查情况记录
1	采光	对厂房一般照明的要求：厂房跨度大于12m时，单跨厂房的两边应有采光侧窗，窗户的宽度不小于开间长度的一半。多跨厂房相连，相连各跨应有天窗，跨与跨之间不得有墙封死	
2	通道	（1）厂区干道要求：车辆双向行驶的干道宽度不小于5m，有单向行驶标志的主干道宽度不小于3m。厂区内危险地段需设置限速限高牌、指示牌和警示牌 （2）车间安全通道要求：通行汽车的宽度大于3m，通行电瓶车的宽度大于1.8m，通行手推车、三轮车的宽度大于1.5m，一般人行通道大于1m （3）通道的一般要求：车间通道应划线标记，路面应平整，无台阶、坑、沟和突出路面的管线，废油、废水、废物等应及时清理干净 （4）为生产而设的深>0.2m、宽>0.1m的坑、壕、池应有可靠的防护栏或盖板，夜间应有照明	
3	设备布局	（1）设备间距：大型设备（最大外形尺寸>12m）间距>2m，中型设备（尺寸6~12m）≥1m，小型设备（尺寸<6m）≥0.7m。若大小设备同时存在，间距应按大的尺寸要求计算 （2）设备与墙、柱距离：大型设备>0.9m，中型设备≥0.8m，小型设备≥0.7m （3）高于2m的运输线应有防护罩（网），网格大小应能防止所输送物件坠落地面	
4	物料堆放	（1）生产场所应划分毛坯区、成品、半成品区，工位器具区，废物垃圾区。原材料、半成品、成品摆放整齐，有固定措施，平衡可靠 （2）生产场所的工具、模具、夹具应放在指定的部位，安全稳妥，防止坠落和倒塌伤人 （3）产品、原料应限量存放，白班存放量不超过每班加工量的1.5倍，夜班存放量不超过每班加工量的2.5倍，但大件不得超过当班定额 （4）工件、物料摆放不得超高，在垛底与垛高之比为1:2的前提下，垛高不超出2m，砂箱堆垛不超过3.5m。堆垛的支撑稳妥	

续表

序号	检查项目	检查内容提示	检查情况记录
5	配电柜箱	(1) 配电柜(箱)应用不可燃材料制作 (2) 触电危险性较大或作业环境较差的加工车间、铸造、锻造、热处理、锅炉房、木工房等场所,应安装封闭式箱柜 (3) 有导电性粉尘或产生易燃易爆气体的危险作业场所,必须安装密闭式或防爆型的电器设施 (4) 落地安装的柜(箱)底面应高出地面 50～100mm,操作手柄中心高度一般为 1.2～1.5m,柜(箱)前方 0.8～1.2m 的范围内无障碍物 (5) 保护线连接可靠 (6) 柜(箱)以外不得有裸带电体外露,装设在柜(箱)外表面或配电板上的电气元件,必须有可靠的屏护 (7) 配电柜(箱)内的元器件及线路应安装牢固、接触良好、连接可靠。配电柜(箱)的门应完好,门锁有专人保管	
6	电气线路	(1) 架空线路:木电杆梢泾不应小于 150mm,根部应做防腐处理。水泥电杆钢筋不得外露。架空线路的导线与地面、工程设施、建筑物其他线路之间均应保持足够的安全距离 (2) 电缆线路:三相四线系统应采用四芯电力电缆。电缆进入电缆沟、隧道、竖井、建筑物处应予封堵。电缆的终端和中间接头,应保证密封良好,并保持良好接地 (3) 安全电压:"安全电压"额定值分为 42、36、24、12、6V 等 5 个等级,当电气设备超过 24V 时,必须采取防直接接触带电体的保护措施 (4) 电气防火防爆:可燃物质、助燃物质、火源及爆炸物品、易燃物品、氧化剂等防止于以下 4 种情况在同一场所。①电气线路和电气设备过热。②电火花和电弧。③静电放电。④照明器具和电热设备使用不当	
检查项目		□1、□2、□3、□4、□5、□6	
检查人员签字		检查时间	

检查意见和建议:

单位:　　　　　　　　　　　　负责人签字:　　　　　　　　　　年　月　日

电焊作业现场安全检查见表8-7。

表8-7 电焊作业现场安全检查表

序号	检查项目	检查内容提示	检查情况记录
1	作业环境	(1) 电焊机应放在平稳和通风良好、干燥的地方,不得靠近高热、易燃、易爆危险场所 (2) 离焊接点5m内及下方不得有易燃物品,10m内不得有乙炔发生器或氧气瓶 (3) 焊接管子时,管子两端应打开,并不得有易燃物品 (4) 不得带压焊接压力容器。焊接装过可燃气体或可燃液体的容器前,应先清除其内残留的危险物质	
2	电焊机	(1) 电焊机装有独立专用电源,禁止多台电焊机共用一个电源开关 (2) 电焊机外壳应可靠接保护导体 (3) 电焊机外露的带电部分有完好隔离装置,裸露的接线柱设有防护罩 (4) 移动焊机、清扫或检修时必须切断电源	
3	焊接电缆	(1) 应采用铜心橡皮电缆(橡皮套软线),外皮完整,绝缘良好、柔软 (2) 电焊机与电焊钳连接应使用整根软电缆线,中间无接头 (3) 严禁使用金属构架、管道、金属物件等搭接作为导线电缆	
4	电焊钳	(1) 电焊机绝缘、隔离性能良好,手柄有良好的绝缘层 (2) 电焊钳与电缆的连接应简单牢靠,接触良好	
5	护具与护品	(1) 焊接作业时应穿戴绝缘鞋、手套、工作服、面罩等劳动防护用品,金属容器中工作时,还应戴上头盔、护肘等防护用品 (2) 焊工使用的移动照明灯具应采用12V及以下安全电压,灯具的灯泡备有金属防护网罩 (3) 焊接现场应设置弧光辐射、溶渣飞溅的防护设施	
6	持证上岗	焊接作业人员必须经过专业培训,持证上岗。操作证复审周期2年一次	
7	审批办证	在易燃易爆场所焊接动火,进入有危险、危害环境的设备和登高焊接等作业均应按企业规定办理相关作业许可证并落实安全措施后方可进行	
检查项目		□1、□2、□3、□4、□5、□6、□7	
检查人员签字		检查时间	

检查意见和建议:

单位:　　　　　　　　　　负责人签字:　　　　　　　　　年　月　日

第五单元　安全防护管理

除了消除不安全的状态之外，安全防护在现场安全管理工作中也是非常重要的。现场安全防护通常包括机器设备的防护和劳动保护用品的防护。

一、机器设备的防护

一般未经加工保护的机器常是发生严重事故的根源，机器上加上一层防护物，无形中给作业员工安全感，也间接刺激了生产效率的提高。

1. 机械设备的防护原则

机械安全装置的目的是维护工作者的安全，但是使用机械的基本目的在于生产，因此这些安全装置必须以不影响生产为原则。机械设备的防护原则如下。

(1) 必须符合安全标准。
(2) 为机械上的永久设备不可轻易拆除。
(3) 能为工作人员及行人作确切的保护。
(4) 操作机器时能防止身体进入危险区域。
(5) 装上防护不会减弱机器结构强度。
(6) 不妨碍生产不使工作者感觉不舒服及麻烦。
(7) 不妨碍机械的修护检查。
(8) 坚固耐用，防护本身不会造成任何危险。

2. 机械设备防护的部位

防护设施应该装于机械动作容易造成意外或可能产生意外的部位，以防止伤害的发生，通常必须加以防护的部位如下。

(1) 机械的传动部位：包括轴、飞轮、皮带盘、皮带、连杆、轴节、轴锤、曲轴、离合器、凸轮等旋转或往复运动部位，以及机器的驱动部位。
(2) 活动部位：机械在工作中的转动部位，但本身并不传递任何动力，包括金属钩床的刀架、给料滚输送皮带、刨床台等。
(3) 操作部位：是机械主要的部位，也就是加工部位，例如刨床的刀架、冲压床的切口，其他如拉、割、刨、转、冲、压、打击、混合等工作部位。
(4) 感电部位：机械的架构大都由钢铁制成，并由电动机传动，两者构成一体，因此为防止感电必须加防护装置。

3. 常用的机器设备防护方法

(1) 护罩法：护罩法可以防止人体进入机器里面，避免发生伤害事故。由其作用可分为护罩式及障碍式。护罩式是将操作口周围或运转部位封闭，障碍式则阻挡操作口或运转部位的前面以免人员伤害。由其可否调整又分为固定式及调整式两种。

① 固定式：其护罩最常使用，可以隔绝人体接触危险部位，并可避免机件破裂时的碎片飞出伤人，仅容许原料或工件入内，不容许手及身体各部位伸进操作口。

② 调整式：护罩可视工件的大小而调整，借用扳手或其他工具的协助才能调整的，是半调整式，直接用手即可调整的是手调整式。

护罩式机器设备防护方法的基本原理是隔离，以防止人体进入（卷入）机械的危险工作点。根据其设置方法的不同可分为以下几种。

① 护罩式：是将工作点与伤害点完全封闭隔离。又分为固定式及可调式两种，如齿轮、链轮、皮带轮上的护罩等。

② 栅栏式：仅将工作点与伤害点隔离，防止工作人员与机械的接触。

（2）连锁法：机械在空间上或实际应用上不能装置护罩的则必须使用连锁法。

（3）自动法：是当机械在运转时，透过机械本身的一种连杆系统与操作机件相连接，将工作者的手自动推开或拉开危险区域的一种装置，这种防护装置伴随着机械运转而产生，因此只要操作者正确操作即可达到安全防护的目的。

（4）遥控法：遥控法是利用自动化的安全开关，使工作者远离机械工作点，运用各种开关操作机器。

（5）操作法：大多数的危险事故是由于工作者的手进入工作点而受到伤害。因此改善进料、出料的方法也可以避免危险事故的发生。如用工具代替手进料或半自动进料等。操作法是从操作程序或进料及出料方式来达到防护的目的的。

① 操作程序：操作人员在远离危险部位，即在不发生危险的情况下操作机器。

② 进料方式：工具代替双手进料，通常采用的钳、叉、吸咀等工具均为软管物制成，如铜、锡、木、竹、橡皮等，以防损伤机模。自动进料则使用转盘、斜坡斗、输送带、卷送带等方式，人员仅需在适当的时间补充进料即可。

③ 出料方式：采用自动出料方法。a. 震动法：靠斜坡及震动出料。b. 吹出法：使用压缩空气将料吹出。c. 重力法：利用斜度斗及重力自动出料。

二、有关特殊劳动防护用品的规定

（1）对生产中必不可少的安全帽、安全带、绝缘护品、防毒面具、防尘口罩等员工个人特殊劳动防护用品，必须根据特定工种的要求配备齐全，并保证质量。

（2）对于在易燃、易爆、烧灼及有静电发生的场所作业的员工，禁止发放、使用化纤防护用品。

（3）劳动防护用品穿戴要舒适方便、经济耐用。

三、防护用品的主要种类

1. 防静电工作服

防静电工作服是为了防止衣服的静电积聚，用防静电织物为面料而缝制的工作服。

1）防静电工作服的质量要求

（1）外观要求无破损、斑点、污物以及其他影响使用性能的缺陷。

（2）防静电性能：每件防静电服的带电荷量、耐洗涤性能，必须符合下表的要求。

2）防静电服穿用要求

（1）气体爆炸危险场所的区域等级属0区、1区且可燃物的最小点燃能量的0.25毫焦以下者，应穿用防静电服。

（2）禁止在易燃易爆场所穿脱。

（3）禁止在防静电服上附加或佩戴任何金属物件。

（4）穿用防静电服时，必须与GB4385中规定的防静电鞋配套穿用。

2. 低压绝缘胶鞋

该产品在布面干燥条件下，作为工频电压1000V以下电工作业的辅助安全用具，作为劳动保护用鞋。

1）低压绝缘胶鞋的基本条件

产品必须符合低压绝缘鞋穿用的基本功能。产品明显部位须有"闪电"安全标记。产品外底厚度前掌不低于4.5mm，后掌不低于5mm。绝缘内底颜色必须有区别。

2）低压绝缘胶鞋的穿用须知

低压绝缘胶鞋只能在规定电压范围内作为辅助安全用具使用，穿用绝缘胶鞋必须遵守电器设备安全、保护用具使用和试验规则。用户在使用过程中，每6个月做一次预防性试验。

（1）穿绝缘胶鞋在外底磨穿漏出浅色绝缘内底时，不准再作绝缘鞋穿用。

（2）绝缘鞋胶部凡有破损之处均不得再作绝缘鞋使用。

（3）穿用绝缘鞋时应避免接触锐器，防止绝缘鞋受到机械损伤，同时还应避免接触腐蚀介质。

3. 抗油据水防护服

抗油据水是指经过整理，使防护服织物纤维表面能排斥、疏远油、水类液体介质，从而达到既不防碍透气舒适又能有效抗拒此类液体对内衣和人体的侵蚀。抗油据水防护服可分为冬季和夏季两类。抗油据水防护服适用于接触油水介质频繁的现场作业。

第六单元 安全事故处理

安全事故处理是包括事故发生后的经济处理，并进行调查分析和统计，采取措施及处分有关单位和人员等一系列工作的总称。

一、生产安全事故的性质

员工伤亡事故的性质按与生产的关系程度分为因公伤亡和非因工伤亡两类。其中属于因工伤亡的事故如下。

（1）员工在工作和生产过程中的伤亡。

（2）员工为了工作和生产而发生的伤亡。

（3）由于设备和劳动条件的问题引起的伤亡（含不在工作岗位）。

（4）在厂区内因运输工具问题造成的伤亡。

二、生产安全事故紧急处理

事故往往具有突然性,因此在事故发生后要保持头脑清醒,切勿惊慌失措,以免扩大事故影响和人员的伤亡。一般按如下顺序处理。

(1) 切断有关动力来源,如气(汽)源、电源、火源、水源等。
(2) 救出伤亡人员,对伤员进行紧急救护。
(3) 大致估计事故的原因及影响范围。
(4) 及时呼唤援助,同时尽快移走易燃、易爆和剧毒等物品,防止事故扩大和减少损失。
(5) 采取灭火、防爆、导流、降温等紧急措施,尽快终止事故。
(6) 事故被终止后,要保护好现场,以供调查分析。

三、生产安全事故调查

1. 搜集物证

(1) 现场物证包括:破损部件、破片、残留物。
(2) 应将在现场搜集到的所有物件贴上标签,注明地点、时间、现场负责人。
(3) 所有物件应保持原样,不准冲洗、擦拭。
(4) 对具有危害性的物品,应采取不损坏原始证据的安全防护措施。

2. 记录相关材料

(1) 发生事故的部门、地点、时间。
(2) 受害人和肇事者的姓名、性别、年龄、文化程度、技术等级、工龄、工资待遇。
(3) 事故当天受害人和肇事者什么时间开始工作、工作内容、工作量、作业程序、操作动作(或位置)。
(4) 受害人和肇事者过去的事故记录。

3. 收集事故背景材料

(1) 事故发生前设备、设施等的性能和维修保养状况。
(2) 使用何种材料,必要时可以进行物理性能或化学性能实验与分析。
(3) 有关设计和工艺方面的技术文件、工作指令和规章制度及执行情况。
(4) 工作环境状况,包括照明、温度、湿度、通风、噪音、色彩度、道路状况以及工作环境中有毒、有害物质取样分析记录。
(5) 个人防护措施状况,其有效性、质量如何、使用是否规范。
(6) 出事前受害人或肇事者的健康状况。
(7) 其他可能与事故致因有关的细节或因素。

4. 搜集目击者材料

要尽快从目击者那里搜集材料,而且对目击者的口述材料,应认真考证其真实程度。

5. 拍摄事故现场

（1）拍摄残骸和受害人的所有照片。

（2）拍摄容易被清除或被践踏的痕迹，如刹车痕迹、地面和建筑物的痕迹、火灾引起的损害、下落物的空间等。

（3）拍摄事故现场全貌。

四、生产安全事故分析

1. 具体的分析内容

（1）受伤部位。

（2）受伤性质。

（3）起因物。

（4）致害物。

（5）伤害程度。

（6）设备不安全状态。

（7）操作人员的不安全行为。

2. 分析事故原因

导致生产事故的原因很多，可以从以下方面分析。

（1）劳动组织不合理。

（2）对现场工作缺乏必要和正确的检查或指导。

（3）没有安全操作规程或安全操作规程不全面。

（4）没有或不认真实施事故防范措施，没有及时清除事故隐患。

（5）机械、物质或环境处于不安全状态。

（6）操作人员具有不安全行为。

（7）技术和设计上有缺陷，如机械设备、工艺过程、操作方法、维修检验等的设计、施工和材料使用存在问题。

（8）对操作人员的教育培训不够，未经培训、缺乏或不懂安全操作技术知识的人员在岗作业。

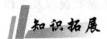

职业健康安全管理体系

一、背景

国际上一些大的跨国公司和现代化联合企业在强化质量管理的同时，也建立了与生产管理同步的安全生产管理制度,以提高社会形象和控制职业伤害给企业带来的损失。WTO的最基本原则是"公平竞争",其中也包含了环境保护和职业健康安全问题。

20世纪90年代后期一些发达国家借鉴ISO 9000的成功经验开展了实施职业健康安全管理体系的活动。1999年英国标准协会等13个组织提出职业健康安全评价系列(OHSAS)标准,即OHSAS18001《职业健康安全管理体系－规范》、OHSAS18002《职业健康安全管理体系－OHSAS18001实施指南》。

2001年7月,国家质量监督检验检疫总局决定由国家认证认可监督管理委员会和国家标准化管理委员会组织专家,制订了GB/T 28001《职业健康安全管理体系—规范》和GB/T 28002《职业健康安全管理体系—指南》。

二、OHSMS18000控制范围

(1) 常规和非常规活动。
(2) 所有接近工作场所的人员(包括分承包方和参观者)的活动。
(3) 工作场所的设施,无论是组织提供的还是他人提供的。

三、OHSMS18000模式

职业健康安全管理体系运行过程见图8-1。

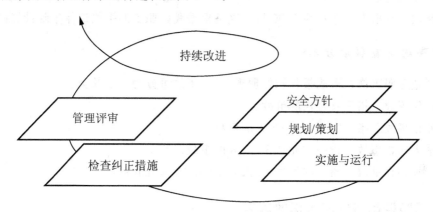

图8-1 职业健康安全管理体系运行过程

四、职业健康安全风险

众所周知,在人们的工作活动或工作环境中,总是存在这样那样潜在的危险源,可能会损坏财物、危害环境、影响人体健康,甚至造成伤害事故。这些危险源有化学的、物理的、生物的、人体工效和其他种类的。

人们将某一或某些危险引发事故的可能性和其可能造成的后果称之为风险。风险可用发生机率、危害范围、损失大小等指标来评定。

风险引发事故造成损失的因素有两类:个人因素和工作/系统因素。

五、危险源的分类和辨识方法

根据能量意外释放理论,把生产过程中存在的、可能发生意外释放的能量(能源或能量载体)或危险物质称作第一类危险源。而导致能量或危险物质约束或限制措施破坏或失效的各种因素称作第二类危险源。主要包括物的故障、人的失误和环境因素。

危险源从广义角度分类:机械类、电气类、辐射类、物质类、火灾与爆炸类。再如:物理性、化学性、生物性、心理生理性、行为性。

危险源辨识的常用方法:现场观察、查阅记录、获取外部信息、工作任务分析、安全检查表、危险与可操作性研究、事件树分析、故障树分析等。

六、事故的分类

1. 按伤害程度分类

(1) 轻伤:指损失工作日为1个工作日以上(含1个工作日)、105个工作日以下的失能伤害,但构不成重伤事故。

(2) 重伤:指损失工作日为105个工作日以上(含105个工作日)的失能伤害,重伤的损失工作日最多不超过6000日。

(3) 死亡:其损失工作日为6000日,这是根据我国职工的平均退休年龄计算的。

2. 按事故严重程度分类

根据《企业职工伤亡事故报告和处理规定》,事故可分为以下几类。

(1) 轻伤事故:指只有轻伤的事故。

(2) 死亡事故:指一次死亡1~2人的事故。

(3) 重大伤亡事故:指一次死亡3~9人的事故。

(4) 特大伤亡事故:指一次死亡10人以上(含10人)的事故。

七、选择风险控制措施应考虑的因素

(1) 如果可能,完全消除危险源或风险,如用安全品取代危险品。

(2) 如果不可能消除,应努力降低风险,如使用低压电器。

(3) 在可能情况下,使工作适合于人,如考虑人的精神和体能等因素。

(4) 利用技术进步,改善控制措施。

(5) 保护每个工作人员的措施。

(6) 将技术管理与程序控制结合起来。

(7) 要求引入计划的维护措施,如机械安全防护装置。

(8) 在其他控制方案均已考虑过后,作为最终手段,使用个人防护用具。

(9) 应急方案的需求。

(10) 预防性测定指标对于监测控制措施是否符合计划要求十分必要。

八、职业健康安全法律法规

（1）宪法。

（2）职业健康安全法律：如《劳动法》、《民法》、《工会法》、《消防法》、《职业病防治法》等。

（3）职业健康安全行政法规：国务院制订的条例、办法、规定、实施细则等。

（4）地方性职业健康安全法规。

（5）职业健康安全制度。

①《安全生产责任制》。

②《职业健康安全教育制度》。

③《职业健康安全检查制度》。

④《伤亡事故、职业病统计报告和处理制度》。

⑤《职业健康安全措施计划制度》。

⑥《职业健康安全监察制度》。

（6）国际公约。

思考练习

（1）什么是三级安全教育？如何实施？

（2）哪些属于特种工种？对特种工种的培训有哪些要求？

（3）什么是安全因素？如何识别安全因素？针对车间现场举例说明。

（4）如何进行事故预防？针对生产现场举例说明。

（5）为什么要进行安全检查？如何进行安全检查？

（6）安全防护的具体措施有哪些？

（7）事故处理有哪些规定？

（8）有哪些有关安全生产的法律法规？

（9）职业健康安全管理体系主要内容是什么？有什么作用？

第九章　现场生产效率管理

学习目标

完成本章学习，你应该能够：

- 熟悉 JIT 生产和精益生产的基本概念、背景、作用、应用场合等基础知识
- 熟悉进行工艺流程、线路分析、操作分析、动作分析方法
- 会设计绘制零件加工工艺流程图、设备布置图、线路图等，并能初步进行分析
- 初步学会作业测定方法，制订零件工时定额和作业标准
- 会设计零件生产看板和工序间传送看板
- 根据工序实际需要，学会设计部分其他现场目视管理工具
- 初步学会分析现场生产流程缺陷的方法，了解其改善的步骤和方法

案例导入

某设备公司是一家专业生产高压清洗机、发电机、空压机的工厂，建厂20余年，是国内规模最大的高压清洗机制造企业，目前人员规模超过1500人，年销售收入6亿，产品大部分外销欧洲等地。企业于2008年实现整体搬迁到新厂房，新厂设计年产能为300万台清洗机。搬入新厂房不久，发现生产效率并不像以前估计的那样高，产品质量仍然不稳定，并没有竞争优势，原来的行业老大逐渐被竞争对手超过，许多老客户流失。其实，公司在管理上也下了很大的功夫，聘请了台湾、上海一些知名咨询公司进行指导，调整了组织框架，引进流程化管理、绩效考核、6S管理等，但效果不是很明显。

公司高层经过多方调研，走访了国内外一些一流企业，并聘请生产管理专家进行现场诊断，发现主要问题还是在于：虽然厂房新，场地大，人员多，但生产技术落后，设备精度低，人力成本高，生产过程瓶颈多，生产流程不畅，设施布局不合理，整个生产系统浪费严重，效率低下。公司最终决定，引进精益生产模式，改造生产流程，采用自动化设备，革新制造工艺，并聘请日本专家进行现场培训指导。于是，公司抽调技术骨干，成立IE工程技术部，并成立公司精益生产领导小组，开展以提高生产效率和产品质量为目标的流程再造活动。公司首先在机械加工车间和清洗机装配车间分别改造建立了泵头生产样板线和清洗机高压泵装配样板线，经试运行后效果明显，加工周期缩短30%，人员减少40%，零件合格率提高了5%，在制品数量大幅降低。随后，公司在总结经验的基础上，在全公司全面铺开生产流程再造，又先后改造完成了所有自主加工的主要机械零件加工线，电机生产线，及多条

装配生产线，机械加工设备实现专机和数控化，生产物流实现一个流。同时，公司宁可暂停公司新办公楼的建设，抽出资金对注塑车间和压铸车间进行彻底的技术改造，全部淘汰了原来陈旧落后的设备，采用自动化程度高的新的注塑和压铸设备，全部采用机械手作业，实现自动生产。此外，公司领导坚决顶住内部压力，成立公司信息部，毫不动摇引进应用 ERP 软件，使生产系统拨乱反正，逐步走上正轨。经过短短3年时间，产品的质量明显提高，交期延误顾客投诉大幅减少，顾客又纷至沓来，生意兴隆，供不应求，一下子又成为行业老大。

工作情境描述

某公司是一个多品种、中批量生产的中低压铜制阀门制造企业，近几年公司发展迅速，但随着公司的快速成长，生产现场管理滞后的现象也日益严重，尤其是生产设备的布置是采用工艺专业化的机群式布置，内部物流紊乱，具体体现在公司在生产制造过程存在重复搬运、效率低下、在制品过多、交期延误等严重的问题，浪费十分惊人。

公司机械加工车间技术组成为在本车间实施精益生产管理的职能部门，按公司精益生产管理推进计划要求，车间在技术顾问的指导下，于2011年2月份，将具有相同工艺特征的各种同类阀门产品的阀体、阀盖、装配的生产线作为试点，进行重新策划设计，对现有生产流程进行调查，对工艺过程进行调整并对工序进行同期化，分别设计阀体、阀盖、装配制造单元的设备布置图，设计作业标准书，设计生产看板和工序传递看板。

阀门装配结构如图9-1所示。相关工艺资料见表9-1，现有设施包括锻压车间（红冲车间）、金工车间、装配车间，现有的设备布局如图9-2所示。

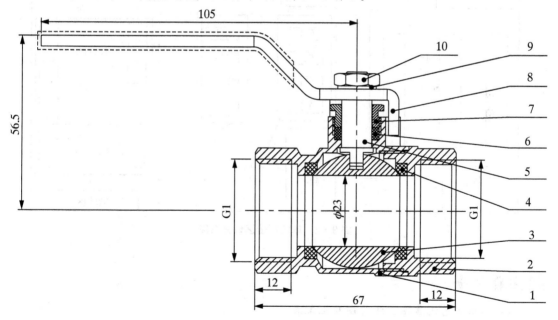

图9-1 球阀装配图

1—铜阀体；2—阀盖；3—阀球；4—密封圈；5—阀杆；
6—四氟乙烯衬套；7—压帽；8—手柄；9—弹性垫圈；10—螺母

表 9-1 球阀制造工艺流程资料表

铜阀体加工			阀盖加工			球阀装配			
工序号	工序	时间(s)	工序号	工序	时间(s)	工序号	工序	时间(s)	说明
1	锻造		1	锻造		1	装衬套、压帽	15	件1、6、7组装
2	检验		2	检验		2	装阀杆	6	件5套入
3	抛砂		3	抛砂		3	装密封圈	14	件4,用铜棒压入阀体和阀帽中
4	车一	60	4	车一	60	4	压球	7	件3,装入阀体
5	车二	50	5	车二	50	5	涂胶	5	件2,外螺纹处
6	车三	40	6	检验		6	旋阀盖	5	件2
7	检验		7	入库		7	扳紧压帽	5	件7
8	入库					8	调阀杆	8	调整至关闭位置
						9	扳紧阀盖	8	扳紧机,扭力达标
						10	密封试验	65	气压0.8MPa,60S
						11	装手柄	15	件8、9、10
						12	检验入库		

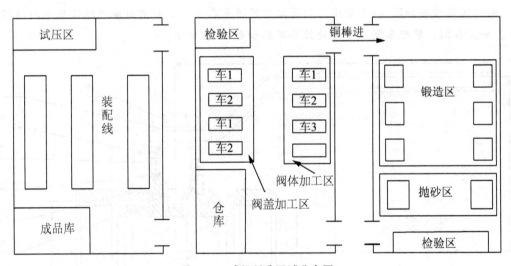

图 9-2 球阀制造区域分布图

工作任务

(1) 画出工艺流程图、线路图及记录表。

(2) 分析原工艺流程,按精益生产要求调整生产流程,提出改善方案。

(3) 重新设计绘制零件加工、装配流程图,布置作业流程,画出新的设备布置图,并进行分析。

(4) 设计零件作业标准图,确定在制品数、作业顺序、作业时间、动作设计等。

(5) 设计零件生产看板,设计加工与组装工序间传送看板,绘制设计图。

(6) 根据工序实际需要,设计其他如质量检验、刀具更换、不合格品、呼叫警示灯等目视工具。

第一单元　生产过程的空间组织和时间组织

工业产品生产过程,既要占用一定空间,又要经历一定的时间。因此,合理组织生产过程,就需要将生产过程的空间组织与时间组织有机地结合起来,充分发挥它们的综合效率。

一、生产过程的空间组织

1. 工艺专业化(又称机群式)

工艺专业化,是按生产工艺性质的不同来设置生产单位。在工艺专业化的生产单位里,集中着同种类型的设备和同工种的工人,对企业生产的各种产品进行相同工艺的加工。按工艺专业化形式组织生产单位的优点:有利于充分利用生产设备和生产面积;便于对工艺进行专业化管理和组织同工种工人的技术学习与交流;较灵活地适应品种变化的要求。其缺点:产品在加工过程中的周转环节多,运输路线长;生产周期长,占用流动资金多;各生产单位之间的协作往来频繁,使计划、在制品和质量管理等工作复杂。

这种形式适用于产品品种多,每个品种的产量小,根据订货生产的情况。这种布置形式的车间如图9-3所示。

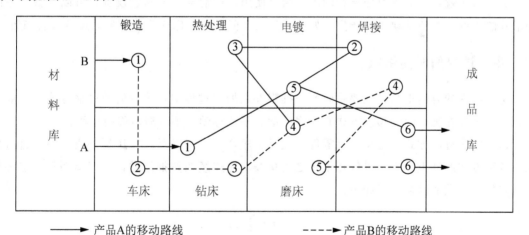

图9-3　工艺专业化布置形式

2. 对象专业化

对象专业化是按照产品的不同来设置生产单位(车间、工段、小组),即把为制造某种产品所需要的各种不同类型的设备,按加工顺序布置在一起,形成独立的生产线或生产单元。在对象专业的生产单位里,集中了为制造某种产品所需要的各种设备和各工种的工人,能独立地完成产品生产,是封闭式的生产单位,如汽车制造厂的发动机车间、齿轮车间等。其优点:产品在加工过程中,可采用先进的生产组织形式,生产周期短、运输路线短、在制品和流动资产占用量少;减小各生产单位协作往来联系,从而简化计划、调度、核算等管理工作。其缺点:在产量不大时,难以充分利用生产设备和生产面积;难以对工艺进行专业化管理;对品种变换适应能力差。所以,对象专业化形式适用于品种少、批量大的生产情况,如图9-4所示。

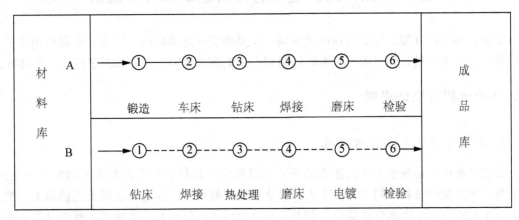

图9-4 对象专业化布置形式

3. 混合形式

混合形式就是将上述两种布置的形式结合使用。按混合形式布置设备,可以兼备上述两种形式的优点,避免其缺点的产生。如机械加工车间,将磨床作为各零件共用的设备布置。

二、生产过程的时间组织

生产过程的时间组织,主要是研究一批零件在加工过程中,采用何种移动方式。一般来说,一批零件在工序间的移动方式有顺序移动、平行移动、平行顺序移动三种。

(1) 顺序移动方式:是指一批零件在上道工序全部完工以后,才送到下道工序去进行加工。这种方式的特点在于,零件在工序之间是按次序连续的整批运送,生产周期长。这种移动方式加工周期的计算公式如下:

$$T_{顺} = n \sum_{i=1}^{m} t_i$$

式中,$T_{顺}$——一批零件顺序移动的加工周期;

n——零件批量;

m——零件加工工序数目;

t_i——第 i 道工序的加工时间。

例如,某零件的批量是 4 件,经过 4 道工序,单件工序时间分别为 $t_1=10\text{min}$, $t_2=5\text{min}$, $t_3=12\text{min}$, $t_4=7\text{min}$。若把工序间的运输、检验等时间略去不计,则该批零件的加工周期如图 9-5 所示。则

$$T_{顺}=4\times(10+5+12+7)=136(\text{min})$$

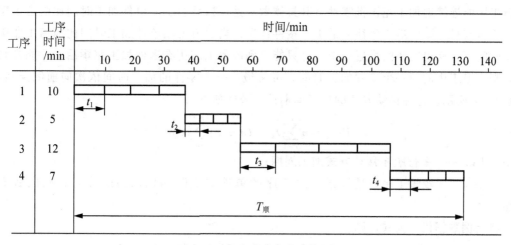

图 9-5 顺序移动方式示意图

(2)平行移动方式:是指一批零件中的每个零件在前一道工序完工后,立即传送到下一道工序继续加工,如图 9-6 所示。

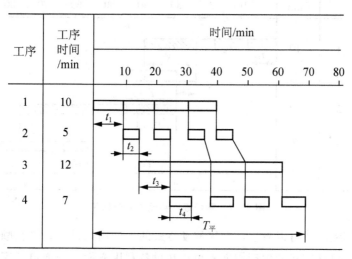

图 9-6 平行移动方式示意图

这种方式的特点是:零件在各工序之间是逐件运送,并在不同工序上平行加工。这种移动方式的加工周期的计算公式如下:

$$T_{平}=\sum_{i=1}^{m}t_i+(n-1)t_{最长}$$

式中,$T_{平}$——一批零件平行移动的加工周期;

$t_{最长}$——各道工序中最长工序的单件时间。

将上例数据代入公式，则

$$T_{平} = (10+5+12+7)+(4-1)\times 12 = 70(\text{min})$$

（3）平行顺序移动方式：它是顺序移动和平行移动两种方式的结合使用。也就是一批零件在前一道工序尚未全部加工完毕，将已加工好的一部分零件转送到下一道工序加工，并使下道工序能连续地加工完该批零件。其具体做法是，当后道工序单件加工时间比前道工序单件加工时间长，则前道工序往后道工序按件运送；当后道工序单件加工时间比前道工序单件加工时间短，后道工序的最后一个零件只能等到前道工序所有零件加工完毕后，才能开始加工，则后道工序的第一个零件加工时间，可从最后一个零件的加工时间依次向前倒推确定，如图 9-7 所示。这种移动方法的加工周期计算公式如下：

$$T_{平顺} = n\sum_{i=1}^{m} t_i - (n-1)\sum_{i=1}^{m-1} t_{较短}$$

式中，$T_{平顺}$——平行顺序移动方式加工周期；

$t_{较短}$——较短工序，是指某一道工序的单件加工时间比前道工序短，或比后道工序短。

将上例数据代入公式，则

$$T_{平顺} = 4\times(10+5+12+7)-(4-1)\times(5+5+7) = 85(\text{min})$$

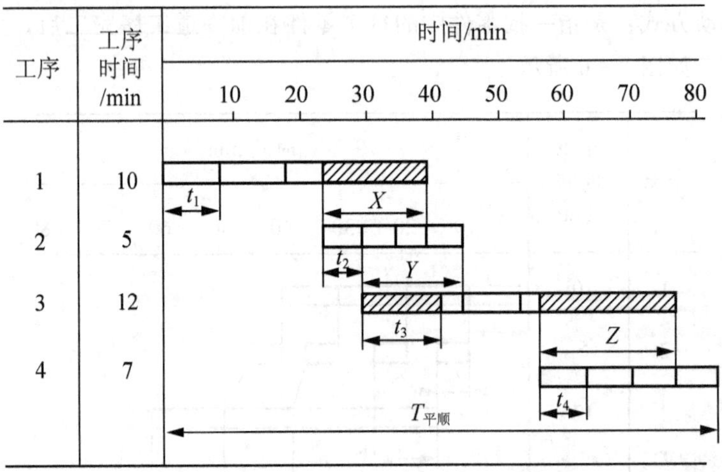

图 9-7 平行顺序移动方式示意图

从上述 3 种移动方式可以看出，顺序移动方式的生产周期最长，平行顺序移动方式的生产周期较短，平行移动方式的生产周期最短；在设备利用方面，当前道工序的单件时间大于后道工序的单件时间时，平行移动方式会产生机床停歇时间；在组织管理方面，顺序移动方式最简单，平行顺序移动方式最复杂。因此，在具体选择零件的移动方式时，应根据各自特点，结合生产的各种条件确定。当批量小、工序单件时间短，可采用顺序移动方式；当批量大、工序单件时间长，宜采用平行顺序移动或平行移动方式。对于工艺专业化的车间、工段、小组宜采用顺序移动方式；对象专业化的车间、工段、小组，宜采用平行或平行顺序移动方式。

第二单元　工业工程(IE)

一、工业工程的概念

工业工程(Industrial Engineering，IE)是一门能够最有效地运用人力资源和其他各种生产资源的管理技术。

IE 是与由人员、物料、信息、装备和能源组成的集成系统的设计、改进和设置相关的学科，它利用了数学、物理学和社会科学连同工程分析与设计的原理与方法一起组成的专门知识和技能，确定、预测和评价从这一集成系统获得的结果。IE 是一门改善的技术和方法，它能充分利用各种生产资源，排除工作中的不经济、不平衡和不合理现象，使企业能够更加顺畅、快捷、低成本地生产高质量的产品，更好地为客户提供服务。因此，IE 工业工程又称作改善效率，其基本要求就是投入要越少越好，产出要越多越好，追求的是"多、快、好、省、精、美、准"的 7 大标准。

二、IE 的特点和方法

IE 是实践性很强的应用学科，国外 IE 应用与发展情况表明，各国都可根据自己的国情（如社会文化传统、技术与管理的体制和水平等）形成富有自己特色的 IE 体系，甚至名称也可不尽相同。例如，日本从美国引进 IE，经过半个多世纪的发展，形成了富有日本特色的 IE，即把 IE 与管理实践紧密结合，强调现场管理优化；而美国则更强调 IE 的工程性。然而，无论哪个国家的 IE，尽管特色不同，其本质都是一致的。所以，我们弄清 IE 的本质，对于建立符合我国国情的 IE 学科体系具有重要意义。

（1）IE 的核心是降低成本、提高质量和生产率。

（2）IE 是综合性的应用知识体系，把技术（制造技术、工具和程序）与管理（人和其他要素的改善管理与控制）有机地结合起来。IE 的知识体系和方法如图 9-8 所示。

（3）注重人的因素是 IE 区别于其他工程学科的特点之一。IE 为实现其目标，在进行系统设计、实施控制和改善的过程中，都必须充分考虑到人和其他要素之间的关系和相互作用，从操作方式、工作站设计、岗位和职务设计直到整个系统的组织设计，IE 都十分重视研究人的因素，包括人—机关系；环境对人的影响（生理和心理等方面）；人的工作主动性、积极性和创造性、激励方法等。寻求合理配置人和其他因素，建立适合人的生理和心理特点的机器和环境系统，使人能够发挥能动作用，起到在生产过程中提高效率，安全、健康、舒适地工作，并能最好地发挥各生产要素的作用。

（4）IE 的重点是面向微观管理，从工作研究、作业分析、动作和微动作分析到研究制订作业标准，确定劳动定额；从各种现场管理优化到各职能部门之间的协调和改善管理等都需要 IE 发挥作用。

（5）IE 是系统优化技术，对各种生产资源和环节作具体的研究、统筹分析、合理的配置；对种种方案作定量化的分析比较，寻求最佳的设计和改善方案，最终追求的是系统整体效益最佳（少投入、多产出）。

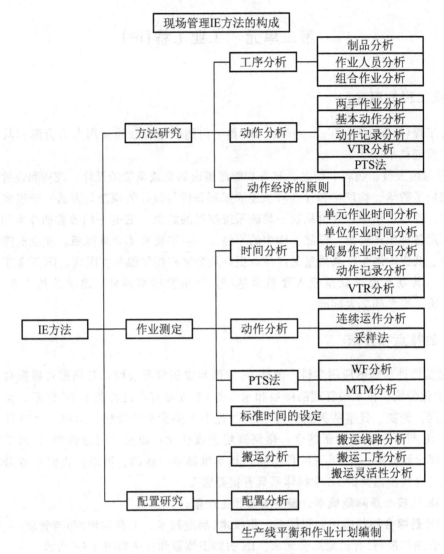

图 9-8 IE 的知识体系和方法

注：PTS 法，预定动作时间标准法；VIR 分析，录像带分析；WF 分析，作业要素分析；MTM 分析，方法时间测量分析。

三、程序分析

1. 基本概念

（1）程序分析定义：程序分析以整个作业过程为对象，研究分析一个完整的作业过程，从第一工作地到最后一个工作地有无多余或重复的作业、程序是否合理、搬运是否太多、等待是否太长等，进一步改善工作程序和工作方法。

（2）程序分析的目的。

① 取消不必要的、有潜在问题的程序（工艺、操作、动作）。

② 合并一些过于细分或重复的工作。

③ 找出停止、等待、空闲、白干的工时。
④ 把握作业顺序，各工序的大约时间以及工序的平衡状态。
⑤ 改变部分操作程序，以避免重复。
⑥ 调整布局，以节省搬运。
⑦ 重排和简化剩余的程序，重新组织一个效率更高的程序。

(3) 程序分析的内容。

程序分析包括工艺流程分析和线路分析。具体内容有：操作分析、搬运分析、检验分析、储存分析、等待分析、动作分析。

2. 程序分析技巧

按照工作研究实施的基本程序，一个十分重要的步骤是记录现行方法的全部事实。整个改进能否成功，取决于所记录事实的准确性，因为这是严格考查、分析与开发改进方法的基础。

1) 流程分析符号

(1) ○：表示操作。为工艺过程、方法或工作程序中的主要步骤，如搅拌、机加工、打字等。操作是使产品接近完成的一切活动之一，因为无论是机加工、化学处理或装配，总是把物料、零件或服务向着完成推进一步。

(2) ⇒：表示搬运、运输。为工人、物料或设备从一处向另一处的移动。

(3) □：表示检验。为对物体的品质或数量及某种操作执行情况的检查。

(4) ▭：表示暂存或等待。为事情进行中的等待，如前后两道工序间处于等待的工作、零件；等电梯；公文等候批示；等待开箱的货箱。

(5) ▽：表示受控制的储存。为物料在某种方式的授权下存入仓库或从仓库发放，或为了控制目的而保存货品。

(6) ◇：这是在原来五种符号的基础上派生出的符号。表示同一时间或同一工作场所由同一人执行着操作与检验的工作。

2) 程序分析技巧

掌握了记录符号和记录技术后，就要应用分析技术对记录的全部事实进行分析。分析技巧包括以下几点。

(1) 分析时的六大提问（提问技术）

为了使分析能得到最多的意见，而不致有任何遗漏，最好按提问技术依次进行提问。

完成了什么？	要做这，是否必要？	有无其他更好的成就？
何处做？	要在此处做？	有无其他更合适的地方？
何时做？	为什么要此时做？	有无其他更合适的时间？
由谁做？	要此人做？	有无其他更合适的人？
如何做？	要这样做？	有无其他更合适的方法？

提问技术在国外又称为 6 W 技术，或 5 W 1 H 技术，这是因为相应的每一提问都有一个字母 W，如：What 完成了什么？Where 何处做？When 何时做？Who 由谁做？How 如何做？Why 为什么要这样做？

当进行流程分析时,以上问题必须有系统的一一询问,这种有系统的提问技巧是流程分析成功的基础,一定不能有任何疏忽。上述提问的前两项(左边与中间)目的在于了解现行的情况,以便对右边的问题提出建设性的新意见。

(2) 分析时的"ECRS"四大原则。

对现行的方案(工作)进行严格考核与分析的目的是为了建立新方法,在建立新方法时,要灵活运用下列4项原则。

① 取消(Elminate)。在经过"完成了什么?"、"是否必要?"及"为什么?"等问题的提问,而不能有满意答复的都是非必要的,应该取消。取消为改善的最佳效果,如取消不必要的工序、操作、动作,这是不需投资的一种改进,是改进的最高原则。

② 合并(Combine)。对于无法取消而又必要的,看是否能合并,以达到省时简化的目的。如合并一些工序或动作,或将由多人于不同地点从事的不同操作,改为由一人或一台设备完成。

③ 重排(Rearrange)。经过取消、合并后,可再根据"何人、何处、何时"三提问进行重排,使其能有最佳的顺序,除去重复,办事有序。

④ 简化(Simple)。经过取消、合并、重排后的必要工作,就可考虑能否采用最简单的方法及设备,以节省人力、时间及费用。即通过提问技术,首先考虑取消不必要的工作(工序、动作、操作);其次是将某些工序(动作)合并,以减少处理的手续;再次,是将工作台、机器以及储运处的布置重新调整,以减少搬运的距离。可能要变更操作或检验的顺序,以避免重复。最后,可以用最简单的设备、工具代替复杂的设备、工具,或用较简单、省力、省时的动作代替繁重的动作。

(3) 分析时的五个方面

由于记录是从以下五个方面进行的,所以分析也可从五个方面着手。

① 操作分析。这是最重要的分析,它涉及到产品的设计。如产品设计做某些微小变动,很可能改变整个制造过程;或通过操作分析省去某些工序;减少某些搬运;或合并某一工序,使原需在两处进行的工作,合并在一处完成等。

② 搬运分析。搬运问题需考虑搬运重量、距离及消耗时间。而运输方法和工具的改进,可减少搬运人员的劳动强度和时间的消耗;调整厂区或车间,或设备的布置与排列可缩短运送的距离与时间等。

③ 检验分析。检验的目的是为了剔除不合格的产品,应根据产品的功能和精度要求,选择合理适宜的检验方法及决定是否需设计更好的工夹量具等。

④ 储存分析。储存分析应着重对仓库管理、物资供应计划和作业进度等进行检查分析,以保证材料及零件的及时供应,避免不必要的物料的积压。

⑤ 等待分析。等待应减至最低限度,要分析引起等待的原因,如由设备造成的原因,则可从改进设备着手。

实际分析时,应对以上五个方面按照提问技术逐一进行分析,然后采用取消、合并、重排、简化四大要点进行处理,以寻求最经济合理的方法。

(4) 流程分析时的动作经济原则

动作经济原则在流程分析时有极大的作用,应根据动作经济原则建立新方法并不断加以应用。根据国内外经验,应用动作经济原则,可在同样或更少的努力下获得更多的产值。

(5) 流程分析的六大步骤

在进行工作研究时,最初碰到的问题往往是流程分析,其步骤如下。

① 选择。选择所需研究的工作。

② 记录。用程序分析的有关图表对现行的方法全面记录。

③ 分析。用"5W1H"提问技术,对记录的事实进行逐项提问;并根据"ECRS"四大原则,对有关程序进行取消、合并、重排、简化。

④ 建立。在以上基础上,建立最实用、最经济合理的新方法。

⑤ 实施。采取措施使此新方法得以实现。

⑥ 维持。坚持规范及经常性的检查,维持该标准方法不变。

3. 工艺流程分析

1) 工艺流程分析的意义与内容

(1) 工艺流程分析的意义。

工艺流程分析是对现场的宏观分析,把整个生产系统作为分析对象,分析的目的是改善整个生产过程中不合理的工艺内容、工艺方法、工艺程序和作业现场的空间配置,通过严格的考查与分析,设计出最经济合理、最优化的工艺方法、工艺程序、空间配置。

(2) 工艺流程图的内容。

① 工艺流程图含有工艺程序的全面概况及各工序之间的相互关系,并根据工艺顺序编制,且标明所需时间。

② 工艺流程图能清晰地表明各种材料及零件的投入,因此可作为制订采购计划的依据(可知材料及外购件需何时购入,才能满足需要)。

③ 工艺流程图还包含各生产过程的机器设备、工作范围、所需时间及顺序。因此工艺流程图在进行程序分析时,可提供以下内容。

a. 各项操作及检验的内容及生产线上工位的设置。

b. 原材料的规格和零件的加工要求。

c. 制造程序及工艺布置的大概轮廓。

d. 所需工具和设备的规格、型号和数量。

因而工艺流程图也提供了生产所需的投资数额及产品的生产成本。从而能清楚地了解到关键问题所在,以及它在整个制造程序中所占的地位,以便发现问题,并进行改进。

2) 工艺流程图的构成

在工艺流程图绘制之前,必先掌握充分的资料,如产品的工艺过程(加工工艺、装配工艺)、原材料(或零件)的品种、规格、型号及每一工序的时间等。

在工艺流程图中,其工艺程序的顺序以垂线表示,而以水平线代表材料(或零、部件)的引入,无论是自制件还是外购件,均以水平线导引入垂直线,参入行列,工艺流程图的绘制原理如图9-9所示。

现以一开关转子的加工、装配为例绘制其工艺程序图。

图9-10为开关转子装配图。其由轴1、停挡2及模压塑料体3组成。加工装配工艺如下。

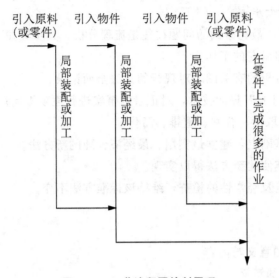

图 9-9 工艺流程图绘制原理

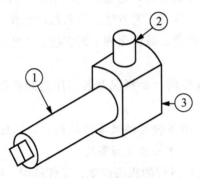

图 9-10 开关转子

(1) 轴。材料为铜棒料,直径 10mm。

操作 1:在转塔车床上车端面、肩面并切断(0.025h)。

操作 2:在同一车床上车另一端面(0.010h)。此操作后,工件送去检查。

检查 1:检查尺寸和表面粗糙度(不计算时间)。然后将工件从检查处送铣床。

操作 3:在卧式铣床上跨铣端部的 4 个平面(0.070h)。将工件送往钳工台。

操作 4:在钳工台去毛刺(0.020h)。工件送回检查处。

检查 2:机械加工的最终检查(不规定时间)。工件送往电镀车间。

操作 5:去除油污(0.0015h)。

操作 6:镀镉(0.008h)。工件送回检查处。

检查 3:最终检查(不规定时间)。

(注:由于检查员是计时工作的,因此检查不需专门规定时间)。

(2) 模压塑料体。体上已有与纵、横线同心的孔。

操作 7:在转塔车床上车两边,镗孔并铰至尺寸(0.080h)。

操作 8:在双轴台钻上钻横孔(放停档用)并去毛刺(0.022h)。送检查处。

检查 4:检查最终尺寸与表面粗糙度(不规定时间)。然后送至零件轴处。

操作 9:把模压体装入轴的小端(0.020h)。

(3) 停档。由直径为 5mm 的圆钢制成。

操作 10：在转塔车床上车出柄部，倒角并切断(0.025h)。

操作 11：在砂轮机上去除尖头(0.005h)。送检查处。

检查 5：检查尺寸与表面粗糙度。送电镀车间。

操作 12：去除油污(0.0015h)。

操作 13：镀镉(0.006h)。送检查处。

检查 6：最终检查(不规定时间)，检查合格后，送往成品零件部等待装配。

操作 14：将停档装入模压体(装配件)，轻轻铆合，使其固定在位置上(0.045h)。

检查 7：最终检查完成的部件(不规定时间)，然后送成品零件库。

绘制其工艺流程图时(图 9-11)，从右边开始，从上往下垂直地表示装配件中主要元件或零部件所进行的操作和检查(本例中以轴为例)，以 h 计单件时间，标明在操作的左边。检查员是计时工作的，因此检查不需专门规定时间。操作、检验的内容表示在符号的右边。模压体的操作与检验画在轴加工路线旁边的垂线上，用水平线引入，它是装到轴上的第一个零件。停档加工线画在模压体的左边。若有多个零件均从右向左，按其在主要件上的装配顺序，依次序排列。符号之间的垂直短线约 6mm。

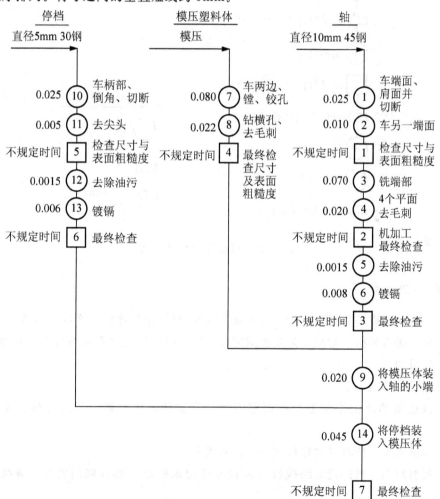

图 9-11 开关转子的工艺流程图

由图 9-11 可看到：操作和检验均按加工装配的先后次序从 1 开始编号，如表示各零件与主要零件的装配，可从那些零部件的操作水平线接到主要操作线的适当位置。顺着编号可以很清楚地看到 3 个零件的加工与装配。

工艺流程图可以了解产品制造过程的各工序顺序及各工序的工时，为进一步对流程进行分析研究，流程图还可以详细记录除工序操作、检验外的搬运、储存情况，特别是用于分析其搬运距离、暂存、储存等"隐形成本"的浪费。所以，一般的流程图由操作、检验、搬运、暂存、储存 5 种符号组成。流程程序图依其研究的对象可分为如下两类。

（1）材料或产品流程程序图（物料型）。说明生产或搬运过程中，材料或零件被处理的步骤。

（2）人员流程程序图（人型）。记载操作人员在生产过程中一连串的活动。

人型流程程序图举例：用量规核对工件尺寸，如图 9-12 所示。

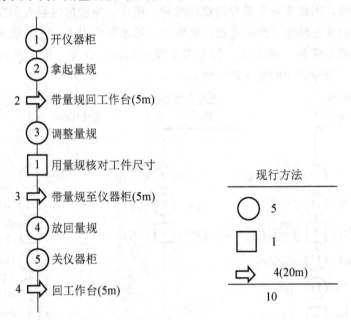

图 9-12 用量规核对工件尺寸

4. 线路图分析

线路图以作业现场为对象，用以对现场布置及物料（包括零件、产品、设备）和作业者的实际流通路线进行分析，常与工艺流程图配合使用，以达到改进现场布置和移动路线，缩短搬运距离的目的。

线路图绘制要点如下。

（1）以近似的比例绘制工厂的简图或平面布置图，将机器、工作台相对位置绘制于图上。

（2）将流程图上所有的动作以线条或符号表示。

（3）将材料与人员的流通路线按照流程程序记录的次序和方向用实线、虚线或点划线表示。

（4）可用不同颜色的线条表示不同流程或不同搬运方法。
（5）各项动作发生的位置用符号及数字标示。

例：某厂仓库的平面布置的改进方案。

1）记录

采用线路图与工艺流程图结合，记录接收、检查、清点、入库的过程。其工作的顺序为：从送货车上卸下装飞机零件的箱子（零件又分别装在纸盒内），箱子从送货车尾部的一块斜板上滑下，滑向"开箱处"，并一一码垛起来，等待开箱。开箱时将其搬下，取出送货单，把箱子一一装上手推车，推到接收台，并放于地上。稍等片刻，开箱，零件逐件从纸盒中取出，对照送货单点数。然后放回纸盒。又将纸盒放入箱内，再把箱子搬到接收台的另一边，等待运往检查台。到检查台，箱子仍放在地上等待检查。检查时又必须将纸盒从箱中取出，零件逐件从纸盒中取出，逐件检查、测量，放回纸盒再放回箱内。等待片刻，将箱子运往点数台。拆箱、开纸盒、点数，重新放进纸盒及箱内，再次等待，用手推车运到零件架上储存，等待送装配车间。依据上述流程绘制路线图（图9-13），制作流程图及记录表（表9-2）。

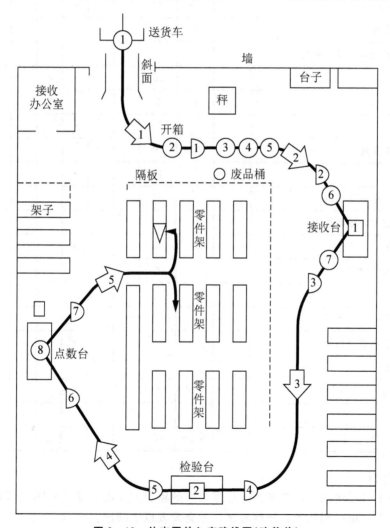

图9-13 外来零件入库路线图（改善前）

表 9-2 外来零件入库流程记录表(改善前)

说 明		数量(箱)	距离(m)	时间(min)	符 号 ○ ⇒ □ □ ▽					备 注
1	从货车卸下,置于斜板上		1.2							2人
2	在斜板上滑下		6	10						2人
3	滑向储藏处并码垛		6							2人
4	等待启封		—	30						
5	卸箱垛									
6	移开盖子,交付票据取出		—	5						2人
7	置于手推车		1							
8	推向收货台		9	5						2人
9	从推车上卸下		—	10						
10	置箱于工作台		1	2						
11	从箱中取出纸盒,启封检查									
12	重新装箱			15						仓库员
13	置箱于手推车上		1	2						2人
14	待运		—	5						
15	运向检查工作台		16.5	10						1人
16	待检			10						箱在车上
17	从箱和盒中取出T形块		1	20						检查员
18	对照图纸检查,然后复原									
19	等待搬运工		—	5						箱在车上
20	推至点数工作台		9	5						1人
21	等待点数		—	15						箱在车上
22	从箱和盒中取出T形块			15						仓库工
23	在工作台上点数及复原									
24	等待搬运工		—	5						箱在车上
25	运至分配点		4.5	5						1人
26	存放									
共 计			56.2	174	2	11	7	2	1	

2) 考察分析

从线路图中可以看到,零件箱在运往零件架的路上兜了圈。从流程图上可以看到物品进仓库的各种程序,用提问技术,严格考察,就会发现以下问题。

问:第二个操作是码垛,第三个操作是卸箱,既然要卸箱为什么又要码起来?

答：因为卸车比办接收快，为避免地上到处都是箱子，只好码起来。
问：接收、检查、点数的地方为什么离得那么远？
答：无意中安置在那里的。
问：有无更好的办法？
答：可以放在一起。
问：应放在何处？
答：可放在接收台处。
问：为什么物品要绕一圈才能放到零件架上？
答：因为储存处（零件架）的门在检查台的那边。
如果再继续考查，还会发现其他问题。

3）改进

图 9-14、表 9-3 为工作研究人员提出的解决办法。图中可以看到，在接收台的对面开了一个进库的新入口，使箱子可沿最短路线运进库房。新方法是：箱子从送货车滑下滑板，直接放到手推车上，并送到开箱处。就在车上开箱，取出送货单。然后运到收货台，等待片刻，打开箱子，把零件放到工作台上，对照送货单点数并检查。检查与点数的工作台现已布置在收货台旁，因为可以用手传递零件来检查、测量并点数。最后，把零件放回纸盒，重新装箱，运入仓库放置于零件架上。

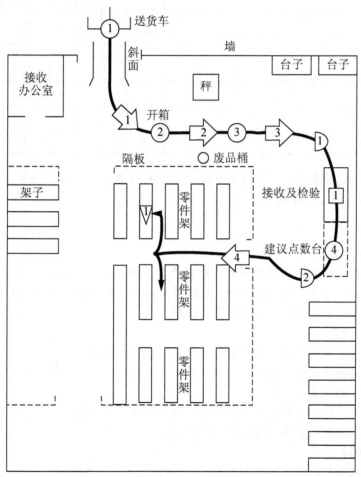

图 9-14 外来零件入库路线图（改善后）

表9-3 外来零件入库流程图表(改善后)

说 明	数量(箱)	距离(m)	时间(min)	符 号 ○	⇒	▭	□	▽	备 注
1 从货车卸下，置于斜板上			1.2						2人
2 在斜板上滑下		6	5						2人
3 置于手推车上			1						
4 推至启箱处		6	5						
5 移开箱盖		—	5						
6 推向收货台		9	5						
7 等待卸车		—	5						
8 从箱中取出纸盒，打开									
9 并将T形块放在工作台上			20						检查员
10 进行点数及检查									
11 点数及重新装箱									仓库员
12 等待搬运工		—	5						
13 运至分配点		9	5						
14 存放库		—	—						1人
共 计		32.2	55	2	6	2	1	1	

由流程图可见，检查已从2次减为1次，运输从11次减为6次，而等待则从7次减为2次，运输的距离从56.2m减到32.2m。

5. 操作分析

1）操作分析定义

通过对以人为主的工序的详细研究，使操作者、操作对象、操作工具三者科学地组合，合理地布置和安排，达到工序结构合理，减轻劳动强度，减少作业的工时消耗，提高产品的质量和产量的目的而进行的分析，称为操作分析。

2）操作分析的目的

（1）使操作者、操作对象、操作工具得到最佳布局与安排。

（2）减轻劳动强度，减少作业的工时消耗。

（3）提高产品的质量和产量。

（4）把握人和机器的负荷以便合理调配，减少空闲等待时间。

（5）把握人和机器的负荷随时间变化的情况。

3）操作分析种类

（1）双手操作分析。

(2) 人—机操作分析。

(3) 联合操作分析。

4) 人机操作程序分析实例

在立式铣床上精铣铸件时的原人机操作情况如图9-15所示，改善后的人机操作情况如图9-16所示。由图可见，重新安排工作后，不需增加设备工具，仅在2min内就节省了工时0.64min，提高工作效率32%。

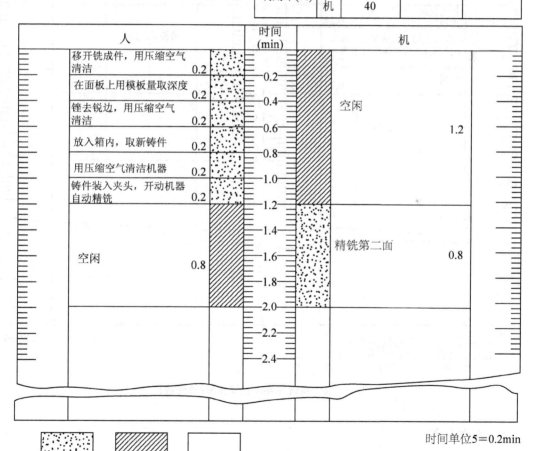

图9-15 精铣铸件人机操作图(改进前)

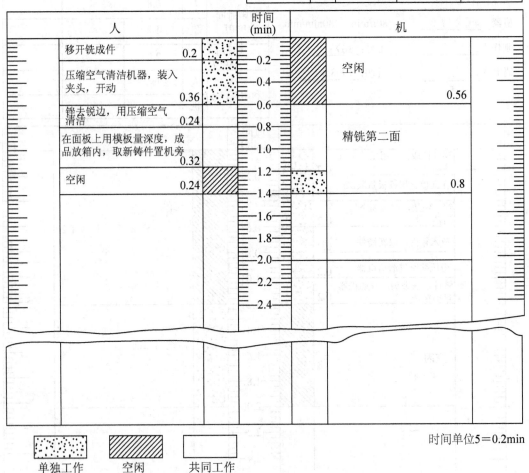

图 9-16 精铣铸件人机操作图(改进后)

6. 动作分析

1) 动作分析

工序作业是由多个动作复合而成的,通过动作分析进行动作改善是工序作业改善的重要方法。动作的 3 个要素是：动作方法、作业场所和机器(夹具)。动作分析是在作业流程决定后，对人的各种动作进行细微的分析，通过简化或消除工作中不必要的动作，设定较好的动作顺序或组合方法，以寻求省力、省时、安全和经济有效的动作。

(1) 动作分析的具体目的。

① 设计、改进能减轻疲劳程度而又安全的作业系统。通过删去不合理的动作和多余的动作，把必要的动作很好地组合起来，排列成序，使操作更安全、更能减轻疲劳、更经济有效。

② 简化操作。把操作复杂的动作进行分解，以组成更容易的动作。

③ 对机器和工艺装备进行选择和改进。为完成容易而准确的动作，要创造各种必要的条件，特别是选择合适的工艺装备(以下简称"工装")和机器，使之与人的动作相适应，取得改进或设计资料。

④ 努力发现闲余时间，删去不必要的动作，减少不必要的操作量，为工作测量提供准确的计算资料。

⑤ 确定动作理想顺序，为制订作业标准提供资料。

(2) 动作分析方法按精确程度不同，分为下列几种。

① 目视动作分析。通过对操作者左右手的动作进行观察，并用一定的符号按动作顺序如实地记录下来，然后进行分析，提出改进操作的意见。由于每项动作的时间都很短，目视动作分析一般只适用于比较简单的操作活动。

② 影像动作分析。使用摄影设备将各个操作动作拍摄下来，然后放映，进行分析。它不仅可以记录人的全部操作活动，而且事后可以根据分析的需要反复再现。因此，影像分析是一种常见、有效的研究方法。

③ 动作要素分析。将人在作业中的动作分解为最基本的动作单位(动作要素)，然后加以逐项分析，以获得较高效率的工作方法。

(3) 动作分析的 4 个步骤。

① 观察和记录作业动作，将作业动作分解成若干个动作要素。

② 动作价值分析。根据动作要素对工序作业的贡献进行分类，根据价值判断发现动作浪费。

③ 消除动作浪费，优化动作。对于无价值的动作要素，应尽量消除；对于有价值的动作要素应尽量使之做得更轻松、更快、更好。

④ 重新编排岗位作业。根据改善的动作设定优化后的标准动作，使岗位作业更顺畅、有效。

(4) 动作要素及其分类。研究发现，工业生产中员工作业常用的动作要素(简称动素)有 18 种，见表 9-4，根据其对岗位作业的贡献可分为 A、B、C 三类，即有效动素、辅助动素和消耗性动素三类。

表 9-4 常用动作要素

分类	序号	动素名称	缩写	形象符号	说明
有效动素	1	伸手(Transport Empty)	TE	⌣	空手移动接近或离开目标
	2	握取(Grasp)	G	∩	用手指握住目的物
	3	移物(Transport Loaded)	TL	ω	手持物从一处移至另一处
	4	放手(Release Load)	RL	o	从手中放下目的物
	5	装配(Assemble)	A	#	将两个以上目的物组合起来
	6	使用(Use)	U	U	使用工具或手进行操作
	7	拆卸(Disassemble)	DA	⊥⊥	分解两个以上的目的物
辅助动素	8	寻找(Search)	SH	○	用视觉等感官确定目的物的位置
	9	选择(Select)	ST	→	从许多目的物中选取一件
	10	定位(Position)	P	9	将物体放置于所需的正确位置
	11	预定位(Pre-Position)	PP	8	定位前先将物体安置到预定位置
	12	检验(Inspect)	I	○	将目的物与规定标准进行比较
	13	持住(Hold)	H	∩	手握物并保护静止状态
	14	发现(Find)	F	◎	发现东西时的眼睛的形状
消耗性动素	15	计划(Plan)	PN	ρ	决定下一操作步骤所作的思考
	16	迟延(Unavoidable Delay)	UD	⌒	不可避免的停顿
	17	故延(Avoidable Delay)	AD	⌒	可以避免的停顿
	18	休息(Rest)	R	ρ	因为疲劳而停止工作,以便再恢复

2) 动作经济原则

动作经济原则是动作改善的基本原则,适用于人的全部作业。动作经济原则最先是由吉尔布雷斯首创,是通过对人体动作能力的研究,创立的一系列能最有效发挥人的能力,同时使作业者疲劳度最小、动作迅速、容易、有效的动作设计和改善原则。

动作经济原则归纳为 10 条:①双手的动作应同时而且对称。②人体的动作应以尽量应用最低级而又能得到满意的结果为妥。③尽可能利用物体的动能,曲线运动较方向突变的直线运动要好,弹道式运动较受控制的运动要快,动作尽可能有轻松的节奏。④工具、物料应置于固定处所及工作者前面的近处,并依最佳的工作顺序排列。⑤零件、物料应尽可能利用其重量坠送至工作者前面的近处。⑥应有适当的照明,工作台和坐椅式样及高度应使工作者保持良好的姿势,坐立适宜。⑦尽量解除手的工作,而以工具或脚踏工具代替。⑧可能时,应将两种或两种以上工具合并为一。⑨手指分别工作时,应按各个手指的特点合理分配负荷;手柄的设计,应尽可能增大与手的接触面;机器上的杠杆、手轮的位置,尽可能使工作者少变动其姿势。⑩工具及物料应尽可能事前定位。

动作经济原则包括肢体使用原则、作业配置原则和机械设计原则三大方面。

(1) 肢体使用原则。人是运用肢体进行工序作业的,所以,肢体的使用必须符合动作经济原则。

肢体使用原则的目的是使动作轻松有节奏,主要方法是:①作业时双手同时开始、结束动作;②作业时双手对称反向运用;③以最低等级的动作进行作业;④使员工动作姿势稳定;⑤运用连续圆滑的曲线动作;⑥利用物体惯性;⑦减少动作注意力;⑧使动作有节奏。

(2) 作业配置原则。工序作业过程中需要使用工具、材料和量具等,上述物品在现场的摆放状态直接影响作业的负荷。所以,作业配置必须符合动作经济原则。

实现作业配置原则的主要方法是:①材料、工装要定点、定容、定量;②材料、工装预置在小臂范围内;③材料、工装取放简单化;④物品水平移动;⑤利用物品自重进行工序间传递;⑥作业高度适宜,便于操作;⑦岗位照明度符合作业注意力的需要。

日本专家根据专业研究和企业实践提出,工序作业中员工取放材料时手移动的距离在30厘米以内是可以接受的,否则就必须考虑改善;员工寻找所需物品的时间在5秒以内是可以接受的,否则就必须考虑改善。

① 最适合区域和适合区域原则。在作业配置原则的指导下,最有效的配置效果是:做到员工在工序作业时手动脚不动,即将物品配置在伸手可及的范围内。

在作业岗位上,以人的肘关节为圆心、以前臂为半径的范围为作业的最适合区域,以人的肩关节为圆心、以整个手臂为半径的范围为作业的适合区域,如图9-17所示。岗位作业用到的工具、材料和量具等物品尽可能配置在最适合区域或适合区域,以使员工作业时伸手可及,降低作业强度。

图9-17 最适合区域和适合区域原则图

② 三角形原理。在作业配置原则的指导下,运用三角形原理能够衡量配置的实际效果。在岗位作业过程中,作业点、工具和零件三个位置构成三角,如图9-18所示。此三角形面积越小,或岗位作业的所有三角形叠加面积越小,则作业效率越高。

③ 机械设计原则。设备、工装夹具和工具是工序作业的重要硬件,其设计、配备必须遵循动作经济原则。

机械设计原则的具体内容是:用夹具固定产品及工具;使用专用工具;将两种工装合并为一个;使工装便利化,使之与人体动作更协调,减轻疲劳程序;机械操作动作相对稳定,操作程序流程化、标准化;控制程序与作业程序之间相配合。例如,遵循机械设计原则,将工具的手柄做成容易抓握的形状。在设备操作程序流程化、标准化方面考虑以下要点:使操作位置相近并集中；让机械尽量减少或脱离人的监控和辅助；开关位置可兼顾下一道工序；工件自动脱落，消除人的取卸动作；检测自动化；保证作业安全；设备小型化；使员工容易进行作业准备。

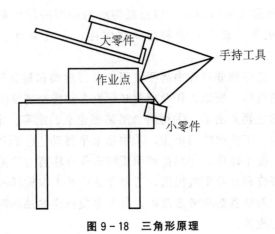

图 9-18　三角形原理

四、时间研究和标准时间

1. 时间研究的定义、用途

1) 时间研究的定义

时间研究是一种作业测定技术，旨在决定一位合格的操作者，在标准状况下，对一特定的工作以正常的速度操作所需要的时间。即通过对具有重复性的人工操作进行直接观测，以确定标准时间(工时定额)的一种研究技术。

时间研究中应确保以下内容。

(1) 作业者是训练有素的，具有平均的技术水平和技能。

(2) 作业在标准状态下进行。标准状态指：标准的作业方法、标准的动作、正常的工作速度等。

2) 时间研究的用途

(1) 决定作业标准时间，以控制人工成本。

(2) 寻找作业中的问题点。找出过长的作业时间，以及作业中白干的时间，调查作业时间的波动程度，改善作业方法，使作业时间波动程度小，并标准化。

(3) 用于比较两个以上作业方法的优劣与否。

① 同一结果，但不同作业方法的比较。

② 作业改善前后的比较。

③ 不同作业人员，相同作业方法的比较。

④ 把握作业人员的熟练程度。

(4) 制订标准时间作为工资制度的依据。

(5) 决定工作日程及工作计划。

(6) 决定标准成本，并作为标准预算的依据。

(7) 决定机器的使用效率，并用以帮助解决生产线的平衡。

3) 时间研究的方法

时间研究也称为秒表时间研究、直接时间研究或密集抽样时间研究,即采用抽样技术进行研究。密集抽样调查是在一段时间内,利用秒表连续不断地观察操作者的作业,并进行记录。

时间研究的工具如下。

(1) 秒表:用以测定时间。

(2) 观测板:用以夹持时间研究表格。

(3) 时间研究表格:用以记录观测结果以及统计分析。

(4) 其他工具:如计算器、笔,必要时还包括测量距离和速度的仪器。

2. 工时消耗及标准时间

1) 工时消耗及其分类

要使用工业工程的时间研究方法来分析与研究作业时间消耗,首先要能清楚地辨识作业中各类时间及概念的界定。工人在生产中的工时消耗,可分为定额时间和非定额时间两大部分,其构成情况如图 9-19 所示。

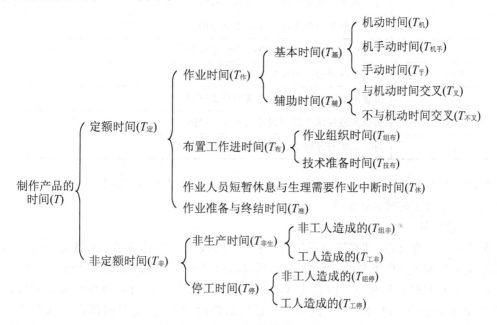

图 9-19 工时分类示意图

为了简洁明快地识记上述代号示意图,更好地了解具体含义。对图 9-18 中各类时间概念界定见表 9-5。

表 9-5 工时类别概念界定

工时类别	概念界定
$T_{定}$	完成职责内工作必需的劳动时间
$T_{作}$	直接用于完成生产任务、实现工艺过程所消耗的时间
$T_{基}$	直接完成基本工艺过程所消耗的时间

续表

工时类别	概念界定
$T_{辅}$	为实现基本工艺过程而进行的各种辅助操作所消耗的时间,与机动时间交叉的辅助时间不应计入定额时间内
$T_{机}$	不需工人直接操纵,而由机器自动完成作业的时间
$T_{机手}$	由工人直接操纵机器完成作业的时间
$T_{手}$	由工人用手工或简单工具完成作业的时间
$T_{布}$	工人照管工作地,使工作地经常保护正常工作状态所需要的时间
$T_{组布}$	上班的准备工作或交接班工作等所消耗的时间(如上班领工具、图纸、准备材料;下班擦机床、整理工具、清理铁屑、加润滑油等)
$T_{技布}$	由于技术上的需要,用于照料工作地的时间(如:更换刀具、调整机床、磨刀具等)
$T_{休}$	工人为了解除疲劳而在工作中进行短暂休息以及生理需要的时间消耗
$T_{准}$	为了完成一批产品或一项工作,事前准备和事后结束工作所消耗的时间
$T_{非}$	与完成生产作业无关的不必要的时间
$T_{非生}$	工人进行职责以外的工作或不必要的工作损失的时间
$T_{组非}$	由管理上的缺憾造成的非生产作业时间
$T_{工非}$	由工人本身过失造成的非生产作业时间
$T_{停}$	由管理不善或其他原因造成的停工时间
$T_{组停}$	由管理或技术上的原因造成的停工时间
$T_{工停}$	由工人本身原因造成的中断停工时间

时间研究就是基于工时分类对作业过程中发生的全部时耗进行测量,然后对定额时间逐项加以标定来确定时间定额标准。

2) 标准时间

标准时间的含义是:"在适宜的操作条件下用最合适的操作方法,以普通熟练工人的正常速度完成标准作业所需要的劳动时间"。标准时间是由正常时间加宽放时间而得到的。

(1) 正常时间,是操作者以其速度稳定工作且无停顿或休息所需的时间。正常时间是由最初用秒表测得的时间,即观测时间,经对观测时间评比(就是时间研究人员将所观测到的操作者的操作时间,与自己理想的正常时间作一想像的比较)、修正(评比因数)而得到的。

(2) 宽放时间,是指在生产过程中进行非纯作业所消耗的附加时间,以及补偿某些影响作业的时间,如用于补偿个人需要、不可避免地延迟以及由于疲劳而引起的效能下降。它是标准时间的组成部分之一,而非指所消耗的时间。宽放时间一般分为以下5种:私事宽放、疲劳宽放、程序宽放、特别宽放及政策宽放。日本学者山内功著《管理手册》中规定的宽放率:私事宽放,一般情形时,宽放率多为5%;疲劳宽放,轻作业的宽放率为5%～10%,重作业的宽放率为20%～30%,特重作业的宽放率为30%～60%等。

标准时间的构成如图9-20所示。

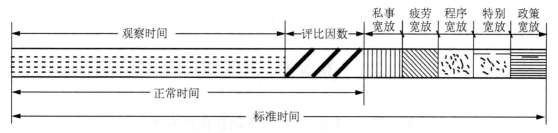

图 9-20　标准时间的构成

标准时间需要通过方法研究和作业测定求得某一标准作业所需时间的一个唯一量值。测定标准时间的主要方法有：时间分析法、连续观测法、瞬时观测法、预定时间标准法、标准资料法等。标准时间主要用于确定作业或产品制造的工作量，编制生产、成本计划，制订工作标准，以便改进工作。

标准时间常用的计算公式：

$$T_S = T_N(1+A) \tag{9-1}$$

式中，T_S——标准时间；
　　T_N——正常时间；
　　A——宽放率。

标准时间的计算步骤可以凝缩为框图，如图 9-21 所示。

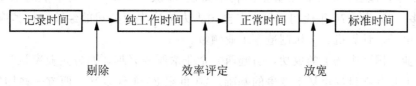

图 9-21　标准时间的计算步骤框图

3）工时定额

工时定额是劳动定额标准中的一种。标准时间是制订工时定额的依据。一般来讲，"现行定额"往往就是标准时间，当上级下达规定的工时定额时，有了标准时间，就可以知道自己单位的标准时间与上级下达定额的差异，做到心中有数。

4）工时定额计算实例

车轴套外圆共有 9 个操作单元：①取零件并安装在心轴上；②取垫圈螺母装在心轴上拧紧；③开动主轴；④移动刀架并对刀；⑤车削；⑥退刀；⑦停车，退刀架；⑧拧下螺母，拿下垫圈；⑨拿下零件并放入零件箱。进行秒表测时，结果为：$T_{定}=480\text{min}$，$T_{作}=420\text{min}$，$T_{布}=30\text{min}$，$T_{休}=30\text{min}$；测时正常时间为：$T_N=1.4067\text{min/件}$；计算工时定额和班产量定额。

解析：根据式(9-1)计算工时定额为：

$$T_S = T_N(1+A_1+A_2) = \left[1.4067 \times \left(1+\frac{30}{420}+\frac{30}{420}\right)\right] = 1.6077\text{min/件}$$

$$班产量定额 = \frac{T_{定}}{T_S} = \left(\frac{480}{1.6077}\right)件 = 298.6 \text{ 件}$$

或

$$班产量定额 = \frac{T_{作}}{T_N} = \left(\frac{420}{1.4067}\right)件 = 298.6 \text{ 件}$$

知识拓展

精益生产管理

第一节　JIT 生产方式（准时化生产方式）

一、JIT 生产方式的产生和发展

准时化生产方式（Just In Time，JIT）是日本在 20 世纪五六十年代研究和实施的新型生产管理方式，它由丰田英二和大野耐一于 1953 年在日本丰田汽车工业公司首先提出，并于 1961 年在全公司推广。JIT 是一种生产管理技术，其基本思想是 JIT，即"只在需要的时候，按需要的量，生产所需要的产品"，目标是通过"零切换、零库存、零不良、零故障、零灾害"以及"一个流生产"、"拉动式生产"、"工序组合与多能工"等技术手段，达到"零浪费"，其常用的管理工具是"看板管理"。这是日本丰田汽车公司创造的举世闻名的"丰田模式"（TPS，Toyota Production System）。通过实施 JIT 系统，丰田公司生产经营有很大改进，到 1976 年，该公司的年流动资金周转率高达 63 次，为日本平均水平的 8.85 倍，为美国的 10 倍多。20 世纪 70 年代初，日本在全国大力推广丰田公司的经验，将其应用于汽车、机械制造、电子、计算机、飞机制造等工业领域。

日本企业在国际市场上的成功，引起西方企业浓厚的兴趣。西方企业家认为，日本在生产中达到 JIT 是其在世界市场上竞争的基础。20 世纪 80 年代以来，西方一些国家很重视对 JIT 的研究，并将之应用于生产管理。

二、JIT 生产方式的目的

JIT 的目标是彻底消除无效劳动和浪费，他们认为无效劳动和浪费主要包括以下 7 个方面。

(1) 制造过剩的零部件的无效劳动浪费。
(2) 空闲时间造成的浪费。
(3) 无效搬运造成的浪费。
(4) 库存积压的无效劳动和浪费。
(5) 加工本身的无效劳动。
(6) 寻找造成的浪费。
(7) 产品缺陷造成的浪费。

JIT 的核心目标就是消除生产过程中的无效劳动和浪费，具体目标包括几个方面。

(1) 废品量最低（零废品）。JIT 要求消除各种引起不合理的原因，减少在每个工序中形成废品的可能性，在加工过程中每一工序都要求达到最高水平。

(2) 库存量最低（零库存）。JIT 认为，库存是生产系统设计不合理、生产过程不协调、生产操作不良的证明。

(3) 准备时间最短（零准备时间）。准备时间长短与批量选择相联系，如果准备时间趋于零，准备成本也趋于零，就有可能采用极小批量。

(4) 生产提前期最短。短的生产提前期与小批量相结合的系统，应变能力强，柔性好。

(5) 减少零件搬运，搬运量低。零件送进搬运是非增值操作，如果能使零件和装配件运送量减小，搬运次数减少，可以节约装配时间，减少装配中可能出现的问题。

(6) 机器损坏低。

(7) 批量小。

三、JIT 生产方式的主要内容及控制手段

为了达到降低成本和消除浪费的目标，JTT 形成了一种生产组织与管理的新模式，JIT 准时生产方式的主要内容是适时适量生产，即"Just In Time"，这一词本来所要表达的含义，"在必要的时间按照必要的数量生产必要的产品"。JIT 准时生产方式的主要内容及控制手段包括以下几个方面。

1. 零库存管理

JIT 生产方式要求库存减少到最低限度，目标是实现无库存的生产。因为库存实际就是一种资金在时间上的停滞，也是一种浪费。库存量太大，会占用大量的资金，降低了资金的运作和浪费；不仅如此，库存还存在着巨大的市场风险，如果这种产品被市场所淘汰，那就意味着生产这些产品的资源全部损失，这种浪费更是巨大的。而且，库存最大的弊端在于掩盖了管理中存在的问题，例如，由于管理不善，废品量比较多，增加库存可以掩盖这些废品，从而掩盖了质量中存在的问题；设备故障影响了生产，可以用增加库存方法掩盖设备的问题，凡此种种，库存已经成了管理中许多问题的根源。

JIT 方式把零库存管理作为企业管理的目标之一，认为最好把库存降到零。当然，零库存作为一种理想的状态是不可能实现的，但零库存管理的真正目的在于通过降低库存，发现管理中存在的问题，解决这些问题，从而提高整个系统运作的效率，使系统得以改善，这样以库存作为手段，一步一步把工作和管理中的问题解决。JIT 还认为，改进的过程并不是一个静止的过程，而是一个不断循环的过程，是一个要求尽善尽美的过程。

2. 后工序拉动生产方式

在生产制造过程中，生产指令采用后工序拉动方式，即"后工序只在需要的时候到前工序领取所需的加工品，前工序只按照被领取走的数量和品种进行生产"。这样制造工序的最后一道，即总装配线成为生产的出发点，生产计划只下达给总装配线，以装配为起点，在需要的时候，向前工序领取必要的加工品，而前工序提供该加工品后，为了补充生产被领取走的量，必然会向更前一道工序去领取所需的零部件。这样一层一层向前工序领取，直至粗加工以及原材料部门，把各个工序都连接起来，实现同步化生产。

采用拉动式生产带来的好处明显可以消除以下弊端：①材料及零件会过早被消耗掉，在制品存放过多；②电、气等能源的过度浪费；③放置库存的箱子、场所及仓库的增加；④生产进度不均衡；⑤搬运费用增加；⑥容易发生批量不合格，造成批量挑选或返工。

3. 生产同步化，缩短工作周期

生产周期的长短对生产效率有显著的影响，它是从生产的零件投入到成品产出的整个过程，而JIT生产方式的同步化生产就是缩短生产周期的非常有效的手段。

生产同步化就是机械加工的过程和装配线的过程几乎同时在作业，而且这种作业是平行的，通过看板的方式，传送总装配线的要求，同时也使所有的零件生产线在必要的时候，为装配线提供必要的产品。

为了缩短生产的周期，JIT生产方式要求每道工序都不设库存，前一道工序加工完成之后就立刻送往下一道工序，其中没有库存的环节，这种方法又被称为"一物一流"。工序之间的这种传送，使得整个生产周期能够衔接起来，减少运输和库存的过程，缩短了生产的时间。

减少更换工装的时间也可以缩短周期，工装是生产过程中的工具，比如刀具、模具等等。装换产品的同时，也要对工装进行更换，而更换工装的时间是一种没有创造价值的时间损失，也是一种浪费。所以JIT生产方式要求尽快地更换工装，减少时间消耗。

整个生产同步化的过程可以通过以下的手段实现。

1) 设备的合理安排和布置

在机械工厂中最常见的一种设备的布置方法是机群式布置方法，机群式布置方法就是把同一类型的机床设备布置在一起。这种布置方式的缺点是，由于工序之间没有必要的连接，所以产品生产出来之后即堆放在车床旁边，这也不利于对整个生产进行有效的控制。

在JIT生产方式下，设备不是按机床类型来布置，而是根据加工工件的工序来布置，即形成相互衔接的设备布置方式。

这种按照工序进行安排的设备布置方式必然要求有均衡的生产，否则过剩或者不足仍然是经常的现象，这些需要通过使设备更加简易、工装的更换时间缩短和场地有效安排来解决。

2) 缩短作业的更换时间

单件生产和单件运送能够有效地实现平行生产和同步化，同时也是一种最理想的状态。这在装配线以及加工工序是比较容易实现的，但在铸造、锻造等一些具有特定的技术要求的工序，批量是生产最有效的方式。而JIT生产方式要求缩小批量，这使得整个作业的更换过程显得非常复杂。关键问题就是如何缩短整个作业更换的时间，使得生产的过程更加紧凑，生产效率得到提高。作业更换时间由三个部分组成。

（1）内部时间。就是作业过程中零件生产之间的间隔，必须通过停机才能够进行。

（2）外部时间。对于更换生产过程中的一些工装（生产中常用工具的总称），比如模具、量具等等，可以不停机就完成，这种时间被称为外部时间。

（3）调整时间。在整个生产过程结束后，要对生产出的产品进行抽样检查和质量检验，也要对整个生产工序进行调整，这些时间是工作完成后的调整时间。

缩短作业更换时间的具体方法包括：提高作业人员工作能力，通过"多面手"的培训使他们能够在比较短的时间内完成原来较长时间完成的任务；改进工作方法，对原来的工作程序进行革新和调整；使用一些比较简易和更换方便的工装，减少工装调整的时间；对一些工装可以在生产过程前进行预先的准备，不影响整个工作的时间。事实证明，缩短JIT生产方式的作业更换时间是可行的,而且是可以达到的,丰田汽车公司通过 JIT 生产方式,使原来的作业更换时间缩减为现在的 1/10。

作业更换时间的缩短带来的生产批量的缩小,不仅可以使得工序之间的在制品库存大大减少,从而缩短了生产周期,而且降低了生产过程中的资金占用、减少了生产成本、提高了企业产品的竞争力,同时也提高了工作效率。可以看出,工作效率的提高不仅仅通过引进最先进的高性能设备或花费其他大量的资金可以实现,通过研究生产过程,消除生产过程中的浪费也同样可以实现。这种方法的基础与 JIT 生产方式"消除一切浪费"的核心思想是一致的。

3) 生产节拍的制订

生产同步化的实现不能不考虑生产节拍的问题。生产节拍就是生产单位产品所需要的生产时间。在传统的管理方法看来,生产数量是根据设备本身来决定的,与市场的需求没有关系,也就是说,企业的生产应该使生产设备的利用率达到最大,而不考虑库存的增加对资金和场地的影响,生产节拍是固定不变的。

JIT 生产方式的生产数量则是根据市场需求确定的,生产节拍的制订应符合在必要的时间按照必要的数量生产必要的产品的需求,总是随着生产量的变化而变化,对变动进行控制的基本方法是采用看板管理方式。

4. 弹性作业人数

"定员制"是我们生产过程中最常见的一种人员配置方式,在这种方式条件下,无论工作任务增加还是减少,仍然需要有相同的作业人员才能使这些设备全部运转,进行生产。而现在的市场是瞬息万变的,所以这种"定员制"已经不适应现代化生产的需要,企业需要通过削减人员来提高生产率、降低成本。JIT 生产方式就是基于这样的基本思想,打破历来的"定员制"观念,创造出一种全新的弹性作业人数方式。

弹性作业人数要求按照每月生产量的变动对生产线和工序的作业人数进行调整,保持合理的作业人数,从而通过排除多余人员来实现成本的降低,同时,还要通过不断地减少原有的作业人数来实现成本降低。

弹性作业人数实现要求有一定的条件,这些条件包括:①有特定的设备安排和配置,这些配置是合理的;②作业人员能够胜任多方面的工作,必须是多面手,即"多能工"。为了实现这两方面的条件,JIT 生产方式研究了设备的优化配置和职务轮换制度。

1) 设备的联合 U 型配置

设备的 U 型配置关键就是将生产线的入口和出口布置在同一个位置,如图 9-22 表示。

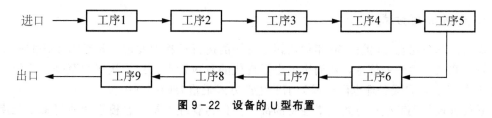

图 9-22 设备的 U 型布置

在图 9-22 中,假设 1、2、9 工序由工人 A 完成,3、7、8 工序由工人 B 完成,4、5、6 工序由工人 C 完成。如果工作任务减少,只需要两个工人,那么只需要由工人 A 完成工序

1、2、3、8、9，而工人 B 完成工序 4、5、6、7，这显然要求无论是工人 A 还是工人 B 都能够完成多种工序任务。

当然，也会出现这样的问题，如果工作任务减少或增加的幅度还不至于减少或增加 1 个工人，而现在的工人人数又不合适，该怎么办呢？为了解决这样的问题，JIT 生产方式发明了联合 U 型配置，可以把多个生产线连接在一起，形成一个整体。这样，整个生产线调控的范围可以扩大，也可以最大限度地避免前面提出的问题。

2）职务定期轮换

从作业人员的角度来说，实行弹性工作人数意味着生产节拍、作业内容、范围、作业组合以及作业顺序等等会随着生产任务的变化而变更。为了使作业人员能够适应这样的变更，必须对作业人员进行必要的培训，使他们能够适应所有的工作程序，并且能够成为整个生产过程中的多能型人才，这样的作业人员的职务扩大也被称为"作业人员多能化"。为了实现这种多能化，职务的定期轮换是一种非常好的方式。

职务定期轮换包括定期调动、班组内部的定期轮换和岗位的定期轮换。

（1）定期调动是指作业人员工作场所变动，所担任的职务内容、人事隶属关系都随之发生变化。定期调动一般是对一些基层的管理人员进行的。

（2）班组内部的定期轮换是根据工作任务的变动情况而进行的班组内部变动，人员的隶属关系、人事关系基本不变。班组内部的定期轮换是培养多面手的最主要的一种方式。

（3）岗位定期轮换，轮换的周期和时间非常短，一般可能在一天内进行轮换。

职务定期轮换的优点在于，通过对职务的定期轮换，能够培养企业的员工适应多方面的工作，从而成为生产过程中的多面手，也为弹性工作人数提供了必要条件。不仅如此，职务的定期轮换还能够减轻工作的疲劳。

职务定期轮换也可以改善作业现场的人际关系。制订作业交替计划表的基本原则是使全体作业人员平等。制订时既要考虑到对老、病、弱工人的照顾，也要考虑每个人的身体情况、作业熟练程度、个人愿望以及相互之间的照顾等，这样就容易促成全体人员的协作精神。在职务定期轮换的同时，每个人前后工序的成员不同，在工作的相互接触中能增加彼此的交流。

同时，职务的轮换还可以提高作业人员参与管理的积极性。职务定期轮换使全体人员都与生产过程的整体联系起来，能够从总体上看待整个生产过程，对整个作业流程的关心也提高了。安全、质量和生产目标已不仅仅是班长或组长的事情，而成为大家同心协力的目标，大家都团结一致，为了同一目标而思考，采取对策，解决问题，形成了一种作业现场的自主管理，这也给了每个人充分发挥自己潜在能力的机会，增加了员工对工作的兴趣和积极性。

5. 看板管理方式

丰田汽车公司在 20 世纪 50 年代从超级市场的运行过程中发现，超级市场按照一定的看板来发布和表示生产的信息，从而衍生出了现代的看板管理方式。从那时至今，已经经过了50 多年的发展，看板管理也已经成为 JIT 生产方式最重要的控制手段。

看板管理是 JIT 生产方式中最独特的部分。作为管理工具，看板管理使得整个无库存的管理方式从理论上的描述成为生产过程中的可能。

1）看板管理的功能

看板管理的工具是 JIT 同步生产方式中最重要的管理手段，无论生产的同步化还是生产的均衡控制，或者从小组生产方式到无库存生产都需要看板式管理进行生产过程的协调，因此，了解看板式管理是整个JIT具体操作中最重要的环节，也是丰田汽车公司创造的重要的管理手段。看板式管理的功能主要有以下几方面。

(1) 生产以及运送的工作指令。这是看板最基本的机能。公司总部的生产管理部根据市场预测以及订货而制订的生产指令只下达到总装配线，各个前工序的生产均根据看板来进行。看板中记载着产量、时间、方法、顺序以及运送数量、运送时间、运送目的地、放置场所、搬运工具等信息，从装配工序逐次向前工序追溯。在装配线上将所使用的零部件上所带的看板取下，以此再向前一道工序领取；前工序则只生产被这些看板所领走的量。"后工序领取"以及"适时适量生产"就是这样通过看板来实现的。

(2) 防止过量生产和过量运送看板必须按照既定的运作规则来使用，其中的一条规则是："没有看板不能生产，也不能运送"。根据这种规则，各工序如果没有看板，就既不进行生产，也不进行运送，看板数量减少，则产量也相应减少。由于看板所表示的只是必要的量，因此通过看板的运用能够做到自动防止过量生产以及过量运送。

(3) 进行"目视管理"的工具看板的另一条运用规则是："看板必须在实物上存放"、"前工序按照看板取下的顺序进行生产"，根据这一规则，作业现场的管理人员对生产的优先顺序能够一目了然，易于管理，并且只要一看看板所表示的信息，就可知道后工序的作业进展情况，本工序的生产能力利用情况、库存情况以及人员的配置情况等。

(4) 改善的工具。以上所述的看板的功能可以说都是生产管理机能。除了生产管理功能以外，看板的另一个重要机能是改善功能。这一机能主要是通过减少看板的数量来实现的。看板数量的减少意味着上道工序中在制品储存数量的减少。在运用看板的情况下，如果某一个工序设备出故障，生产出不良产品，根据看板的运用规则之一"不能把不合格的产品送往下一道工序"，下一道工序的需要得不到满足，就会造成全线停工，由此可立即使问题暴露，从而必须立即采取改善措施来解决问题。

2) 看板的分类和作用

实际生产管理中使用的看板形式很多，常见的有塑料夹内装着的卡片或类似的标志牌，运送零件小车、工位器具或存件箱上的标签，指示部件吊运场所的标签，流水生产线上各种颜色的小球或信号灯、电视图像等。

看板可根据功能和应用对象的不同进行分类，如图9-23所示。

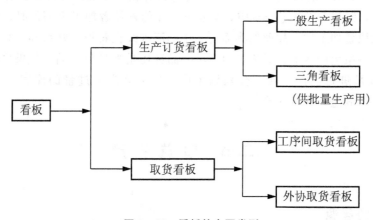

图9-23　看板的主要类型

（1）生产订货看板指在一个工厂内，指示某工序加工制造规定数量工件所用的看板，它又有两种类型：①一般的生产看板，它指出需要加工工作的件号、件名、类型、工件存放位置、工件背面编号、加工设备等；②三角看板，它指出待加工工件号、名称、存放位置、批及发盘数、再订购点及货盘数、加工设备等。

（2）取货看板。这是后工序的操作者按看板上所列信号、数量等信息，到前工序或协作厂领取零部件的看板。取货看板又可分为两种类型：工序间取货看板和外协取货看板。

除了上述主要看板类型外，有的工厂还使用信号看板、临时看板等不同用途的看板。信号看板是在总装生产线上或其他固定生产线上作为生产指令的看板，它是用信号灯或不同颜色的小球，表示不同的生产状态和指令，在日本称之为 ANDON 板。临时看板是在生产中产生次品、临时任务或临时加班时用的看板，只用一次，用毕及时收回。

看板在现场管理中的作用如图9-24所示。图中Ⅰ表示零件加工工序；Ⅱ表示零件子装配工序；Ⅲ表示总装配工序；Ⅰ-A、Ⅱ-A分别为Ⅰ、Ⅱ工序的进口点存料处；Ⅰ-B、Ⅱ-B分别为Ⅰ、Ⅱ工序的出口点存料处；Ⅲ-A为总装配工序的存料处；实线表示零部件的物流过程；虚线表示看板。

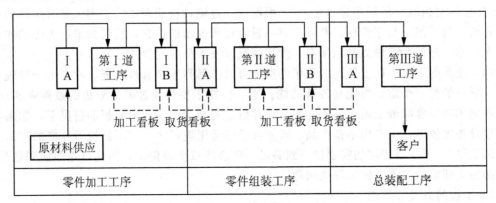

图9-24　看板使用原理

当总装配工序的操作人员从Ⅲ-A中取用零部件后，就从该处取出一块取货看板，到上一道工序的Ⅱ-B中提取同样的零部件，用以补足Ⅲ-A中已使用的零部件。与此同时，再从Ⅱ-B中取出一块加工看板，交给第Ⅱ道工序的操作者，第Ⅱ道工序的操作者据此加工生产所需的零部件，制成后补入Ⅱ-B中。第Ⅱ道工序的操作者加工零部件时，又按同样的程序从Ⅱ-A中提取备加工件。如此倒溯而上，生产流水线在看板的联系和"拉动"下，协调地运转起来。在一条生产线上，无论是生产单一品种还是多品种产品，如果均按这种方法所规定的顺序和数量进行生产，既不会延误生产，也不会产生过量的库存，就能做到按照"Just In Time"方式进行循环生产。

第二节　精益生产

一、精益生产的起源

第一次世界大战后，以美国企业为代表的大量生产方式逐步取代了以欧洲企业为代表的手工生产方式，第二次世界大战后以日本企业为代表的准时化生产方式又逐步取代了大量生产方式，并发展为被汽车行业广泛采用的精益生产方式。

精益生产方式(Lean Production，LP)是美国在全面研究以 JIT 生产方式为代表的日本式生产方式在西方发达国家以及发展中国家应用情况的基础上，于 1990 年提出的一种较完整的生产经营管理理论。

20 世纪七八十年代，日本汽车工业取得了巨大的成功。为揭开日本汽车工业成功之谜，1985 年美国麻省理工学院确定了一个名为"国际汽车计划"的研究项目，组织了 53 名专家、学者，花了 500 万美元，从 1984—1989 年历时 5 年，对 17 年国家的近 90 个汽车装配厂进行了实际考察，并对西方的大量生产方式与日本的丰田生产方式进行分析对比，最后于 1990 年出版了《改变世界的机器》一书，第一次把丰田生产方式称为 Lean Produclion，即精益生产方式。

二、精益生产的基本思想

1. 精益生产的含义

精益生产方式是指运用多种现代管理方法和手段，以社会需要为依据，以充分发挥人的积极性为根本，有效配置和合理使用企业资源，以彻底消除无效劳动和浪费为目标，最大限度地为企业谋取经济效益的生产方式。

精益生产方式的内涵十分广泛，涉及到企业生产活动的各个领域。它将丰田生产制造领域的 JIT 扩展到产品开发、协作配套、销售服务等各领域，贯穿于企业生产经营活动全过程，使之更加丰富、全面，对生产方式的变革更具有指导性。

2. 精益生产的基本原理

精益生产的基本原理如图 9-25 所示。

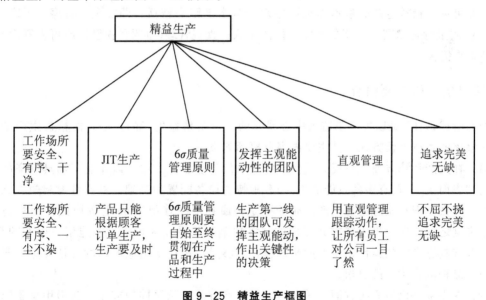

图 9-25 精益生产框图

安全、有序、干净，是精益生产最基本的准则。精益生产的目标是消除一切浪费和无效劳动，实现高效、低耗、高品质的生产。要达到这一目标，企业首先就要追求生产现场的安全、有序和一尘不染。

精益生产的核心是准时化生产(JIT)，产品生产只能按照JIT组织，根据顾客的订单生产。不这样做，就会积压库存，带来潜在的浪费。

6σ质量管理原则要贯穿在企业的产品中，贯穿于产品生产过程的始终。优良的产品质量是实施精益生产的重要保证。6σ质量管理原则是摩托罗拉公司发明的，意味着每100万个零件中出现次品的个数不高于3.4，即零件的次品率为3.4×10^{-4}%。

精益生产的第四个准则是发挥团队的主观能动性。生产第一线的团队成员在生产操作中，或在维修服务中，只要对顾客有好处，就可以作出关键性的决策。遇到问题时，团队可以决定如何解决，不必请示领导。

精益生产的第五个准则是直观管理。把可视管理用于跟踪运作，工人对自己所做的工作提出反馈意见，也就是用直观而不是用计算机管理。这种做法往往是在工人容易看得到的地方，以记分牌的形式来表示。每隔1个小时，就在预期目标旁边的一栏里列出工作进程。出现变化，增加或者减少，可在旁边一栏"备注"说明原因。这样，团队可以知道自己当班的生产目标已完成多少，并作出相应调整。非当班的人员也可了解在完成目标途中可能出现的障碍。

精益生产的最后一个基本准则是追求完美无缺，即持续改进。精益生产的目标是消除浪费这个大敌，就必须把整个公司里的精益团队成员紧紧地联合起来。要让他们知道，企业的存在主要是为了向顾客提供价值。为了达到，甚至超过这个目的，必须从顾客的角度提出服务或提供产品。更主要的是，顾客所需的产品，要能达到所要求的功能，价格要最便宜，没有维修问题。为了达到这个目的，从概念到生产，一直到把产品送到顾客手中，都必须紧紧地盯住生产中的每一个环节。与此同时，还应作出决定，哪些活动是有价值的，哪些活动是没有价值的。所有那些不能增加价值的活动都必须一笔勾销。

由此可见，精益生产的基本思想可用六个基本准则来概括，即安全、有序、干净；JIT生产；6σ质量管理原则；发挥主观能动性的团队；直观管理（也叫目视管理或可视管理）；持续不断追求完美。

三、精益生产的主要内容

如前所述，JIT是以生产制造为中心展开的，它是精益生产的核心，而精益生产是涉及到企业整体的生产经营方式，其主要内容可概括如下。

(1) 在生产系统方面，一反大量生产方式下的作业组织方法，以作业现场具有高度工作热情的"多面手"（具有多种技能的工人）和独特的设备配置为基础，将质量控制融入到每一生产过程中去。现在实施精益生产的企业更是将摩托罗拉首创的6σ管理原则作为精益生产的基本准则之一，使丰田生产方式提出的"零缺陷"几乎变为现实。实施精益生产的企业，其生产系统具有良好的柔性，生产起步迅速，能够灵活敏捷地适应产品的设计变更、产品变换以及多品种混合生产的要求。

(2) 在零部件供应系统方面，采取与大量生产方式截然不同的方法，在运用竞争原理的同时，与零部件供应商保持长期稳定的全面合作关系，包括资金合作、技术合作以及人员合作(派遣、培训等),形成一种"命运共同体",并注重培养零部件供应商的技术能力的开发,使零部件供应系统也能够灵活敏捷地适应产品的设计变更以及进行产品变换。进一步通过管理信息系统的支持,使零部件供应商也共享企业生产管理,从而保证及时、准确地交货。

(3) 在产品的研究与开发方面,以并行工程和团队工作方式为研究开发队伍的主要组织形式和工作方式,以"主查"负责制为领导方式(主查就是老板、团队负责人,他的任务是进行新产品的设计和工艺准备并使之投产)。在系列开发过程中,强调产品开发、设计、工艺、制造等不同部门之间的信息沟通和同时并行开发。这种并行开发还扩大至零部件供应厂商,充分利用它们的开发能力,促使它们从早期开始参加开发,由此而大大缩短开发周期并降低成本。

(4) 在流通方面,与顾客及零售商、批发商建立一种长期的良好的关系,使来自顾客和零售商或批发商的订货与工厂生产系统直接挂钩,使销售成为生产活动的起点;极力减少流通环节的在制品,并使销售和服务机能紧密结合,以迅速、周到的服务最大限度地满足顾客的需要。

(5) 在人力资源的利用上,形成一套劳资互惠的管理体制,并一改大量生产方式中把工人只看做一种"机器的延伸"的机械式管理方法,QC 小组、提案制度、团队式作业方式、目标管理等一系列具体方法,调动和鼓励职工进行"创造性思考"积极性,并注重培养和训练工人以及管理人员的多方面技能,最大限度地发挥和利用企业组织中每一个人的潜在能力,由此提高职工的工作热情和工作兴趣。

(6) 从管理理念上说,总是把现有的生产方式、管理方式看作改善的对象,不断地追求进一步降低成本、降低费用、质量完美、缺陷为零、产品多样化等目标。这样的极限目标虽然从理论上来说是不可能实现的,但这种无穷逼近的不懈追求却可以不断产生意想不到的波及效果,即不仅"白领阶层"、而使大部分"蓝领阶层"的职工也提高了工作的热情和兴趣,在工作中感受到了成功的喜悦。由此带来的,则是质量和生产率的不断提高。

总而言之,这是一种在降低成本的同时使质量显著提高,在增加生产系统柔性的同时,也使人增加对工作的兴趣和热情的生产经营方式。与资源消耗型的大量生产方式相比,这是一种资源节约型、劳动节约型的生产方式。

思考练习

(1) 生产过程的空间组织有几种布置方式?各自的特点和应用场合是什么?
(2) 生产过程的时间组织分几种?各自的特点及应用场合?
(3) 什么是工业工程?作用是什么?
(4) 工业工程的主要内容有哪些?
(5) 如何进行工艺流程分析、线路分析、操作分析、动作分析?
(6) 流程图、线路图的作用?如何绘制零件工艺流程图、线路图?
(7) 如何进行作业测定?工时定额和作业标准如何制订?
(8) JIT 生产和精益生产的基本概念、作用、应用场合?

参 考 文 献

[1] 张平亮. 现代生产现场管理[M]. 北京：机械工业出版社，2009.
[2] 夏暎. 现代生产管理[M]. 北京：机械工业出版社，2009.
[3] 范中志，张树武，孙义敏. 基础工业工程(IE)[M]. 北京：机械工业出版社，1993.
[4] 柴邦衡，刘晓论. 制造过程管理[M]. 北京：机械工业出版社，2006.
[5] 韩可琦. 质量管理[M]. 北京：化学工业出版社，2007.
[6] 李晓春，曾瑶. 质量管理学[M]. 北京：北京邮电大学出版社，2007.
[7] 张凤荣，王丽莉. 质量管理与控制[M]. 北京：机械工业出版社，2006.
[8] 朱少军. 工艺管理[M]. 广州：广东经济出版社，2006.
[9] 肖智军，党新民，刘胜军. 精益生产方式[M]. 深圳：海天出版社，2002.
[10] 樊光鼎，李葆坤. 企业生产管理[M]. 北京：经济科学出版社，2002.
[11] 金建华，黄万友. 典型机械零件制造工艺与实践[M]. 北京：清华大学出版社，2011.
[12] 焦红江. 工厂物料. 标准化管理操作规程[M]. 北京：中国标准化出版社，2004.
[13] 朱少军. 现场管理简单讲[M]. 广东：广东经济出版社，2008.
[14] 陈建龙. 生产现场优化管理[M]. 上海：复旦大学出版社，2008.
[15] 刘婷. 生产现场管理百问百答 M]．广东：广东经济出版社，2008.
[16] 陈德宏. 6S 实战技巧[M]. 深圳：海天出版社，2006.
[17] 李家林. IE 精细化管理[M]. 深圳：海天出版社，2011.